古代歷史文化研究輯刊

三 編

王明蓀 主編

第 16 冊

北宋前期文官考銓制度之研究

雷家聖 著

南宋中興名相
——張浚的政治生涯

蔡哲修 著

國家圖書館出版品預行編目資料

北宋前期文官考銓制度之研究　雷家聖　著／南宋中興名相——
——張浚的政治生涯　蔡哲修　著—初版—台北縣永和市：花
木蘭文化出版社，2010〔民99〕
目 2+94 面＋目 2+114 面；19×26 公分
（古代歷史文化研究輯刊 三編：第 16 冊）
ISBN：978-986-254-101-2（精裝）
1.（宋）張浚　2. 文官制度　3. 考銓制度　4. 傳記　5. 宋代
573.415　　　　　　　　　　　　　　　　　99001270

ISBN - 978-986-2541-01-2

9 789862 541012

古代歷史文化研究輯刊
三　編　第十六冊　　　　　　ISBN：978-986-254-101-2

北宋前期文官考銓制度之研究
南宋中興名相——張浚的政治生涯

作　　者　雷家聖／蔡哲修
主　　編　王明蓀
總 編 輯　杜潔祥
出　　版　花木蘭文化出版社
發 行 所　花木蘭文化出版社
發 行 人　高小娟
聯絡地址　台北縣永和市中正路五九五號七樓之三
　　　　　電話：02-2923-1455／傳眞：02-2923-1452
網　　址　http://www.huamulan.tw 信箱 sut81518@ms59.hinet.net
印　　刷　普羅文化出版廣告事業
初　　版　2010 年 3 月
定　　價　三編 30 冊（精裝）新台幣 46,000 元

北宋前期文官考銓制度之研究

雷家聖　著

作者簡介

雷家聖，民國 59 年 5 月生，國立中興大學學士、碩士，國立台灣師範大學博士。現為玄奘大學歷史學系兼任助理教授。主要研究領域為宋代政治與制度，另外對中國歷代貨幣史、中國近代史也有相當深入的接觸。除了碩士論文〈北宋前期文官考銓制度之研究〉（1999）、博士論文〈宋代監當官體系之研究〉（2004）外，另曾出版學術專書《力挽狂瀾：戊戌政變新探》（2004），以及發表學術論文、書評十餘篇。

提　要

本文除第一章「緒論」、第六章「結論」之外，共分為四章。

北宋前期的政治制度，雖然有因襲隋唐五代之處，但亦有變革創新的地方。本文第二章「北宋初期文官考銓制度之奠立」，即介紹北宋前期政治制度的一個特色，就是「寄祿官」、「差遣」分立制度。此外，也敘述由唐代到宋初文官考銓制度之流變，並介紹在宋太宗時期新設的考銓機構，也就是審官院與流內銓。

第三章「北宋前期的文官及其考銓機構」，敘述北宋前期的文官分成兩類：一為京朝官，是以唐代三省六部諸寺監的官職名稱作為寄祿官階，其實際職務則由「差遣」決定，而京朝官的磨勘即由審官院負責。另一類為幕職州縣官（選人），是基層的地方文官，其磨勘則由流內銓負責。這兩個考銓機構都具有相當的自主性。此外，在仁宗時期，另設了「磨勘諸路提點刑獄司」，後改稱「考校轉運使副提點刑獄課績院」（簡稱考課院），負責考課地方諸路之長官乃至知州、知縣的政績。

第四章「北宋前期文官考銓制度之運作」，敘述官吏入仕之後，必先擔任幕職州縣官，按出身之不同，有不同的任期規定，任與任之間上必須隔若干選（年），因此幕職州縣官的仕途是相當漫長的。但若有舉主保薦，則可以在擔任幕職州縣官四至六年之後，升為京朝官。此外，通過「試判」，幕職州縣官更可以在任官三年之後，即升為京朝官。升為京朝官之後，大致每三年升一階（英宗時改為四年），升遷的方式則依出身之不同而遲速有異。但是，在「差遣」的除授上，則另有一套不同的管理制度，稱為「資序」。資序分為初任、再任監當官，初任、再任知縣，初任、再任通判，初任、再任知州，初任、再任提點刑獄，初任、再任轉運使，三路使，三司副使等階層。必須擔任滿某一階層的差遣，才能「理」更高一階層的資序，得到擔任更高一階層差遣的機會。舉主制度使得賢者不致長期沈淪下僚，資序制度則保證官員不致驟進，兩者相輔相成。

第五章「變法改制與考銓制度」，敘述范仲淹慶曆變法時，主張以嚴格的保舉制度來代替三年遷一官的資格制度，但因反對者太多而失敗。王安石熙寧變法時，則為了便於推行新政，打破資序體制，拔擢小官以膺大任。元豐制度改革時，更將審官院與流內銓裁併入吏部，成為宰相的下級機構，使考銓制度失去其自主性。

北宋前期由於考銓機構具自主性，使得宰相不致過分任用私人，朝廷中的黨爭也甚少影響到吏治的根本。而舉主制度與資序制度的配合，也使得官吏的升遷管道富有彈性，賢者在基層經過一番歷練之後，得以脫穎而出，故北宋前期吏治尚稱清明，名臣堪稱輩出。但王安石打破資序制度在前，元豐改制使考銓機構喪失自主性在後，使得宰相得以任用私人，蔡京、秦檜、韓侂冑、賈似道等人，遂得專權擅政。黃宗羲所言：「有治法而後有治人。」（《明夷待訪錄·原法》）豈不善哉？

目次

第一章　緒　論

　　政治制度爲立國之本，亦爲研究歷史者不可疏忽之處。政治制度的好壞收關民生利病，治史者如不能對政治制度有相當的理解，則其對歷史的探討必然無法深入。在中國歷代政治制度中，宋代政治制度是相當複雜混亂的。因此，儘管宋代政治制度研究的專書與論文已經不少，但宋代政治制度之中仍有一些地方尚待深入探討。此外，一些課題雖已被廣泛討論，但仍可由不同的角度切入，而得到新的發現與收穫。例如，我們在討論北宋時期政治的時候，「冗官」的問題是常常談到的。但到底宋朝政府是如何管理這一個龐大的官僚體系呢？數量龐大的宋朝士大夫們如何在政府有限的職官名額中升遷調動呢？政府又要如何來考課、銓選這批爲數眾多的官僚呢？這是一個非常值得探討的問題。在我們一般的印象中，宋代，尤其是北宋，是名臣輩出的時代。如范仲淹、歐陽修、包拯、富弼、文彥博、韓琦、司馬光、王安石等，這些都是我們耳熟能詳的人物。由此可見，北宋時期在官員的選拔與培植方面，是有相當不錯的成果的。因此，宋代官吏的考核與銓選制度，是有深入研究的價值與必要的。

　　雖然，如上所述，宋代官吏的考核與銓選制度有其深入研究的價值與必要，但是近代學者對此所做的探討似乎不多。在台灣方面，對這一方面較少論及，一些在宋代考銓制度中常用的詞彙，如「資序」、「磨勘」等，在台灣方面都不常見。台灣方面對宋代考銓制度認識較多者爲北宋前期的幾個考銓機構，如「審官院」、「考課院」、「三班院」等等，而且並不是著重於這幾個機構的職掌，而是偏重於這幾個機構與宰相權力之間的關係，也就是所謂「相權的分割」的觀念。在討論宋代政治制度時，最常被提到的一個觀念就是「相

權的分割」，錢穆《中國歷代政治得失》一書中論之甚詳。書中提到宋代宰相
的權力遠較唐代爲小，上有君權侵攬，旁有樞密院分其兵柄，三司使分其財
政權。而在官吏考銓的權力方面，則謂：

> 向來政府用人，本該隸屬宰相職權之下。什麼人該用，什麼官該升，
> 這是宰相下面尚書吏部的事，宋代卻又另設一個考課院，考課就等
> 於銓敍，後來改名審官院。又把審官院分東西兩院，東院主文選，
> 西院主武選，又別置三班院，來銓衡一輩內廷供奉與殿直官。如此
> 用人之權，全不在宰相。〔註1〕

在這一段話中，不但十分籠統，而且其中有錯誤和易生誤會之處。事實上，
審官院與考課院是在宋太宗淳化四年同時設立的，前者負責京朝官的考課，
後者負責幕職州縣官的考課，並不是由考課院改爲審官院（見本文第二章第
三節）。而且當時負責幕職州縣官的磨勘與銓選者，尚有吏部流內銓，考課院
不久便被合併入吏部流內銓之中。而錢穆所謂三班院管轄的內廷供奉與殿直
官，實際名稱是三班使臣，在北宋前期的制度中指的是低階武官。而審官院
改爲審官東院，另設審官西院負責中級武官的磨勘銓選，這是神宗熙寧年間
之事。至神宗元豐官制改革時，審官東、西院、流內銓、三班院皆被裁廢，
職權併入吏部四選。故北宋晚期乃至南宋，官吏考銓機構與北宋前期完全不
同。錢穆的說法，可能是沿襲馬端臨《文獻通考》一書而來的。《文獻通考‧
職官六》記載：

> 太平興國六年，命郭贄考京朝官課。淳化二年置磨勘京朝官院，又
> 以興國中所置差遣院併入，號磨勘差遣院，亦名考課院。淳化四年
> 以考課京朝官院爲審官院。〔註2〕

由於馬端臨係南宋末年之學者，故對於北宋前期的制度可能有疏誤之處，故
誤認爲審官院係由考課院改名而來。而錢穆遂沿襲其誤。然而現今我們對宋
代考銓機構的認識，大體上仍是以錢穆上述那段話爲主，沒有太大的超越。

楊樹藩《宋代文官制度之研究》一書，是台灣地區少見的專門針對宋代
文官制度的論述，此書係以現代行政學的架構爲主，而以《宋史》爲主要參
考資料。這種作法會產生問題。首先，《宋史》的〈職官志〉、〈選舉志〉等篇，

〔註1〕錢穆《中國歷代政治得失》（台北：東大圖書公司，民國66年），頁73。

〔註2〕馬端臨《文獻通考》（台北：台灣商務印書館，民國76年），〈職官六〉，頁476
中。

多爲史料的堆砌，缺乏解釋與整理，其中亦不乏缺漏與錯誤之處，例如《宋史》之中即未曾論及資序制度。故引用《宋史》時應審慎，尤其應該多參考其他史料。此外，楊書因以現代行政學的架構爲主，故其討論的問題亦以現代行政學的問題取向爲主，因此較不能反映宋代制度的特色。例如楊書書中雖曾談及寄祿官、館職、差遣分立制度，但全未提及資序制度，而資序制度，是宋代官吏考銓制度中相當重要的項目。

在大陸學者的研究成果方面，近年來已有不少關於宋代考銓制度的專書問世。在這方面的代表學者有曾小華、苗書梅、鄧小南等人。曾小華曾撰有〈宋朝考課制度述略〉、〈論宋代的資格法（兼論中國古代任官資格制度）〉、〈宋代磨勘制度研究〉等論文，其後將研究成果集結，成《中國古代任官資格制度與官僚政治》一書。書中討論宋代的考銓制度時，說道：

> 因爲宋代差遣爲職事官，凡文武官員之常規銓選、注缺、晉遷等，皆視資序而定，所以宋代資格法應視爲以「資序」爲其核心。但同時又因爲有一個完整的階官系統存在，其循資遷轉，皆按磨勘而定，所以磨勘也可以視爲宋代資格制度中最主要的內容。總之，宋代資格制度體系，是以出身爲憑據，年資爲基礎，資序爲核心整合而成的。〔註3〕

曾氏對於資格制度「論資排輩」的原則，是採取同情的理解，雖然此一制度會造成「賢不肖並進」，而失「選賢與能」之實，但「天下賢智之士常少而中人與愚不肖者常多，故不可無資格。」〔註4〕

苗書梅曾撰有〈宋代黜降官敘復之法〉、〈宋代地方官任期制度初論〉、〈宋代官員考試任用法初論〉、〈宋代武官選任制度初探〉、〈宋代任官制度中的薦舉保任法〉等論文，後整理匯集而成《宋代官員選任與管理制度》一書。書中談到在選拔官吏方面，有科舉、學校、恩蔭、軍功、攝官（臨時官）、流外入仕等途徑；在官員除授制度方面，則有皇帝特旨、宰相堂除、吏部差除、諸司奏辟、定差法、權攝法、破格差注等方式；任用官員的原則有考試任用法、定期輪任制度、薦舉保任制度、迴避制度等；官員管理制度方面，則有考課、磨勘、敘遷、黜降、俸給、致仕等制度。內容十分豐富。尤其此書將

〔註3〕曾小華《中國古代任官資格制度與官僚政治》（杭州：杭州大學出版社，1997年），頁96。

〔註4〕同註3，頁3。

磨勘與考課加以分別，認爲考課是考核官員的課績，磨勘則是「注重階官的任官時限，重在依資敘遷」〔註 5〕。這兩種制度雖同由審官院、流內銓負責，但內容實有區別，加以清楚的區分是十分必要的。

鄧小南曾撰有〈北宋文官考課制度考述〉、〈北宋文官磨勘制度初探〉、〈北宋的循資原則及其普遍作用〉、〈試論宋代資序體制的形成及其運作〉、〈試論北宋前期任官制度的形成〉、〈宋代文官差遣除授制度研究〉、〈略談宋代的「堂除」〉等多篇論文，後整理成《宋代文官選任制度諸層面》一書。書中敘述了宋代官、職、差遣分立制度，介紹了負責銓選的部門，討論了考課政績在宋代流於計算年資，並分析了「資」（寄祿官）、「資序」（差遣）兩系統並立的情形，此外，還對薦舉制度、磨勘的程序、差遣除授等方面有深入的介紹。

以上三位學者的研究，雖說對宋代的考銓制度有了詳盡的介紹，但仍有下列幾項值得商榷之處：（一）將宋代視爲制度上未曾變動的一個整體，從而忽視了前期制度與後期制度的差別。（二）論述內容繁雜，使讀者不易釐清其中條理。（三）對於若干詞彙的解釋不清楚。如「資序」一詞，曾小華認爲「是一種實在可見、確實可行的『平流進遷』的計資標準。是以考爲基數，以任爲單位的差遣資格系列，即可以用於實際外任差遣職務的授受，又可以用作官員任用時『理資序』之參考尺度。」〔註 6〕苗書梅則說：「資序，又稱資歷、資任、資敘等，簡稱資。資序主要依據差遣職務的類別而定。官員擔任了一定的差遣，累積了規定的任數和考數，加以舉主，方可升遷高一等差遣。」〔註 7〕鄧小南則認爲：「資序，即資任、資歷，是資格的主要體現。其內容包括差遣職務的高低與任數。」〔註 8〕三者的說法都不夠清楚明白。實際上，**資序是累積了某一差遣的考數與任數，而獲得的更高一級差遣的候選人資格**。如擔任兩任通判，經磨勘即可「理知州資序」。但此人若想擔任知州，尚須經過銓司注擬、「待闕」（等待現任官任滿）等程序。其他重要詞彙的解釋，有待商榷之處亦不少，需重新加以仔細討論。

其他大陸學者的研究成果方面，金圓〈宋代州縣守令的考核制度〉是針

〔註 5〕苗書梅《宋代官員選任與管理制度》（開封：河南大學出版社，1996 年），頁 384。

〔註 6〕曾小華《中國古代任官資格制度與官僚政治》，頁 96。

〔註 7〕苗書梅《宋代官員選任與管理制度》，頁 453。

〔註 8〕鄧小南《宋代文官選任制度諸層面》（石家莊：河北教育出版社，1993 年），頁 101。

對地方官的考核制度加以討論，值得參考。蕭建新〈論宋朝審官院之演變〉一文中並未探討審官院的組織與執掌，反而偏重於討論相權分割的問題。龔延明對宋代官制的研究，雖不專注於考銓制度，但其《宋史職官志補正》、《宋代官制詞典》二書，則對筆者有甚大之助益。郭東旭《宋代法制研究》、張希清《宋朝典制》等書之中，也有部份內容談及官吏的升遷、考課與任用，可以參考。

在日本學者的研究成果方面，古垣光一〈宋眞宗時代磨勘の制の成立について〉一文認爲在宋太祖太宗時代，官吏的升遷採取郊祀時加恩遷官，至眞宗時官吏磨勘制度才眞正確立。梅原郁《宋代官僚制度研究》一書，對考銓制度也有詳細的敘述。尤其對於宋代官員因「有出身」、「無出身」的差別，「館職」的有無，在寄祿官的升遷路徑上有不同的方式，有詳盡的分析。但其缺點，除前述曾小華、苗書梅、鄧小南三者所不足之處，此書亦不可免之外，梅原氏對中文史料的掌握與理解似更不如前三者。故而將「京官」當作是「位於從九品到從八品之間，高等官最下層的等級」〔註9〕而把京官之下的幕職州縣官（選人）當成了流外官〔註10〕。事實上，我們只要知道幕職州縣官要接受「流內銓」的磨勘與銓注，就可知此絕非流外官。

在西方學者的研究成果方面，Edward A. Kracke, Jr.（柯睿格）曾撰有 *Civil Service in Early Sung China*（960～1067）一書，該書談到了寄祿官、館職、差遣分立制度，也談到了「磨勘」一詞與四時（季）放選的制度，但都流於簡略，且未談及資序制度，其參考資料似乎也是僅以《宋史》爲主。由於此書作者不是中國人，又以英文寫作，故對於此一充滿專門名詞的領域，難以深入，這是可以理解與原諒的。

由上可知，前人的研究成果雖已不少，但仍有繼續深入探討的空間，本論文即希望站在前人的研究成果上，作更進一步的研究。

本文之研究，首重史料之發掘，故筆者應先廣泛蒐集相關史料，加以歸納分析。不過，關於北宋前期考銓制度的史料，十分有限。前述馬端臨《文獻通考》一書對北宋前期制度的記載便甚爲簡略，且有錯誤。其他如王應麟《玉海》、孫逢吉《職官分紀》、章如愚《山堂先生群書考索》等書，相關內容亦有限。一些原始資料如《吏部條法殘本》、《慶元條法事類》等書，僅記

〔註 9〕梅原郁《宋代官僚制度研究》（日本京都：同朋舍，1985 年），頁 38。

〔註10〕同註9，頁 12。

載南宋的部份；《宋大詔令集》卷一七六〈政事二十九〉之下有〈銓選〉、〈考課〉兩項，共蒐集詔令十五篇，但此卷已經亡佚，僅存篇目，由篇目觀之，這十五篇詔令也相當瑣碎而缺乏系統，參考價值似不大。因此，筆者必須由李燾《續資治通鑑長編》之中，爬梳史料。清代徐松所輯《宋會要輯稿》，其中〈職官〉、〈選舉〉兩門亦有相當的參考價值。另外，近年大陸四川大學古籍整理研究所所編的《全宋文》，雖未出齊，但在第一冊至第四十冊之中，已蒐羅了北宋前期的絕大多數的文獻文集，而且對其文字異同加以考訂，對筆者蒐集資料而言十分便利。

在研究理論與方法方面，政治學與行政學的理論與方法也需加以利用，如此或可補史料不足之處，並有助於建立完整的觀念與歷史的解釋。例如，對於「相權的分割」的觀念，一般都抱持著負面的看法，認爲是皇權擴張、君主集權的象徵。但是細究這種說法，它是以唐代的三省六部制度爲基準，比較之下，則宋代宰相的權力的確變小了。然而唐代的三省制度眞的可以作爲完美制度的典範嗎？宋代的宰相制度眞的一無是處嗎？宰相的權力究竟應該如何分配才算合理呢？唐代的宰相，有許敬宗、李林甫、楊國忠等人專權擅政，又有李德裕、牛僧孺兩黨互爭之禍。比較之下，北宋前期雖亦不乏黨爭之事、弄權之臣，但在王安石變法之前，朝廷中的鬥爭甚少影響到國家的根本。如此，是否應該是唐代宰相權力過大，宋代宰相制度反倒是比較合理的呢？可見，利用政治學與行政學的理論，也許可以使我們對宋代政治制度產生一番新評價。

此外，現代行政學對於考銓制度的研究，範圍相當廣泛。包含了考銓機構、考試、任用升遷、俸給、考績、獎懲、保險、進修訓練、退休、撫卹等方面〔註11〕。由於時代背景的不同與本文篇幅所限，本文僅就宋代官吏考銓制度中的負責機構、考績方式、任用升遷等方面，加以分析探討。同時因為本論文篇幅的限制，時間斷限以神宗元豐改制前的北宋前期爲主，研究對象也僅限於文官的範圍。至於北宋晚期至南宋的考銓制度，以及武官的考銓，和其他與考銓制度相關者，如薪俸、退休致仕等部份，只能俟之來日。目前僅能就北宋前期的文官考銓制度部份，加以探討。未來如能完成一部《宋代

〔註11〕可參考侯暢《中國考銓制度》（台北：黎明文化事業公司，民國62年）；李華民《現行考銓制度》（台北：五南圖書公司，民國85年）；徐有守《考銓制度》（台北：台灣商務印書館，民國86年）等書。

官吏考銓制度研究》，希望能彌補宋代制度研究中不足之處。

　　本論文除首章緒論與末章結論之外，共分爲四章。第二章「北宋初期文官考銓制度之奠立」，將討論宋建國之初官吏考銓的架構及其問題，並述及太宗時期考銓機構的設置與調整。第三章「北宋前期的文官及其考銓機構」，則討論吏部流內銓負責幕職州縣官的磨勘銓注，審官院負責常調京朝官的磨勘銓注；另外，仁宗時設置的「磨勘諸路提點刑獄司」，後改爲「考校轉運使副提點刑獄課績院」，負責考核各路監司乃至知州、知縣的政績。第四章「北宋前期文官考銓制度的運作」，則討論官員考核與升遷的過程，大致可分爲磨勘寄祿官、磨勘資序、考課政績與授予差遣等部份。最後，本論文不只站在制度史的層面論政治制度，更希望能進一步探討制度與政局、政治理念的互動關係，第五章「變法改制與考銓制度」即爲此而設。在該章中，討論到了范仲淹「明黜陟」、「擇官長」的主張，王安石打破資序體制任用小官，以及元豐改制時，考銓之權收歸吏部，造成日後蔡京的專權。希望透過以上的研究，能夠更徹底、更全面的瞭解宋代考銓制度，並進而由官吏考銓的角度，探討北宋由文治走向覆亡的因素。

第二章 北宋初期文官考銓制度之奠立

第一節 宋初中央政制與「寄祿官」、「差遣」 分立制度之形成

當我們要對宋代的文官考銓制度進行討論時，我們必須先對宋代「寄祿官」與「差遣」分立的制度有所認識。因爲這種特殊的制度直接影響了文官考銓制度，必須針對「寄祿官」、「差遣」兩個不同系統而有不同的升遷方式。而這種制度的形成，與唐代到宋初中央政治制度的變化息息相關。

唐代政治制度是以三省六部爲其主要架構。其中，中書省的長官中書令、中書侍郎與門下省的長官侍中、門下侍郎皆爲宰相之選，其他官員如有「同中書門下三品」、「同中書門下平章事」等銜者亦預宰相之列。中書省之下設有中書舍人六人，「掌侍奉進奏，參議表章。凡詔旨制敕及璽書冊命，皆按典故起草進畫。」〔註1〕負責出納王命。門下省之下有給事中四人，「凡百司奏抄，侍中審定，則先讀而署之，以駁正違失；凡制敕宣行，……覆奏而請施行。」〔註2〕此則爲審核封駁之機構。尚書省的長官爲左右僕射，下設吏、戶、禮、兵、刑、工六部，各有尚書、侍郎爲其長貳，此爲執行政令之機構。然而在實際上，宰相辦公之處位於皇城之中，名「政事堂」，玄宗開元年間改稱「中書門下」〔註3〕，此爲唐代前期的權力核心機構。中書舍人與門下省給事

〔註1〕 李隆基撰，李林甫註《大唐六典》（日本廣池本，西安：三秦出版社，1991年），卷9～15a。
〔註2〕 同註1，卷8～14a。
〔註3〕 馬端臨《文獻通考·職官考四》，頁455中。

中則在皇城之外辦公，稱爲「中書外省」與「門下外省」。〔註4〕

　　不過，到了唐代中期以後，政治結構逐漸發生變化。首先是唐玄宗時設置了「翰林學士院」。據《新唐書・百官志一》所載：

> 開元二十六年，又改翰林供奉爲學士，別置學士院，專掌內命。凡拜免將相，號令征伐，皆用白麻。其後選用益重而禮遇益親，至號爲「內相」。〔註5〕

翰林學士的出現，使得在「中書門下」之外又多了一個可參議朝政的機構。其次，是宦官權勢的提高。安史之亂爆發後，宦官李輔國扶立肅宗有功，遂擅朝政。「侍直帷幄，宣傳詔命，四方文奏，寶印符契，晨夕軍號，一以委之。及還京師，專掌禁兵，常居內宅，制敕必經輔國押署，然後施行。」〔註6〕宦官的權勢大爲提高，但是到了代宗時，誅李輔國，又將專擅的宦官如程元振、魚朝恩等加以罷免或誅殺，宦官專權暫告落幕。後至德宗時，又開始重用宦官，使典禁兵。據《舊唐書・德宗本紀下》所載：

> （貞元十二年六月）乙丑，初置左右護軍中尉監、中護軍監，以授宦官。以左右神策軍使竇文場、霍仙鳴爲左右神策護軍中尉監，以左右神威軍使張尚進、焦希望爲左右神威中護軍監。〔註7〕

此後宦官即掌握了禁軍的指揮權。此外，正當宦官逐步掌控禁軍之際，宦官的勢力也向參預政事這一方面延伸，其管道則是透過「樞密使」一職。據《文獻通考・職官考十二》所載：

> 唐代宗永泰中，置內樞密使，始以宦者爲之。初不置司局，但有屋三楹，貯文書而已。其職掌惟承受表奏，於內中進呈。若人主有所處分，則宣付中書門下施行而已。永泰中，宦官董延秀參掌樞密事。〔註8〕

又云：

> 按樞密之名，始於唐代宗寵任宦者，故置內樞密使，使之掌機密文

〔註4〕參考馬得志、楊鴻勛〈關於長安東宮範圍問題的研究〉（《考古》，1978年第一期）所附圖一。

〔註5〕歐陽修《新唐書・百官志一》（北京：中華書局，1975年初版），頁1183～1184。

〔註6〕司馬光《資治通鑑》（台北：世界書局，民國63年六版），卷二二一，頁7073。

〔註7〕劉昫《舊唐書・德宗本紀下》（北京：中華書局，1975年初版），頁383～384。

〔註8〕馬端臨《文獻通考・職官考十二》，頁523上。

書，如漢之中書謁者令是也。若內中處分，則令內樞密使宣付中書
門下施行，則其權任已侔宰相。〔註9〕

到了憲宗元和年間，以劉光琦、梁守謙爲樞密使〔註10〕。此後左右神策護軍
中尉與樞密使二人被合稱爲「四貴」〔註11〕，宦官集團既掌握了兵權，又握
有宣達政令的相權（故稱權侔宰相），故能權傾朝野，操控政局，甚至廢立皇
帝。傅樂成先生更認爲：唐代節度使之選派，除少數強藩不由中央節制之外，
大多數皆由神策軍將領與朝中文士出任。前者本爲宦官之黨羽，後者亦多與
宦官合作，故唐室之所以維持不墜者，實賴宦官尙能夠掌握全國大部分地區
之兵權故也。〔註12〕

　　在前面的引文中，我們看到了「令內樞密使宣付中書門下施行」之語，
而翰林學士又「專掌內命。凡拜免將相，號令征伐，皆用白麻。」於是唐代
前期的三省體制，至唐代中後期已有相當大的轉變。原先出納王命的中書省，
其職權讓給了「專掌內命」的翰林學士；「制敕宣行，……覆奏而施行」的門
下省，其職權讓給了「宣付中書門下施行」的樞密使；而原先執行政令的尙
書省，也變成了「中書門下施行」。大陸學者袁剛在《隋唐中樞體制的發展演
變》一書中即認爲：唐代中樞體制是由前期的三省演變爲後期的「新三頭」
——即翰林學士、樞密使與中書門下。〔註13〕

　　至於唐代的尙書省，其變化又如何？前面提到，唐代的尙書省以左右僕
射爲長官，其下設吏、戶、禮、兵、刑、工六部，每部皆有尙書、侍郎爲長
貳。而各部之下，又分置四司，以郎中主其事。這六部二十四司，便負責綜
理全國之政務。不過到了唐代中期之後，左右僕射與吏部、兵部尙書多加「平
章事」銜而爲宰相，不理本部之職務。《文獻通考‧職官考六》記載：

　　開元以來，宰相員少，資地崇高，又以兵吏尙書權位尤美，而宰臣
　　多兼領之，但從容衡軸，不自銓綜，其選試之任，皆侍郎專之，尙
　　書通署而已，遂爲故事。〔註14〕

〔註9〕同註8，頁523下。
〔註10〕同註8，頁523上。
〔註11〕孫逢吉《職官分紀》（北京：中華書局，1988年），卷12～1a。
〔註12〕傅樂成〈唐代宦官與藩鎮的關係〉，收入氏著《漢唐史論集》（台北：聯經出
　　　　版公司，民國66年），頁191～208。
〔註13〕參閱袁剛《隋唐中樞體制的發展演變》（台北：文津出版社，民國83年），頁
　　　　196。
〔註14〕馬端臨《文獻通考‧職官考六》，頁475下～476上。

據嚴耕望先生之研究：唐代後期宰相十分之九為中書侍郎、門下侍郎，而以兼六部尚書、左右僕射為序進之次。通常由兼工禮遷兼刑戶，再遷兼兵吏，進兼右僕左僕，而後三公〔註15〕。僕射、尚書既為宰相序位之兼官，與方鎮之迴翔；六部侍郎除吏部禮部外亦多充翰林學士，為翰院序位之官，否則為宰相資淺者及充度支諸使，皆有劇職，不理本司〔註16〕。尚書六部在主官另有高就的情形下，加上地方上藩鎮割據致中央政令無法貫徹，故其職權的衰落是可以想見的。

唐代中期以後在制度變革上的另一個特色是兼使的盛行。尚書省的職權既已衰落，然而國家之重要政令卻不可無人推動，兼使的制度正可彌補尚書省職權不足之處。唐代兼使之名目繁多，且兼使之人大多原有職事官，兼使之後則專司其事，使原職事官形同虛銜。茲舉數例如下：

> 開元十一年，宇文融除殿中侍御史，句當租庸地稅使。天寶二年，陝郡太守韋堅兼知句當租庸使。〔註17〕

> 開元十二年，宇文融除御史中丞，充諸色安輯戶口使。天寶四載，戶部郎中王鉷加句當戶口色役使。〔註18〕

> 先天二年，李傑始為水陸發運使。……開元二十一年，裴耀卿以侍中充江南淮南轉運使。〔註19〕

> 開元二十五年，監察御史羅文信充諸道鑄錢使。天寶三載，楊慎矜除御史中丞，充鑄錢使。六載，度支郎中楊釗充諸道鑄錢使。〔註20〕

> 唐有市舶使，以右威衛中郎將周澤為之。〔註21〕

在各條引文中，「殿中侍御史」、「陝郡太守」、「御史中丞」、「戶部郎中」、「侍中」、「監察御史」、「度支郎中」、「右威衛中郎將」等，皆為中央或地方文武職事官的名稱，而「租庸使」、「安輯戶口使」、「水陸發運使」、「轉運使」、「鑄錢使」、「市舶使」等則為兼職之名稱。唐末五代，這種兼使的職稱非常繁多，

〔註15〕 嚴耕望〈論唐代尚書省之職權與地位〉，收入氏著《唐史研究叢稿》（香港：新亞研究所，1969年），頁67。

〔註16〕 同註15，頁79。

〔註17〕 馬端臨《文獻通考·職官十五》，頁556上。

〔註18〕 同註17，頁556中。

〔註19〕 同註17，頁556下。

〔註20〕 馬端臨《文獻通考·職官十六》，頁562中～下。

〔註21〕 同註20，頁563上。

是否即是宋朝「差遣」制度的淵源，尚待研究，目前無法斷言。

現在再回頭來看唐代的中樞決策機構，前面提到，到唐代後期，翰林學士專掌內命，樞密使宣付詔敕，中書門下的權力似乎被剝奪大半。但是，實際上，在詔令發布的程序上是多了翰林學士、樞密使兩道關卡，中書門下的宰相仍有參議大政之權，門下省對皇帝詔旨亦仍有封駁之權。例如：

> 宣宗以右金吾大將軍李燧爲嶺南節度使，已命中使賜之節，給事中
> 蕭儆封還制書，上方奏樂，不暇別召中使，使優人追之，節及燧門
> 而返。人臣執法之正，人主聽言之明，可以並見。〔註22〕

可見雖至唐末，中書門下及其外省仍有相當大的權力。

不過，到了五代時期，政治制度又有了新變化。首先是樞密院的變化〔註23〕，後梁開平元年，「改樞密院爲崇政院，命敬翔爲使，始更用士人，其備顧問、參謀議於中則有之，未始專行事於外也。」〔註24〕朱全忠在篡唐之前就曾率兵入長安盡殺宦官，可見其對宦官之深惡痛絕。及朱全忠即位後，即將樞密院的職權由士人接掌，用以「備顧問、參謀議」，但如此則崇政院與翰林學士幾無差別。後唐莊宗同光元年「復以崇政院爲樞密院，命宰臣郭崇韜兼使，又置院使一人，然權侔宰相矣。」〔註25〕可見到了後唐樞密職權又被提昇，與宰相無異，甚至由宰相「兼使」。到了後晉、後周時，「晉天福中，以桑維翰知樞密院事。四年，廢樞密院。開運元年復置，以宰臣桑維翰兼使。周顯德六年，范質、王溥並參知樞密院事。」〔註26〕可見樞密院職權與宰相重複，後晉後周時不是加以裁廢，就是以宰臣兼領。該如何來調整宰相與樞密院的關係，成爲政治權力分配上的重要問題。

此外，在翰林學士方面，由於其職權與中書舍人重複，唐時已有人請求將事權回歸中書。例如：

> 興元元年，翰林學士陸贄奏：學士私臣，玄宗初待詔內庭，止於應
> 和詩賦文章而已。詔誥所出，本中書舍人之職，軍興之際，促迫應
> 務，權令學士代之。今朝野乂寧，合歸職分。其命將相制詔，請付

〔註22〕顧炎武《日知錄》（台北：台灣商務印書館，民國67年台一版）卷九，〈封駁〉。
〔註23〕關於樞密院的沿革，可參考蘇基朗〈五代的樞密院〉，收入氏著《唐宋法制史研究》（香港：中文大學出版社，1996年）；梁天錫《宋樞密院制度》（台北：黎明文化公司，民國81年）。
〔註24〕馬端臨《文獻通考・職官考十二》，頁523上。
〔註25〕同註24。
〔註26〕同註24。

中書行遣。〔註27〕

陸贄身爲翰林學士，卻不以權力自專，而以國家典制爲重，這種胸襟令人欽佩。但「事未行而帝崩」〔註28〕，事權回歸中書之議也就不了了之了。至後晉天福五年，「廢翰林學士院，其公事並歸中書舍人。」〔註29〕但到了開運元年，又重新恢復了翰林學士院〔註30〕。草詔內命之權仍由翰林學士所掌握，並且一直沿用到了宋朝。

　　宋初立國，當時擺在太祖眼前的，是宰相與樞密使權力分配的問題。應如何解決呢？《文獻通考・職官考十二》記載：

　　　　宋興，始以樞密與中書對持文武二柄，號稱二府。然後樞密院之設，

　　　　始專有職掌，不爲贅疣。〔註31〕

太祖用文武分權的方式，解決了宰相、樞密使職權重複的問題，此後遂成宋代一代之制。不過，中央政治體制演變至此，已與唐代初期的三省體制完全不同，也與唐代後期至五代的「新三頭」體制有異。茲略圖示如下，以顯示三個時期制度之差別。

圖一

唐代前期：

唐後期－五代之「新三頭」：

宋初：

〔註27〕馬端臨《文獻通考・職官考八》，頁490中。

〔註28〕同註27。

〔註29〕同註27，頁490下。

〔註30〕同註27。

〔註31〕馬端臨《文獻通考・職官考十二》，頁523下。

由圖中可知，宋初的中央政治體制已完全不同唐初。唐初時之中書舍人、給事中、兵部等重要職務皆已被取代，故唐初的三省六部體制實已不能適合宋初的政治規模。宋代在採用新體制時，便應該將唐代的三省六部體制加以調整裁廢。但是，可能由於三省六部的官職名稱，是具有中央政府的代表意義，中央官吏所到之處也象徵著皇帝權威所及之處。因此，在宋初強調中央集權的考量下，便把三省六部體制下的各類官職名稱保留下來，授予中央與地方官吏，象徵皇權及於全國。但為了不使其職權與新政治體制重疊，故這類三省六部之官職只能用以寓祿寄階，而不負擔實際的職務。

宋初新體制下的政府又將如何運作呢？太祖採用了「差遣」制度。《文獻通考・職官考一》載：

> 至於官人授受之別，則有官，有職，有差遣。官以寓祿秩、敘位著，
>
> 職以待文學之選，而差遣以治內外之事。〔註32〕

所謂「職」，乃指各類學士文學侍從之官，此處暫不討論。我們可知唐代的職事官，到了宋代成了「寄祿官」；而決定官員之實際職務者，則為「差遣」。宋初採用這兩套制度並行的方式，雖然兩者之間的區別十分明顯，但卻使其典章制度變得更為紛雜，不知其中原由者，則難以理解掌握此一複雜多變的政治制度。

在這種複雜多變的政治制度之下，文官考銓制度也必須適應這個「寄祿官」、「差遣」並立的體制。因此，北宋前期的文官考銓制度將兩者加以分別，「寄祿官」的升遷有其一定的方式，而「差遣」的任免則又有另一套不同的管理方式。在我們討論北宋前期文官考銓制度之時，必須先對此一制度的時代背景與政治環境有所理解，才能掌握此一制度之特色所在。

第二節　宋初文官考銓制度之沿革

宋代的政治制度是從唐代歷經了唐末五代的變化而形成的，考銓制度自然也不例外。不過，宋代的考銓制度與唐代考銓制度相比，雖可看出兩者相同之處，可以發現兩者間的連續性；但是宋代考銓制度也有因應新的政治形勢而做的新改變。因此，在我們探討宋代考銓制度之前，有必要先對唐代以來考銓制度，做初步的認識。

〔註32〕馬端臨《文獻通考・職官一》，頁 438 上。

唐高祖武德年間，因天下的初定，官吏人數不多，「士不求祿，官不充員，有司移符州縣，課人赴調遠方，或賜衣續食，猶辭不行。」〔註 33〕如此則考銓制度自然簡單。唐初是承襲隋代舊制，「十一月爲選始，至春乃畢。」〔註 34〕是一年舉辦一次。不過，由於天下太平，官員人數漸多，需要銓選授官的人也多，因此在太宗貞觀二年，侍郎劉林甫建議：「今選者眾，請四時注擬。」〔註 35〕意謂每年四季各辦理一次銓選，不過這個方法似乎行之未久，便又恢復了一年舉辦一次的方式。《舊唐書‧唐臨傳》記載：

> 兄皎……貞觀中累轉吏部侍郎。先是選集無限，隨到補職，時漸太平，選人稍眾，皎始請以冬初一時大集，終季春而畢，至今行之。〔註36〕

按理，選人漸眾，則一年舉辦四次銓選較一年舉辦一次更有效率。爲何唐皎反而要改爲一年一選呢？這可能是因爲參選者多，爲求公平性起見，故將銓選集中辦理。否則若春季參選者政績平庸而參選授職，夏季參選者政績雖優卻因暫無官闕而無法銓授，如此則失公平之意。

隨著唐代參與銓選的人數日增，考銓制度也有了變更。《新唐書‧選舉志下》記載：

> 高宗總章二年，司列少常伯裴行儉始設「長名榜」，引銓注法，復定州縣升降爲八等，其三京五府都護都督府悉有差次，量官資授之。其後李敬玄爲少常伯，委事於員外郎張仁禕。仁禕又造姓曆，改狀樣、銓曆等程式，而銓總之法密矣。〔註37〕

這裏值得注意的是，「銓總之法密矣」雖然是理所當然，但裴行儉的「長名榜」，卻是將「州縣」分爲八等，三京五府都護都督府「悉有差次」，是將官闕職位訂出上下標準；至於選人赴任，則「量官資授之」，以考慮官品資格爲主，顯然地考績已經不受重視，這是在選人眾多，難分高下的情形下必然的趨勢。到了玄宗開元十八年，侍中兼吏部尚書裴光庭又作《循資格》，「賢愚一概必與格合，乃得銓授，限年躡級，不得踰越。」〔註38〕這種制度當然引起有識

〔註33〕歐陽修《新唐書‧選舉志下》，頁 1174。

〔註34〕同註 33。

〔註35〕同註 33。

〔註36〕劉昫《舊唐書》傳 35〈唐臨〉，頁 2813。

〔註37〕歐陽修《新唐書‧選舉志下》，頁 1175。

〔註38〕同註 37，頁 1177。

者的爭論，「宋璟爭之，不能得。」〔註39〕光庭死後，中書令蕭嵩也請求廢止
此法，皇帝也認爲：「自今有異材高行，聽擢不次。」〔註40〕然「有其制而無
其事，有司但守文奉式，循資例而已。」〔註41〕這應是在參與銓選者越來越
多的情況下，不得不然的結果吧！

　　負責文官考銓的機構，是吏部。《新唐書‧百官志一》載：

> 吏部尚書，……掌文選勳封考課之政，以「三銓」之法，官天下之
> 材。以身、言、書、判、德行、才用、勞效，較其優劣，而定其留
> 放，爲之注擬。五品以上，以名上而聽制授，六品以下，量資而任
> 之。〔註42〕

何謂三銓？《大唐六典》記載：

> 以三銓分其選，一曰尚書銓，二曰中銓，三曰東銓。〔註43〕

《文獻通考‧職官六》記載：

> 尚書所掌謂之尚書銓，侍郎所掌，其一爲中銓，其一爲東銓，各有
> 印。〔註44〕

杜佑《通典‧職官五》謂：

> 尚書掌七品以上選，侍郎掌八品以下選。至景雲元年，宋璟爲尚書，
> 始通其選而分掌之。〔註45〕

由上述可知，所謂「三銓」，是吏部尚書負責的「尚書銓」，對象是六、七品
文官；「中銓」、「東銓」各由一位吏部侍郎負責，對象是八、九品文官。到了
中宗景雲年間，「始通其選而分掌焉。」意即通六品以下闕，不論階品而三分
之，使尚書侍郎各掌其一〔註46〕。不過，「中銓」、「東銓」之名起源於何？是
何意義？則史無可考。任育才先生認爲：「東銓者，乃東都選也。事緣貞觀元
年災旱，關中米貴，關東選人集於洛州，太宗始分人於洛州置選。」〔註47〕

〔註39〕馬端臨《文獻通考‧選舉考十》，頁349中。
〔註40〕同註39。
〔註41〕同註39。
〔註42〕歐陽修《新唐書‧百官志一》，頁1186。
〔註43〕《大唐六典》卷2～5a。
〔註44〕馬端臨《文獻通考‧職官六》，頁476上。
〔註45〕杜佑《通典‧職官五》（北京：中華書局，1988年），頁632。
〔註46〕嚴耕望〈論唐代尚書省之職權與地位〉氏著《唐史研究叢稿》，頁24。
〔註47〕任育才〈唐代銓選制度略論〉，《興大文史學報》第四期（民國63年5月），
　　　　頁180。

實際上，東都選應爲「東選」，非「東銓」。《新唐書・選舉志下》：

太宗時以歲旱穀貴，東人選者集於洛州，謂之東選。〔註48〕

這是臨時性的措施，非固定的制度。故「中銓」、「東銓」之名，仍有待詳考，此非本文主旨，暫不細論。

另外，對於一些偏遠地方，唐代亦採用了特殊的考銓制度。如嶺南、五管、黔中等地，由中央派遣郎官或御史爲「選補使」主持銓選，謂之「南選」。其後江南、淮南、福建等地也曾沿用此法〔註49〕。前面提到的「東選」也與此相似。

至於銓選的對象，則爲六至九品文官，五品以上由皇帝宰相討論後「制授」，毋庸經過銓選。至於對六至九品文官的考銓，現任官在任期滿後（一般爲四年），向自己的長官領取「選解」，自己填寫「罷免善惡之狀」。而在十月至京師尚書省吏部參選〔註50〕。吏部對選人要加以考核，考核的方式是以「四善二十七最」定考績等第。據《新唐書・百官志一》的記載：所謂四善，「一曰德義有聞，二曰清愼明著，三曰公平可稱，四曰恪勤匪懈。」二十七最是二十七項各種職務的最高標準：

一曰獻替可否、拾遺補闕，爲近侍之最；二曰銓衡人物、擢盡才良，爲選司之最；三曰揚清激濁，褒貶必當，爲考校之最；四曰禮制儀式，動合經典，爲禮官之最；五曰音律克協，不失節奏，爲樂官之最；六曰決斷不滯，與奪合理，爲判事之最；七曰部統有方，警守無失，爲宿衛之最；八曰兵士調習，戎裝充備，爲督領之最；九曰推鞫得情，處斷平允，爲法官之最；十曰讎校精審，明於刊定，爲校正之最；十一曰承旨敷奏，吐納明敏，爲宣納之最；十二曰訓導有方，生徒充業，爲學官之最；十三曰賞罰嚴明，攻戰必勝，爲軍將之最；十四曰禮義興行，肅清所部，爲政教之最；十五曰詳錄典正，詞理兼舉，爲文史之最；十六曰訪察精審，彈舉必當，爲糾正之最；十七曰明於勘覆，稽失無隱，爲句檢之最；十八曰職事修理，供承彊濟，爲監掌之最；十九曰功課皆充，丁匠無怨，爲役使之最；二十曰耕耨以時，收穫成課，爲屯官之最；二十一曰謹於蓋藏，明

〔註48〕歐陽修《新唐書・選舉志下》，頁1180。

〔註49〕馬端臨《文獻通考・選舉十》，頁348中。

〔註50〕歐陽修《新唐書・選舉志下》，頁1171。

於出納，爲倉庫之最；二十二曰推步盈虛，究理精密，爲曆官之最；二十三曰占候醫卜，效驗多者，爲方術之最；二十四曰檢察有方，行旅無壅，爲關津之最；二十五曰市廛弗擾，姦濫不行，爲市司之最；二十六曰牧養肥碩，蕃息孳多，爲牧官之最；二十七曰邊境清肅，城隍修理，爲鎮防之最。

根據「善」、「最」的數目，分爲九等，一最四善爲上上，一最三善爲上中，一最二善爲上下，無最二善爲中上，無最一善爲中中，善最不聞爲中下，之下還有下上、下中、下下三等，依其廢弛職務的程度而定。在一任四年的期間內，四考中中者進一階，有一中上考復進一階，有一上下考進二階〔註51〕。所謂「階」，是指「文散官」而言。唐有「文散官」三十階，自開府儀同三司（從一品）至將仕郎（從九品下）〔註52〕。吏部三銓即根據考績等第爲授官的次序。

除了考績之外，銓授新職之前還要「試判」，「凡試判，登科者謂之入等。」〔註53〕通過了這些手續，才能擬注新職。

不過，自《循資格》實行之後，考績試判已漸形同具文，取而代之的是依「選數」而定授官先後。選數爲何？《文獻通考・選舉考十》載：

凡一歲爲一選，自一選至十二選，視官品高下以定其數，因其功過而增損之。〔註54〕

意謂著任滿之後，並不能當年應選，須隔若干年（選），才能集於吏部應試〔註55〕。而貢舉初入仕者，也要等三選或四選之後，才能任官〔註56〕，這便是裴光庭所謂「限年躡級，不得踰越」。雖然如此，仍有選數未滿而得到授官的辦法。《文獻通考・選舉考十》載：

選未滿而試文三篇，謂之「宏辭」；試判三條，謂之「拔萃」。中者即授官。〔註57〕

可見想要快速得到任官，方法還是考試。

〔註51〕歐陽修《新唐書・百官志一》，頁1190～1191。

〔註52〕同註51，頁1187。

〔註53〕馬端臨《文獻通考・選舉考十》，頁347上。

〔註54〕同註53，頁347下。

〔註55〕任育才〈唐代銓選制度略論〉，《興大文史學報》第四期，頁174。

〔註56〕同註55，頁176。

〔註57〕馬端臨《文獻通考・選舉考十》，頁347上。

　　由上可見，唐代的銓選制度已相當完備，而且有兩項特色：（一）官階的晉升與職務的任期一致，四年考滿，依考績晉升；同時也需等待下次任官的機會。在未受新職之前，因無考績，自然無由晉升階官。（二）特重考試，初任官要赴吏部「釋褐試」，銓注新職前要「試判」，選數未滿而欲得官可以考「宏辭」、「拔萃」，都顯示了考試的重要作用。

　　但是，唐中葉以後，隨著國勢的衰微，考銓制度也遭到了破壞。據《文獻通考・選舉考十》所記：

　　　　肅宗即位靈武，強寇在郊，始命中書以功狀除官，非舊制也。〔註58〕

此中書侵吏部事權也。又：

　　　　初，吏部歲常集人。其後三數歲一集，選人猥至，文簿紛雜，吏因
　　　　得以為姦利。……是時河西隴右沒於虜，河南河北不上計，吏員大
　　　　率減天寶三之一，而入流者加一，故士人二年居官，十年待選，而
　　　　考限遷除之法寖壞。〔註59〕

是因胥吏為姦、藩鎮割據造成考銓制度的破壞也。此外，

　　　　貞元四年，吏部奏：艱難以來，年月積久，兩都士類散在遠方，三
　　　　庫敕甲又經失墜，因此人多冒冒，吏或詐欺。〔註60〕

是因檔案喪失而致考銓困難也。及至五代，戰亂頻仍，考銓制度更難施行。舉例言之：

　　　　後唐莊宗同光二年，……時南郊行事官千二百人，注官者才數十人，
　　　　塗毀告身者十之九，選人或號泣道路，或餒死逆旅。〔註61〕

考銓制度的崩潰，造成人不得官，官不得人的的局面，政治之腐敗黑暗可知也。宋太祖創業立國，對此問題自然是必須加以整頓解決的。

　　宋太祖面對考銓制度幾乎蕩然無存的情勢，採取了下列手段以解決難題。首先，他鼓勵現任官保舉人才。例如：

　　　　太祖皇帝建隆三年，詔常參官并翰林學士內有嘗佐藩郡及歷州縣官
　　　　者，各保舉堪充幕職令錄一人。〔註62〕

　　　　四年，……又詔陶穀等於見任前任幕職州縣官中，舉堪為藩郡通判

〔註58〕同註57，頁348上。
〔註59〕同註57，頁351上。
〔註60〕同註57，頁353上。
〔註61〕馬端臨《文獻通考・選舉考十一》，頁357上。
〔註62〕同註61，頁357下。

者一人。〔註63〕

　　乾德二年，詔翰林學士等四十二人各舉才堪通判者各一人。又詔吏
　　部南曹以人才可副升擢者，送中書門下引驗以聞。〔註64〕

在考銓制度衰廢的情形下，令官吏舉薦人才自然是求才最快速的方法。此法
雖可能會造成官吏引薦私人之弊，但暫時、審慎地用之仍可濟考銓制度之窮。

　　其次，修訂唐代的考銓制度。唐代制度既多破壞，加以修訂整理是有其
必要的，而某些部分也需依新的形勢加以調整。在考銓機構方面，在唐代原
爲吏部三銓，至五代後周廣順年間，將「三銓公事并爲一處」〔註65〕，此即
爲「流內銓」一詞之由來，宋初仍因之不改。此外，開寶五年規定：

　　選人南曹投狀，判成送銓，銓司依次注授，其後選部闕官，即特詔
　　免解，非時赴集，謂之放選，習以爲常，取解季集之制，有名而無
　　實矣。〔註66〕

按：宋太祖在乾德二年正月甲申，已詔「著四時聽選式」〔註67〕，此舉已更
改了唐代「冬選」之例，而略近於前述唐代劉林甫建議的「四時放選」制度。
至此又更改「季選」爲「非時赴集」。而在對唐代舊制的恢復方面，建隆三年
八月乙未，「詔注諸道司法參軍皆以律疏試判，詔尚書吏部舉書判拔萃科。」
〔註68〕用以加強考核官吏。除了上述治標的措施之外，太祖更從事新制度的
釐訂。太祖建隆三年十月癸巳，「有司上新刪定《循資格》、《長定格》、《編敕
格》。」〔註69〕乾德二年正月甲申，「命翰林學士承旨陶穀等，與本司官重詳
定《循資格》及《四時參選條》。」〔註70〕同年二月戊申，「翰林學士寶儀等
上《新定四時參選條件》。」〔註71〕同年七月庚寅，「中書門下上重詳定翰林
學士承旨陶穀所議《少尹幕職官參選條件》。」〔註72〕凡此，皆可見太祖皇帝

〔註63〕　同註61。
〔註64〕　同註61。
〔註65〕　見王溥編《五代會要》（上海：上海古籍出版社，1978 年），卷二十二〈選事
　　　　　下‧雜處置〉，頁 355。
〔註66〕　馬端臨《文獻通考‧選舉十一》，頁 358 上。
〔註67〕　脫脫《宋史‧太祖紀一》（北京：中華書局，1985 年），頁 16。
〔註68〕　脫脫《宋史‧太祖紀一》，頁 12。
〔註69〕　李燾《續資治通鑑長編》（北京：中華書局，1985 年，以下簡稱《長編》）卷
　　　　　3～11a，建隆三年十月癸巳。
〔註70〕　同註69，卷 5～1a，乾德二年正月甲申。
〔註71〕　同註69，卷 5～4b，乾德二年二月戊申。
〔註72〕　同註69，卷 5～10b，乾德二年七月庚寅。

在建立制度上的用心。

第三，徒法不足以自行，況且在法令規章尚未完備之時，對於官吏的考核更不可疏忽。在太祖一朝，誅殺貪官污吏甚多，趙翼《廿二史箚記》卷二十四〈宋初嚴懲贓吏〉，與金中樞先生〈宋初嚴懲贓吏〉一文，皆有詳盡的敘述〔註73〕。贓吏之多固然反映了宋初承五代遺習，政治腐敗的情況，但誅殺之多也顯示了太祖除惡務盡的決心。《宋史》稱贊太祖「繩贓吏重法，以塞濁亂之源。」〔註74〕誠非虛語。

宋初的文官考銓制度在太祖的努力經營之下，已有逐步恢復，漸趨齊備的趨向，但是宋代文官考銓機構的確立，還是要等到太宗時期。

第三節　新考銓機構的設置

在宋太祖重訂了《循資格》、《四時參選條》等官吏考銓制度之後，宋太宗繼續對於官吏考銓機構進行調整。太宗太平興國六年九月丙午，置「京朝官差遣院」，《長編》對此事敘述甚詳：

> 丙午，詔應京朝官除兩省御史臺，自少卿監以下奉使從政於外，受代而歸者，並令中書舍人郭贄、膳部郎中兼御史知雜事滕中正、戶部郎中雷德驤同考校勞績，品量材器，以中書所下闕員，類能擬定，引對而授之，謂之「差遣院」。……（京官）除授皆出中書，不復由吏部。至是，與朝官悉差遣院主之。〔註75〕

由此可見，京朝官差遣院是負責京朝官的「考校勞績」、「類能擬定」，也就是考課與銓注新職兩項任務。前一節中曾提及五代後周時將吏部三銓合一而成爲流內銓，它的職掌也與此相同，這本來就是唐代吏部的工作。按宋代制度，文官分成「京朝官」、「幕職州縣官」兩類（詳見本文第三章第一節、第二節）。差遣院既負責了京朝官的考校與注擬，流內銓負責的範圍就只剩下幕職州縣官的考校與注擬了。

到了太宗淳化三年，又設置了新的考銓機構。據《長編》載：

> （十月）上慮中外官吏，清濁混淆，莫能甄別。壬午，命戶部侍郎

〔註73〕 參閱金中樞〈宋初嚴懲贓吏〉，《宋史研究集》第二十二輯（台北：國立編譯館，民國81年），頁21〜64。

〔註74〕 脫脫《宋史‧太祖紀三》，頁51。

〔註75〕 《長編》卷22〜10b〜11a，太平興國六年九月丙午。

> 王沔、度支副使謝泌、秘書丞王仲華同知京朝官考課；吏部侍郎張
> 宏、戶部副使高象先、膳部員外郎范正辭同知幕職州縣官考課。號
> 曰磨勘院。〔註76〕

由此可知，流內銓與差遣院可能在考校課績的功能上，出現了重大問題，致
「清濁混淆，莫能甄別」。故太宗於此時又設磨勘京朝官院與磨勘幕職州縣官
院，負責考課政績。如此一來，流內銓與差遣院的兩項任務便少了一項，只
剩下銓注京朝官與幕職州縣官差遣的工作了。

次年（淳化四年）二月，兩個磨勘院的名稱又做了調整。《長編》記載：

> 丙戌，以磨勘京朝官院為審官院，幕職州縣官院為考課院。時金部
> 員外郎謝泌言磨勘之名，非典訓也，故易之。〔註77〕

這只是單純的名稱改動，審官、考課兩院，仍舊分別負責京朝官與幕職州縣
官的考課。與差遣院、流內銓負責銓選仍有區別。

同年五月，考銓機構又有了重大的調整。《長編》記載：

> 丁未，廢京朝官差遣院，令審官院總之。翰林學士錢若水、樞密直
> 學士劉昌言同知審官院，考覆功過，以定升降，皆其職也。又以判
> 流內銓翰林學士承旨蘇易簡、虞部員外郎知制誥王旦等同兼知考課
> 院。凡常調選人，流內銓主之；奏舉及歷任有殿累者，考課院主之。
> 并吏員而省司局，議者咸以為當從易簡之請也。〔註78〕

由於京朝官、幕職州縣官兩個層級官員的考課與銓選，由四個機構來負責，
實在過於煩雜。故蘇易簡建議「并吏員而省司局」。將差遣院裁併入審官院，
流內銓與考課院則以主事者互兼的方式合併〔註79〕。而由審官院負責京朝官
的考課與銓選，流內銓負責幕職州縣官的考課與銓選。我們由引文中「考覆
功過，以定升降，皆其職也。」可以了解在合併之前，「考覆功過」與「以定

〔註76〕同註75，卷33～7a，淳化三年十月壬午。
〔註77〕同註75，卷34～1b，淳化四年二月丙戌。又《宋史·選舉六·考課》，頁3757
　　　　記載：「太祖……置考課院，考課中外職事。」認為審官院係太祖時設立的，
　　　　與此矛盾。但查考《長編》、《宋會要輯稿》等書，皆無此記載，故審官院的
　　　　設置，仍以淳化四年由磨勘京朝官院改名而來之記載為準，較為適當。
〔註78〕同註75，卷34～4b，淳化四年五月丁未。
〔註79〕王應麟《玉海》（合璧本，台北：大化書局，民國66年影印初版）卷117～21a
　　　　〈選舉·銓選〉記載：「（淳化四年）五月，以考課院歸流內銓。」而《宋史·
　　　　選舉六·考課》，頁3759則記載考課院併入流內銓的時間為至道初，但淳化
　　　　四年之後，各種史料都未見考課院之記載，故從《玉海》。

升降」是分屬不同機構的，合併後才皆爲審官院之職。而「常調選人，流內銓主之；奏舉及歷任有殿累者，考課院主之。」這段話，我們更能看出兩者職權之不同。前人研究此項制度的變化，只看重機構的分合與名稱的變易，卻忽視了職權上的差異，故本文於此詳加引述，以證四個機構執掌範圍各有不同；但分工過細，未必得宜，故又合併爲審官院與流內銓。從此直至元豐改制，這兩個機構始終負責京朝官與幕職州縣官的考課與銓選，北宋前期的考銓機構，至此乃完全確立。

在太祖皇帝修訂了《循資格》、《四時參選條件》等條例格式，太宗皇帝又確立了審官院、流內銓來負責文官的考銓之後，我們不能謂宋代官吏考銓制度還不完備。日本學者古垣光一〈宋眞宗時代磨勘の制の成立について〉一文之中，認爲太祖太宗時期並無寄祿官升遷的制度，當時的寄祿官升遷是採用太祖太宗在郊祀時推恩遷官的方式爲之，古垣氏並計算出在太祖太宗時期共舉行郊祀十四次。眞宗咸平四年時，在孫何等人力諫之下，才廢止郊恩遷官，行磨勘京朝官法〔註80〕。事實上，即使是郊恩遷官，磨勘的手續亦不可少，否則如何了解某官應由何階升至何階？有無贓私之罪或其他不合規定之處？我們只能說郊恩遷官廢止於眞宗時，以後專行磨勘升轉之法；卻不能說磨勘始於眞宗。試觀太宗時已不滿流內銓、差遣院「清濁混淆，莫能甄別」，而另置兩磨勘院，可知早在太祖太宗時，磨勘之法已行之久矣。

〔註80〕 參閱古垣光一〈宋眞宗時代磨勘の制の成立について〉，收入《青山博士古稀紀念宋代史論叢》（日本東京：省心書房，1974 年），頁391～417。

第三章 北宋前期的文官及其考銓機構

第一節 京朝官與審官院

在前一章第三節中，我們曾提到，北宋前期的文官分爲「京朝官」和「幕職州縣官」兩種，分別由審官院和吏部流內銓進行磨勘銓選。本章即對此再作深入之探討。首先，本節將以京朝官與審官院做爲探討的對象。

所謂「京朝官」者，實際上應分爲「朝官」與「京官」兩種。「今謂常參曰朝官，祕書郎而下未常參者曰京官。」[註1] 京官與朝官即合稱爲京朝官。我們可以看到，朝官與京官的分界是祕書郎，而祕書郎是北宋前期寄祿官的其中一階，因此，我們可以知道，所謂「京朝官」係指寄祿官而言。宋太祖乾德元年六月，「命大理正奚嶼知館陶縣，監察御史王祐知魏縣，楊應蒙知永濟縣，屯田員外郎于繼徽知臨清縣，常參官知縣自嶼等始也。」[註2] 如奚嶼等人雖受外任差遣，但寄祿官仍是京朝官，因此，太宗淳化四年之後審官院所執掌的京朝官磨勘銓選，也包括了在外地擔任知州、通判、知縣者在內。

京朝官既然是以寄祿官爲準，而非專指「在京官員」，也包括了京朝官而受外任差遣者在內，那麼作爲寄祿官的京朝官究竟分成多少寄祿官階呢？在本文第二章第一節中曾經提到，宋初的寄祿官是以唐代三省六部體系中的官職名稱作爲寄祿官的官階，而這種「以官爲階」的作法，使得整個寄祿官架構複雜化。此外，宋代更以身份的差別，使得同一階中有不同的寄祿官名，這更使得整個寄祿官架構愈趨複雜。根據《宋史·職官九》所載「文臣京官至三師敘遷之制」，將北宋前期的京朝官寄祿格作成表一。

[註1] 《長編》卷22～11a，太平興國六年九月丙午。
[註2] 《長編》卷4～13b，乾德元年六月庚戌。

表一：京朝官序遷之表

太師		
太尉		
太傅		
太保		
司徒（宰相）		
司空（宰相）		
左僕射（宰相）		
右僕射（宰相）		
太子太師		
太子太傅		
太子太保		
太子少師		
太子少傅		
太子少保		
吏部尚書		
兵部尚書		
戶部尚書		
刑部尚書		
禮部尚書		
工部尚書		
左丞（兩府）		
右丞		
吏部侍郎（兩府）		
兵部侍郎		
戶部侍郎（兩府）		
刑部侍郎		
禮部侍郎（帶翰林學士職）		
工部侍郎		
太子賓客		
給事中（帶館職）		
左右諫議大夫（帶館職）		
秘書監		
中書舍人（帶翰林學士職）		
光祿卿		
左、右司郎中（帶館職）		
大常少卿（有出身）		
少府監（無出身帶館職者直升光祿卿）		
司農卿（無出身帶館職者直升光祿卿）		
光祿少卿（無出身帶館職者直升光祿卿）		
司農少卿（無出身）		
衛尉卿（無出身）		
衛尉少卿（左曹，無出身）		
（左名曹）	（右名曹）	（左曹） （右曹）

（無出身）	（堂後官）	（犯贓）	（無出身）	（有出身）	（有出身）	（有出身）	（帶館職）	（台諫）
司勳郎中（無出身）	考功郎中（堂後官）	庫部郎中（犯贓）	駕部郎中（無出身）	職方郎中（有出身）	司封郎中（有出身）	兵部郎中（有出身）	吏部郎中（帶館職）	
金部郎中（無出身）	倉部郎中（堂後官）	司門郎中（犯贓）	比部郎中（無出身）	都官郎中（有出身）	度支郎中（有出身）	刑部郎中（有出身）	戶部郎中（帶館職）	
主客郎中（無出身）	膳部郎中（堂後官）	水部郎中（犯贓）	虞部郎中（無出身）	屯田郎中（有出身）	祠部郎中（有出身）	工部郎中（有出身）	禮部郎中（帶館職）	
司勳員外郎（無出身）	考功員外郎（堂後官）	庫部員外郎（犯贓）	駕部員外郎（無出身）	職方員外郎（有出身）	司封員外郎（有出身）	兵部員外郎（有出身）	吏部員外郎（帶館職）	侍御史（台諫）起居郎 起居舍人
金部員外郎（無出身）	倉部員外郎（堂後官）	司門員外郎（犯贓）	比部員外郎（無出身）	都官員外郎（有出身）	度支員外郎（有出身）	刑部員外郎（有出身）	戶部員外郎（帶館職）	左右司諫（台諫）殿中侍御史（台諫）
主客員外郎（無出身）	膳部員外郎（堂後官）	水部員外郎（犯贓）	虞部員外郎（無出身）	屯田員外郎（有出身）	祠部員外郎（有出身）	工部員外郎（有出身）	禮部員外郎（帶館職）	左右正言 監察御史（台諫）
國子博士（無出身）				大常博士（有出身或帶館職）				
殿中丞（無出身）					大常丞（有出身、特旨）宗正丞（有出身、特旨）秘書郎（特旨）著作郎（特旨）秘書丞（有出身或帶館職）殿中丞（有出身或帶館職）			
太子中舍（無出身）太子洗馬 太子左右贊善大夫（后族、大臣之家、刑部官、堂後官）				太子中允				
大理寺丞（無出身）				著作佐郎（有出身或帶館職、狀元）大理寺丞（有出身或帶館職）				
諸寺監丞（無出身）光祿寺丞（后族、大臣之家、刑部官）				諸寺監丞				
大理評事（無出身）				大理評事（有出身或帶館職）				
大常寺奉禮郎（無出身）大常寺大祝（后族、大臣之家）								
諸寺、監主簿、秘書省校書郎、正字								

參考資料：脫脫《宋史·職官九》，頁4023~4029。
《日》梅原郁《宋代官僚制度研究》（京都：同朋舍，1985年）。
龔延明《宋代官制辭典》（北京：中華書局，1997年）。

由表一之中，我們可以看到，整個寄祿官的升遷是以有出身、無出身、有館職、台諫官或宰相等身分，做為升遷轉官的依據。所謂「有出身」與「無出身」，宮崎市定在〈宋代官制序說〉一文中，認為「無出身主要是任子與三色人，有出身即是科舉出身。」〔註3〕又說：「即使同樣是有出身者，進士明經與九經、諸科、學究、由武舉換文官者之間也有不同。」〔註4〕所謂三色人，指的是攝官、進納、流外三種身分者〔註5〕。顯然宮崎氏是以是否參加科舉考試作為有無出身的依據。根據《宋史‧選舉四》的記載，將京朝官升遷分為「凡制舉、進士、九經出身者」與「諸科及無出身者」兩類〔註6〕，而在《宋史‧職官九》「文臣京官至三師敘遷之制」中所謂的「有出身」，實係《選舉四》中所謂「制舉、進士、九經出身者」；而《職官九》所謂的「無出身」，實係《選舉四》所謂「諸科及無出身者」。可見「有出身」與「無出身」的分別，就科舉制度而言，則諸科出身亦為有出身；但就文官考銓制度而言，諸科出身卻視同無出身者。這是在此須特別說明的。

另外，所謂「館職」，據《宋史‧職官二》所述：「宋朝庶官之外，別加職名，所以厲行義、文學之士。高以備顧問，其次與論議、典校讎。得之為榮，選擇尤精。」〔註7〕北宋前期的館職，一般包括了龍圖閣、天章閣、寶文閣的學士、直學士與待制〔註8〕。資淺者則為直龍圖閣、直天章閣、直寶文閣、直秘閣〔註9〕。資深者則可改為端明殿學士〔註10〕。此外，翰林學士院有翰林學士承旨、翰林學士、知制誥、直學士院等職〔註11〕。宰相可加昭文館大學士、監修國史、集賢殿大學士等銜〔註12〕，曾任宰相或參知政事者可加觀文

〔註3〕 宮崎市定〈宋代官制序說〉，收入《宮崎市定全集》（日本東京：岩波書店，1992年）第十冊，頁291。

〔註4〕 同註3，頁290。

〔註5〕 《宋史‧職官九》，頁4040。

〔註6〕 《宋史‧選舉四》，3699～3700。

〔註7〕 《宋史‧職官二》，頁3818。

〔註8〕 《宋史‧職官二》，頁3819～3820。龍圖閣學士，真宗大中祥符三年置；直學士，景德四年置；待制，景德元年置。天章閣學士、直學士，仁宗慶曆七年置；天章閣待制，天聖八年置。寶文閣學士、直學士、待制，宋神宗熙寧年間置。

〔註9〕 《宋史‧職官二》，頁3821～3822。

〔註10〕 《宋史‧職官二》，頁3817～3818。仁宗明道二年，改承明殿為端明殿，置端明殿學士。

〔註11〕 《宋史‧職官二》，頁3811～3812。

〔註12〕 《宋史‧職官一》，頁3773。

殿、資政殿之大學士、學士銜。〔註13〕

　　按照這些身份上的區別。京朝官有不同的升遷方式。根據表一，當有出身者升至太常博士，無出身者升至國子博士之後，其升遷有更繁細的區別。其中司封－度支－祠部系列郎中與員外郎，司勳－金部－主客列郎中與員外郎，考功－倉部－膳部系列郎中與員外郎，合稱左曹。由左曹遷轉的條件爲「任發運、轉運使副，三司、開封府判官，侍讀，侍講，天章閣侍講，崇政殿說書，開封府推官、府界提點，三司子司主判官，大理少卿，提點刑獄，提點鑄錢監，諸王府翊善、侍講、記室，中書提點五房公事堂後官。」〔註14〕仁宗景祐時，改爲「嘗歷知州而無贓私罪者」〔註15〕才能由左曹遷轉，有出身者循司封－度支－祠部郎中員外郎系列，無出身者依司勳－金部－主客郎中員外郎系列，擔任中書提點五房公事堂後官者由考功－倉部－膳部郎中員外郎系列。

　　至於職方－都官－屯田系列郎中員外郎，駕部－比部－虞部系列郎中員外郎，庫部－司門－水部系列郎中員外郎，合稱右曹。有出身者由職方－都官－屯田系列，無出身者由駕部－比部－虞部系列，曾犯贓罪而復敘之人由庫部－司門－水部系列。〔註16〕

　　此外，兵部－刑部－工部系列郎中員外郎，稱右名曹，「任三司副使，知雜，修撰，修起居注，直舍人院」者由右名曹升轉〔註17〕。而吏部－戶部－禮部系列郎中員外郎，稱左名曹，「帶待制以上職」者，即由左名曹遷轉。〔註18〕

　　另一方面，帶待制以上館職者在升遷時常可超轉。例如，左右正言帶館職可以超轉爲起居舍人；左右司諫帶館職可以超轉爲吏部員外郎；起居郎、起居舍人帶館職，則可直轉禮部郎中；前行郎中帶館職則可以超轉爲右諫議大夫。〔註19〕

〔註13〕《宋史・職官二》，頁3816～3817。仁宗慶曆八年，改延恩殿爲觀文殿，置觀文殿學士。資政殿學士、大學士，眞宗景德二年始置。
〔註14〕《宋史・職官九》，頁4025。
〔註15〕《長編》卷114～19a，景祐元年六月癸丑。
〔註16〕《宋史・職官九》，頁4025。
〔註17〕同註16，頁4025～4026。其中「左名曹」應係「右名曹」之誤。文中又記載：「發運、轉運使副，三司、開封府判官，左曹轉左（右）名曹。」可能是發運、轉運使副，三司、開封府判官自左曹任職後，也可改由右名曹遷轉。
〔註18〕同註16，頁4026。
〔註19〕同註16，頁4024～4026。

　　由同一官階來看，司勳、考功、司封、駕部、庫部、職方、兵部、吏部郎中屬同一階，合稱前行郎中。金部、倉部、比部、司門、都官、度支、刑部、戶部郎中爲同一階，合稱中行郎中。主客、膳部、虞部、水部、屯田、祠部、工部、禮部郎中爲同一階，合稱後行郎中。司勳、考功、駕部、庫部、職方、司封、兵部、吏部員外郎爲同一階，合稱前行員外郎。金部、倉部、比部、司門、都官、度支、刑部、戶部員外郎爲同一階，合稱中行員外郎。主客、膳部、虞部、水部、屯田、祠部、工部、禮部員外郎爲同一階，合稱後行員外郎。〔註20〕

　　若再向上升遷，工部侍郎若擔任宰相，則可以超轉一階，升爲兵部侍郎；禮部侍郎若擔任宰相，亦可以超轉一階升爲吏部侍郎。刑部、戶部、兵部、吏部侍郎的任一階，若此時擔任宰相，可以直升禮部尚書〔註21〕。若爲左、右丞，此時擔任兩府官（宰相、參知政事，樞密使、樞密副使）則每次升遷也可以超轉一官〔註22〕。至吏部尚書以上，唯宰相可升右僕射，兩府及其他則升太子太保。〔註23〕

　　以上所述，即爲京朝官升轉的大致情形。我們由此可以看出，京朝官的升轉涉及了出身與現任職務，各有其不同的升遷方式，是十分複雜的寄祿體系。而負責審查京朝官的出身與職務，決定其升遷途徑的機構，則是審官院。

　　根據第二章第三節所述，審官院是在宋太宗淳化四年二月由磨勘京朝官院改名而來。審官院的組織架構，根據《宋會要輯稿·職官》的記載：「審官院知院二人，以御史知雜以上充，掌考校京朝官殿最，敘其爵秩而詔於朝，分擬內外任吏而奏除之。」〔註24〕其下有書令史七人，掌舍二人〔註25〕。熙寧三年增主簿一員〔註26〕，但至元豐元年又將主簿省廢〔註27〕。此外，在熙寧三年六月，因爲另設審官西院負責武官閤門祗候以上至諸司使的磨勘銓選，所以將審官院改名爲審官東院〔註28〕。到了元豐五年，審官院正式被併

<hr>

〔註20〕同註16，頁4025～4026。
〔註21〕同註16，頁4027。
〔註22〕同註16。
〔註23〕同註16，頁4027～4028。
〔註24〕徐松（輯）《宋會要輯稿》（北京：中華書局，1987年）〈職官〉，卷11～55a。
〔註25〕同註24。
〔註26〕《長編》卷213～19b，熙寧三年七月癸丑。
〔註27〕《宋會要輯稿·選舉》23～3a。
〔註28〕《長編》卷211～17b，熙寧三年五月丁巳。

入吏部，稱爲「吏部尚書左選」〔註29〕。據《宋史》及《續資治通鑑長編》等書的記載，北宋前期曾擔任知審官院事之可考者列爲表二，由於本文撰寫時間上的限制，表二中的資料仍多缺佚，有待日後再加補充，但仍可根據目前的有限資料略作分析。表二中共計列有姓名可考者七十五人次，其中帶待制以上館職者至少四十三人（可由其所帶館職名稱與寄祿官名稱判定，雖帶館職而史書記載不明確者則不計），由於館職係清望之選，而知審官院事者過半數皆帶館職，可見宋朝對此職務之重視。另寄祿官在六部侍郎以上，其品秩與宰相同，或曾任宰相而帶資政殿大學士職，而知審官院事者亦有十二人，此職位之重要更可想見。

表二：審官院（含磨勘京朝官院）歷任長官表

時　　間	姓　名	寄祿官、館職或原任差遣	資　　料　　來　　源
太宗淳化三年	王　沔	戶部侍郎	《長編》卷33〜7a，淳化三年十月壬午。
淳化三年	謝　泌	度支副使	《長編》卷33〜7a，淳化三年十月壬午。
淳化三年	王仲華	秘書丞	《長編》卷33〜7a，淳化三年十月壬午。
淳化四年	錢若水	翰林學士	《長編》卷34〜4b，淳化四年五月丁未。
淳化四年	劉昌言	樞密直學士	《長編》卷34〜4b，淳化四年五月丁未。
淳化中	郭　贄	工部侍郎	《宋史》傳25 郭贄，頁9174。
淳化中	許　驤	右諫議大夫	《宋史》傳36 許驤，頁9437。
至道元年	宋　湜	翰林學士	《宋史》傳46 宋湜，頁9645。
至道元年	王禹偁	翰林學士	《長編》卷37〜7b，至道元年五月甲寅。
至道三年	田　錫		《長編》卷42〜9a，至道三年十一月己巳。
至道中	呂祐之	右諫議大夫	《宋史》傳55 呂祐之，頁9874。
太宗時	臧　丙	戶部郎中	《宋史》傳35 臧丙，頁9399。
太宗時	呂文仲	兵部員外郎知銀台司	《宋史》傳55 呂文仲，頁9871。
太宗時	張　秉	判吏部銓	《宋史》傳60 張秉，頁9996
眞宗咸平元年	魏廷式	刑部郎中	《宋史》傳66 魏廷式，頁10125。
咸平二年	陳　恕	吏部侍郎	《宋史》傳26 陳恕，頁9202。
咸平三年	趙昌言	兵部侍郎御史中丞	《宋史》傳26 趙昌言，頁9197。
咸平五年	師　頏	翰林學士	《宋史》傳55 師頏，頁9861。

〔註29〕《宋會要輯稿・職官》11〜55a。

咸平五年	邢 昺	工部侍郎國子祭酒翰林侍講學士	《宋史》傳 190 邢昺，頁 12798。
咸平中	趙安仁	同知三班院	《宋史》傳 46 趙安仁，頁 9657。
咸平中	張 宏	工部尚書	《宋史》傳 26 張宏，頁 9194。
咸平中	王 旦	翰林學士	《宋史》傳 41 王旦，頁 9543。
咸平中	喬維岳	給事中	《宋史》傳 66 喬維岳，頁 10118。
景德三年	張 雍	兵部侍郎	《宋史》傳 66 張雍，頁 10122。
景德四年	劉 綜	禮部郎中	《宋史》傳 36 劉綜，頁 9433。
景德中	孫 僅	右正言知制誥	《宋史》傳 65 孫何，頁 10101。
景德中	謝 泌	兵部郎中	《宋史》傳 65 謝泌，頁 10097。
景德中	溫仲舒	刑部尚書	《宋史》傳 25 溫仲舒，頁 9183。
大中祥符三年	李宗諤	工部郎中	《宋史》傳 24 李昉，頁 9142。
大中祥符中	王 曾	主客郎中	《宋史》傳 69 王曾，頁 10183。
大中祥符中	錢惟演	給事中	《宋史》傳 76 錢惟演，頁 10341。
眞宗時	石中立	吏部郎中知制誥	《宋史》傳 22 石熙載，頁 9104。
眞宗時	田 錫（再）		《宋史》傳 52 田錫，頁 9791。
眞宗時	梁 顥	翰林學士	《宋史》傳 55 梁顥，頁 9866。
眞宗時	張若谷	樞密院直學士知江寧府	《宋史》傳 58 張若谷，頁 9929。
眞宗時	張 秉（再）	工部侍郎	《宋史》傳 60 張秉，頁 9996。
眞宗時	晁 迥	翰林學士	《宋史》傳 64 晁迥，頁 10085。
眞宗時	張知白	龍圖閣待制	《宋史》傳 69 張知白，頁 10187。
仁宗初	宋 祁	侍讀學士	《宋史》傳 43 宋庠，頁 9596。
天聖五年	樂黃目	給事中知潭州	《宋史》傳 65 樂黃目，頁 10113。
天聖八年	蔡 齊	起居舍人知制誥	歐陽修〈尙書戶部侍郎贈兵部尙書蔡公行狀〉，《歐陽文忠全集》卷 38～1b。
天聖中	陳堯佐	龍圖閣直學士知并州	歐陽修〈太子太師致仕贈司空兼侍中文惠陳公神道碑并序〉，《歐陽文忠全集》卷 20～3a。
天聖中	晏 殊	禮部侍郎	歐陽修〈觀文殿大學士行兵部尙書西京留守贈司空兼侍中晏公神道碑并序〉，《歐陽文忠全集》卷 22～6b。
明道元年	馮 元	禮部侍郎	《宋史》傳 53 馮元，頁 9822。
景祐二年	杜 衍	判吏部流內銓	《宋史》傳 69 杜衍，頁 10190。《長編》卷 116～7a，景祐二年三月己丑。

寶元元年	宋　綬	資政殿大學士	《長編》卷122～3a，寶元元年六月戊辰。
皇祐中	孫　抃	右諫議大夫權御史中丞	《宋史》傳51孫抃，頁9777。
嘉祐元年	胡　宿		《長編》卷183～6b，嘉祐元年七月己亥。
嘉祐三年	韓　絳		《長編》卷188～14a，嘉祐三年閏十二月丙子。
嘉祐八年	韓　贄	龍圖閣直學士	《長編》卷198～1a，嘉祐八年正月丙寅。
仁宗時	馬季良	龍圖閣直學士	《宋史》傳222劉美，頁13552。
仁宗時	梅　詢	給事中	《宋史》傳60梅詢，頁9985。
仁宗時	張　觀	翰林學士	《宋史》傳51張觀，頁9765。
仁宗時	張　觀（再）	給事中權御史中丞	《宋史》傳51張觀，頁9765。
仁宗時	王堯臣	翰林學士	《宋史》傳51王堯臣，頁9772。
仁宗時	張　錫	右諫議大夫	《宋史》傳53張錫，頁9826。
仁宗時	葉清臣	右正言知制誥	《宋史》傳54葉清臣，頁9850。
仁宗時	楊　偕	翰林侍讀學士	《宋史》傳59楊偕，頁9956。
仁宗時	楊日嚴	判司農寺	《宋史》傳60楊日嚴，頁9991。
仁宗時	賈　黯	翰林學士	《宋史》傳61賈黯，頁10016。
仁宗時	李　絢	知制誥奉使契丹	《宋史》傳61李絢，頁10028。
仁宗時	王　珪	知制誥	《宋史》傳71王珪，頁10241。
仁宗時	張　奎	判吏部流內銓	《宋史》傳83張亢，頁10491。
仁宗時	孫　奭	翰林侍講學士	《宋史》傳190孫奭，頁12806。
英宗治平元年	王　珪（再）		《長編》卷201～1a，治平元年四月辛未。
治平中	楊　佐	天章閣待制	《宋史》傳92楊佐，頁10696。
神宗熙寧元年	司馬光	翰林學士兼侍讀學士	陳宏謀《宋司馬文正公年譜》，頁28。
熙寧二年	孫　覺	知諫院	《宋史》傳103孫覺，頁10926。
熙寧三年	孫　永	天章閣待制	《長編》卷219～2b，熙寧四年正月乙未。
熙寧四年	陳　繹	度支員外郎集賢校理	《長編》卷219～2b，熙寧四年正月乙未。
熙寧中	宋敏求		宋敏求《春明退朝錄》附錄一，頁53。
熙寧中	沈　括	龍圖閣待制	《宋史》傳90沈遘，頁10656。
熙寧中	呂公著	端明殿學士	《宋史》傳95呂公著，頁10774。
元豐二年	陳　襄		《長編》卷301～2b，元豐二年十一月丙子。
元豐五年	何正臣	判兵部	《長編》卷323～7a，元豐五年二月辛酉。

　　審官院雖以磨勘京朝官爲主要任務，但京朝官的差遣卻非全由審官院注擬。唐代吏部三銓只負責六品以下文官的銓選，六品以上由宰相奏薦或皇帝特旨。宋代則在差遣的除授上亦有這種區別，文彥博曾說：

> 吏部選人兩任親民，有舉主，升通判；通判兩任滿，有舉主，升知州軍；自此以上敍升，今謂之「常調」。知州軍有績效或有薦舉，名實相副者，特擢升轉運使副、判官或提點刑獄、省府推判官，今謂之「出常調」。〔註30〕

所謂「常調」，即是知州軍以下文官，任滿後按例赴審官院磨勘授職。而所謂「出常調」，即知州軍以上差遣，由皇帝特旨或宰相堂除，而非經由審官院注擬。雖然如此，「轉運使副、提點刑獄、館閣台省官外任歲滿代還者，並依京朝官例於審官院投狀考課。」〔註31〕也就是說，出常調官授與差遣雖由皇帝或宰相決定，但仍須由審官院磨勘考課。

第二節　選人與吏部流內銓

　　在第二章第三節中曾經提到，北宋前期的文官分爲「京朝官」和「幕職州縣官」兩種，分別由審官院與吏部流內銓加以磨勘銓選。本節再以幕職州縣官與吏部流內銓做爲探討之對象。

　　幕職州縣官，在宋代又被稱爲「選人」。所謂「選人」，在唐代係指任滿赴吏部參與銓選之人（在本文第二章第二節中，選人一詞屢見，其定義亦清楚明白）。爲何到了宋代，選人卻與幕職州縣官畫上等號？這個改變其實是始於唐代後期，在本文第二章第二節中提到，當時銓選係採裴光庭《循資格》之法，任滿之後，必須隔若干年（選），才能再集於吏部應試。至於選數未滿者，除了少數可經由「宏辭」，「拔萃」科的考試授官之外，大多數人都必須「限年躡級，不得踰越」。但是當時的藩鎮，卻常辟舉選人作爲幕僚或地方官。故歐陽修言：「唐諸方鎮以辟士相高，故當時布衣韋帶之士，或行著鄉閭，或名聞場屋，莫不爲方鎮所取。」〔註32〕洪邁亦謂：「唐世士人初登科或未仕者，多以從諸藩府辟置爲重。」〔註33〕最有名的例子即是韓愈，《新唐

〔註30〕《長編》卷 404～4b～5a，元祐二年八月癸未。
〔註31〕《長編》卷 93～9a，天禧三年四月辛丑詔。
〔註32〕歐陽修〈唐武侯碑陰記〉，收入《歐陽文忠公全集》（台北：台灣中華書局，民國 75 年），卷 141～9b。
〔註33〕洪邁《容齋隨筆・續筆》（台北：大立出版社，民國 70 年），卷一，頁 223。

書‧韓愈傳》記載：「擢進士第，會董晉爲宣武節度使，表署觀察判官。晉卒，……乃去依武寧節度使張建封，建封辟府推官。」〔註34〕這些藩鎮幕僚和地方官，名目繁多，嚴耕望先生〈唐代府州僚佐考〉及〈唐代方鎮使府僚佐考〉二文曾詳加考定，府州僚佐有司錄或錄事參軍、司功參軍、司倉參軍、司戶參軍、司田參軍、司兵參軍、司法參軍、司士參軍等；方鎮僚佐有副使、行軍司馬、判官、掌書記、支使、推官、巡官、衙推、參謀、孔目官、法直官等〔註35〕。這些藩鎮僚屬與地方官，也就是幕職州縣官，既多辟署選人任之，故「選人」一詞的意義也漸漸由「任滿待選之人」轉變成爲「幕職州縣官」的同義詞了。

　　宋初，將幕職州縣官的名稱加以整理，定爲四類七階（見表三），成爲地方上的基層文官。至太宗時期，更確立了以吏部流內銓作爲幕職州縣官（選人）的考銓機構。

表三：幕職州縣官（選人）序遷之表

類　　別	寄　　　　　祿　　　　　階	崇寧二年新制
兩使職官	三京府判官、留守判官、節度判官、觀察判官	從八品承直郎
	節度掌書記、觀察支使、防禦判官、團練判官	從八品儒林郎
	京府推官、留守推官、節度推官、觀察推官、軍事判官	從八品文林郎
初等職官	防禦推官、團練推官、軍事推官、軍判官、監判官	從八品從事郎
令　　錄	縣令、錄事參軍	從八品通仕郎
	試銜知縣、知錄事參軍	從八品登仕郎
判司簿尉	軍巡判官、司理參軍、司戶參軍、司法參軍、戶曹參軍、法曹參軍、縣主簿、縣尉	從九品將仕郎

參考資料：脫脫《宋史‧選舉四》，頁3694。
　　　　　苗書梅《宋代官員選任和管理制度》，頁415。
　　　　　龔延明《宋代官制詞典》，頁687，688。
　　　　　金中樞〈北宋選人七階試釋〉，收入《宋史研究集》第九輯（台北：國立編譯館，民國66年），頁269～276。

　　吏部流內銓的組織架構，根據《宋會要輯稿‧職官》的記載，有判流內銓事二人，以御史知雜以上充，掌節度判官以下，州府判司，諸縣令佐擬注

〔註34〕歐陽修‧宋祁《新唐書》傳101，〈韓愈〉，頁5255。
〔註35〕嚴耕望〈唐代府州僚佐考〉，收入氏著《唐史研究叢稿》，頁103～176。〈唐代方鎮使府僚佐考〉，收入《唐史研究叢稿》，頁177～236。

磨勘之事。又有令史十一人，選院令史六人，驅使官三人〔註36〕。熙寧三年增主簿一員〔註37〕，但至元豐元年又將主簿省廢〔註38〕。至元豐三年將行新官制，把吏部流內銓改稱「尙書吏部」〔註39〕。元豐五年五月，「吏部四選」的體制確立，再改稱「侍郎左選」，由一吏部侍郎主之。〔註40〕

關於吏部流內銓的主事者，一般稱爲「判吏部流內銓」，表四中列舉了自太祖至神宗元豐改制時，在《宋史》及《續資治通鑑長編》等書中可考的判銓長官。不過，由於有判銓事者必須以侍御史知雜事以上充的規定，而侍御史知雜事，在宋代爲御史台的副貳，地位僅次於御史中丞，資望甚高〔註41〕，故判銓事者若資格不合，常加「權」字，稱「權判吏部流內銓」或「權同判吏部流內銓」。根據表四曾判吏部流內銓之可考者計有一百二十四人次，由於本文撰寫時間上的限制，表四中的資料仍多缺佚，有待日後再加補充。但就目前所有的資料視之，其中帶館職者至少五十六人，具六部侍郎以上寄祿官者五人（扣除兼帶館職者一人，則爲四人），前任爲御史中丞或侍御史知雜事者十七人（扣除兼帶館職者五人，則爲十二人），其他亦多以中央或地方大吏充任，可見流內銓也具有相當的重要性，不可以閒散差遣視之。

表四：吏部流內銓歷任判銓官表

時 間	姓 名	寄祿官、館職或原任差遣	參 考 來 源
太祖建隆三年	劉溫叟	御史中丞	《宋史》傳21劉溫叟，頁9072。
建隆四年	李 昉	中書舍人翰林學士	《宋史》傳24李昉，頁9136。
乾德二年	陶 穀	禮部尙書	《宋史》傳28陶穀，頁9237。
開寶四年	邊光範	橋道使	《宋史》傳21邊光範，頁9081。
開寶六年	侯 陟	左司員外郎	《宋史》傳29侯陟，頁9273。
太宗太平興國五年	李 符	右諫議大夫	《宋史》傳29李符，頁9275。

〔註36〕《宋會要輯稿・職官》11～56b。
〔註37〕《長編》卷213～19a，熙寧三年七月癸丑。
〔註38〕《宋會要輯稿・選舉》23～3a。
〔註39〕《長編》卷307～9a，元豐三年八月甲辰。
〔註40〕《宋會要輯稿・職官》11～56b 記載流內銓改名爲侍郎左選的時間爲元豐三年，但如前述，當時所改實爲「尙書吏部」。故此據《玉海》卷117～23b〈選舉・銓選・元豐四選〉所記：「元豐五年五月，名實始正，吏部分選有四。」
〔註41〕《宋會要輯稿・職官》17～36b。

雍熙二年	王　祐	知潭州	《宋史》傳 28 王祐，頁 9242。 《長編》卷 26～3a，雍熙二年六月丙戌。
端拱二年	范正辭	倉部員外郎	《宋史》傳 63 范正辭，頁 10060。
淳化二年	李昌齡	知審刑院	《宋史》傳 46 李昌齡，頁 9653。
淳化二年	張　宏	吏部侍郎	《宋史》傳 26 張宏，頁 9194。
淳化四年	蘇易簡	翰林學士承旨	《長編》卷 34～4b，淳化四年五月丁未。
淳化四年	王　旦	虞部員外郎	《長編》卷 34～4b，淳化四年五月丁未。
淳化中	錢若水		《宋史》傳 25 錢若水，頁 9166。
淳化中	張　洎		《宋史》傳 26 張洎，頁 9212。
淳化中	李　沆		《宋史》傳 41 李沆，頁 9538。
淳化中	呂文仲	兵部員外郎	《宋史》傳 55 呂文仲，頁 9871。
至道元年	和　蒙	知理檢院	《宋史》傳 198 和峴，頁 13015。
至道元年	王　旦 （再）		《宋史》傳 198 和峴，頁 13015。
太宗時	張　秉	知制誥	《宋史》傳 60 張秉，頁 9996。
太宗時	寇　準		《長編》卷 125～13a，寶元二年歲末。
眞宗咸平二年	張　宏 （再）	工部尚書	《宋史》傳 26 張宏，頁 9194。
景德元年	夏侯嶠	翰林侍讀學士戶部侍郎	《長編》卷 56～12a，景德元年五月丁酉。
景德中	張　秉 （再）	知滑州	《宋史》傳 60 張秉，頁 9996。
景德中	馮　拯	樞密直學士	《宋史》傳 44 馮拯，頁 9609。
景德中	周　起	右正言知制誥	《宋史》傳 47 周起，頁 9672。
景德中	李　淵	侍御史知雜事	《宋史》傳 17 李淵，頁 8994。
景德中	陳堯佐	鴻臚少卿	《宋史》傳 43 陳堯佐，頁 9581。
景德中	董　儼		《宋史》傳 66 董儼，頁 10123。
大中祥符五年	陳堯咨	起居舍人知制誥	《宋史》傳 43 陳堯佐，頁 9588。 《長編》卷 79～5a，大中祥符五年十月丁巳。
大中祥符六年	愼從吉	右諫議大夫	《宋史》傳 36 愼從吉，頁 9446。 《長編》卷 81～13b，大中祥符六年十月丁亥。
大中祥符八年	晁　迥	翰林學士	《長編》卷 85～17a，大中祥符八年十月辛卯。
大中祥符九年	高　紳		《長編》卷 82～9b，大中祥符七年四月癸亥。
大中祥符中	王嗣宗	工部侍郎	《宋史》傳 46 王嗣宗，頁 9649。

天禧三年	宋　綬	知制誥	《宋史》傳 50 宋綬，頁 9733。 《長編》卷 94～11b，天禧三年十一月辛未。
天禧五年	劉　煜		《長編》卷 97～7a，天禧五年五月乙酉。
天禧五年	謝　濤	戶部郎中侍御史知雜事	歐陽修〈太子賓客分司西京謝公墓誌銘〉，《歐陽文忠全集》卷 62～2b。
天禧中	彭　乘	工部郎中翰林學士	《宋史》傳 57 彭乘，頁 9900。
眞宗時	陳執中	工部員外郎侍御史知雜事	《宋史》傳 44 陳執中，頁 9602。
眞宗時	狄　棐	龍圖閣直學士	《宋史》傳 58 狄棐，頁 9925。
眞宗時	狄　棐 （再）	知河南府	《宋史》傳 58 狄棐，頁 9926。
眞宗時	劉　燁	侍御史知雜事	《宋史》傳 21 劉溫叟，頁 9074。
眞宗時	王　曙	淮南安撫使	《宋史》傳 50 王曙，頁 9750。
眞宗時	張若谷	龍圖閣學士知杭州	《宋史》傳 58 張若谷，頁 9929。
眞宗時	薛　映	禮部郎中知制誥	《宋史》傳 64 薛映，頁 10090。
眞宗時	郭　贄	知天雄軍	《宋史》傳 25 郭贄，頁 9174。
眞宗時	楊　礪	給事中	《宋史》傳 46 楊礪，頁 9644。
眞宗時	謝　泌	右諫議大夫	《宋史》傳 65 謝泌，頁 10097。
眞宗時	陳知微	荊湖南路轉運使	《宋史》傳 66 陳知微，頁 10135。
眞宗時	丁　謂	知制誥	《宋史》傳 42 丁謂，頁 9566。
眞宗時	趙　積	侍御史知雜事	《宋史》傳 47 趙積，頁 9682。
仁宗乾興元年	魯宗道	龍圖閣直學士兼侍講	《長編》卷 98～8a，乾興元年三月壬申。
乾興元年	胡　則	右諫議大夫知杭州	《宋史》傳 58 胡則，頁 9942。
天聖元年	晏　殊	給事中	《長編》卷 101～5b，天聖元年閏九月甲午。 歐陽修〈觀文殿大學士行兵部尚書西京留守贈司空兼侍中晏公神道碑并序〉，《歐陽文忠全集》卷 22～6b。
天聖八年	王　隨		《長編》卷 109～13a，天聖八年十月癸卯。
天聖中	蔡　齊	禮部員外郎侍御史知雜事	歐陽修〈尚書戶部侍郎贈兵部尚書蔡公行狀〉，《歐陽文忠全集》卷 38～1b。
明道二年	李　紘	侍御史知雜事	《宋史》傳 46 李昌齡，頁 9654。 《長編》卷 112～17a，明道二年七月庚辰。
景祐二年	杜　衍	御史中丞	《宋史》傳 69 杜衍，頁 10190。 《長編》116～6b，景祐二年三月己丑。
景祐四年	宋　郊		《長編》卷 120～16b，景祐四年十月癸酉。

皇祐四年	蔡襄	起居舍人知制誥	歐陽修〈端明殿學士蔡公墓誌銘〉,《歐陽文忠全集》卷 35～2a。
皇祐五年	張方平	龍圖閣學士	《長編》卷 175～14b,皇祐五年九月月末。
康定元年	高若訥	天章閣待制知永興軍	《宋史》傳 47 高若訥,頁 9685。 《長編》卷 127～6a,康定元年四月癸丑。
康定元年	吳育		《長編》卷 128～18b,康定元年九月乙亥。
康定元年	賈昌朝	知制誥	《宋史》傳 44 賈昌朝,頁 9614。 《長編》卷 129～7b,康定元年十一月庚辰。
康定元年	郭稹	知制誥	《宋史》傳 60 郭稹,頁 9998。
慶曆四年	王質	天章閣待制史館修撰	《宋史》傳 28 王祐,頁 9245。 《長編》卷 146～4a,慶曆四年正月辛未。 歐陽修〈尙書度支郎中天章閣待制王公神道碑并序〉,《歐陽文忠全集》卷 21～4b。
慶曆五年	趙及	兵部員外郎侍御史知雜事	《長編》卷 154～10b,慶曆五年二月戊戌。
慶曆五年	錢明逸	知制誥	司馬光《涑水記聞》卷 3,頁 53。
至和元年	賈黯	知制誥	《宋史》傳 61 賈黯,頁 10015。 《長編》卷 176～20a,至和元年八月甲午。
至和元年	劉敞	知制誥	《長編》卷 177～8b,至和元年十月辛丑。
至和元年	歐陽修	吏部郎中龍圖閣直學士	《宋史》傳 78 歐陽修,頁 10378。 《長編》卷 176～18b,至和元年七月戊子。 《歐陽文忠全集·年譜》6a。
至和二年	賈黯 (再)		《長編》卷 180～9b,至和二年七月戊午。
嘉祐初	楊畋	天章閣待制兼侍讀	《宋史》傳 59 楊畋,頁 9965。
仁宗時	范鎮		范鎮《東齋記事》附錄二,頁 66。
仁宗時	蔡齊 (再)	右諫議大夫御史中丞	歐陽修〈尙書戶部侍郎贈兵部尙書蔡公行狀〉,《歐陽文忠全集》卷 38～2a。
仁宗時	梅詢	龍圖閣待制糾察在京刑獄	歐陽修〈翰林侍讀學士給事中梅公墓誌銘〉,《歐陽文忠全集》卷 27～2a。
仁宗時	梅詢 (再)	知通進銀台司	《宋史》傳 60 梅詢,頁 9985。 歐陽修〈翰林侍讀學士給事中梅公墓誌銘〉,《歐陽文忠全集》卷 27～2b。
仁宗時	王洙	知制誥	歐陽修〈翰林侍讀侍講學士王公墓誌銘并序〉,《歐陽文忠全集》卷 31～7b。
仁宗時	胡宿	知制誥兼勾當三班院	歐陽修〈贈太子太傅胡公墓誌銘〉,《歐陽文忠全集》卷 34～6a。
仁宗時	王博文	龍圖閣待制	《宋史》傳 50 王博文,頁 9745。

仁宗時	謝　絳	知制誥	《宋史》傳 54 謝絳，頁 9846。
仁宗時	孔道輔	龍圖閣待制	《宋史》傳 56 孔道輔，頁 9884。
仁宗時	孔道輔（再）	知青州	《宋史》傳 56 孔道輔，頁 9884。
仁宗時	鞠　詠	禮部員外郎侍御史知雜事	《宋史》傳 56 鞠詠，頁 9887。
仁宗時	劉　隨	侍御史知雜事	《宋史》傳 56 劉隨，頁 9889
仁宗時	曹修古	刑部員外郎	《宋史》傳 56 曹修古，頁 9891。
仁宗時	梅　摯	陝西都轉運使	《宋史》傳 57 梅摯，頁 9902。
仁宗時	田　瑜	廣南東路體量安撫使	《宋史》傳 58 田瑜，頁 9948。
仁宗時	楊　偕	侍御史知雜事	《宋史》傳 59 楊偕，頁 9954。
仁宗時	張　傳	侍御史知雜事	《宋史》傳 59 張傳，頁 9975。
仁宗時	劉　湜	禮部員外郎侍御史知雜事	《宋史》傳 63 劉湜，頁 10075。
仁宗時	韓　億	兵部郎中	《宋史》傳 74 韓億，頁 10298。
仁宗時	張　奎	右諫議大夫知江寧府	《宋史》傳 83 張亢，頁 10491。
仁宗時	呂　溱	知成德軍	《宋史》傳 79 呂溱，頁 10401。
仁宗時	張堯佐	三司副使	《宋史》傳 222 張堯佐，頁 13557。
仁宗時	宋　祁	知制誥	《宋史》傳 43 宋庠，頁 9595。
仁宗時	李　淑	翰林學士	《宋史》傳 50 李若谷，頁 9741。
仁宗時	馮　元	史館修撰	《宋史》傳 53 馮元，頁 9822。
仁宗時	郭　勸	侍御史知雜事	《宋史》傳 56 郭勸，頁 9893。
仁宗時	郭　勸（再）	翰林侍讀學士	《宋史》傳 56 郭勸，頁 9893。
仁宗時	韓　絳	知制誥	《宋史》傳 74 韓絳，頁 10302。
仁宗時	張　壞	知黃州	《宋史》傳 89 張壞，頁 10625。
仁宗時	盧士宗	天章閣待制	《宋史》傳 89 盧士宗，頁 10628。
仁宗時	宋　庠	知審刑院	《宋史》傳 43 宋庠，頁 9590。
仁宗時	王　疇	知制誥	《宋史》傳 50 王博文，頁 9746。
仁宗時	劉　夔	龍圖閣直學士知潭州兼湖南安撫使	《宋史》傳 57 劉夔，頁 9914。
仁宗時	李　絢	提舉在京諸司庫務	《宋史》傳 61 李絢，頁 10028。

仁宗時	劉　沆	知制誥	《宋史》傳 44 劉沆，頁 9606。
仁宗時	程　琳	知制誥	《宋史》傳 47 程琳，頁 9673。
英宗治平元年	錢公輔		《長編》卷 200～7a，治平元年二月庚午。
治平二年	司馬光	吏部郎中龍圖閣直學士	陳宏謀《宋司馬文正公年譜》，頁 22。
治平三年	蔡　抗		《長編》208～4b，治平三年五月甲子。
治平中	陳　薦	龍圖閣直學士	《宋史》傳 81 陳薦，頁 10444。
治平中	沈　遘	翰林學士	《宋史》傳 90 沈遘，頁 10652。
治平中	宋敏求		宋敏求《春明退朝錄》附錄一，頁 53。
神宗熙寧二年	蔡延慶	直舍人院	《宋史》傳 45 蔡齊，頁 9638。
熙寧三年	陳　襄	秘閣校理同修起居注兼直舍人院	《長編》卷 211～1a，熙寧三年五月辛卯。
熙寧三年	沈　起	知江寧府	《宋史》傳 93 沈起，頁 10728。
熙寧四年	曾　布	檢正中書五房公事	《長編》卷 228～13a，熙寧四年十二月辛酉。
熙寧五年	許　將	直舍人院	《宋史》傳 102 許將，頁 10908。 《長編》卷 235～22b，熙寧五年七月月末。
熙寧五年	唐　坰	太子中允同知諫院	《長編》卷 237～20a，熙寧五年八月癸卯。
熙寧五年	李復圭	兵部員外郎知光化軍	《宋史》傳 50 李若谷，頁 9743。 《長編》卷 238～1a，熙寧五年九月丙午。
神宗時	王益柔	判度支審院	《宋史》傳 45 王曙，頁 9635。
神宗時	章　衡	知審官西院	《宋史》傳 106 章衡，頁 11008。
神宗時	龔鼎臣	判太常寺	《宋史》傳 106 龔鼎臣，頁 11013。

　　在討論了京朝官與幕職州縣官（選人）的架構以及審官院與吏部流內銓的組織概況之後，還有一個問題亟待解決，那就是審官院、流內銓與宰相之間的關係。

　　關於審官院、流內銓與宰相之間的關係，史無明文。本文僅能就史料中線索，略作考察。《長編》卷一○一記載：

　　　　（天聖元年十月癸酉）門下省言：吏部流內銓注擬選人，請如舊制過堂押定。詔自今磨勘選人前一日，以磨勘箚子送中書呈驗，然後引對。〔註42〕

又《長編》卷一○八：

〔註42〕《長編》卷 101～8b，天聖元年十月癸酉。

（天聖七年九月辛巳）詔審官院，自今定差知州軍，令中書審視。
若懦庸老疾不任事者罷之。〔註43〕

《宋會要輯稿‧職官》也記載：

（大中祥符八年）二月，中書門下言，舊例臣僚奏舉幕職州縣官，並
下流內銓勘會，復申中書，然後取及六考內令銓司磨勘引見。〔註44〕

同書又云：

（景祐）五年八月二十五日，審官院言：京朝官該三年磨勘，內有歷
任犯贓私情重者，未有條貫，乞今後別立貼黃，述所犯情理，送中書
省取旨，或未改轉，或添年限。詔分明貼出取旨，不送中書。〔註45〕

按照這些史料推斷，審官院與流內銓在磨勘手續之後，要「過堂押定」、「令
中書審視」、「復申中書」，可見審官院、流內銓的地位是在中書之下。但中書
的責任在於將「懦庸老疾不任事者罷之」，似乎只是對若干不當升官授職者加
以過濾，旨在監督而非管理審官院與流內銓。且審官院對如何處理犯贓者有
疑慮，想要「送中書省取旨」，皇帝卻要審官院自行取旨，「不送中書」。可見
審官院是直接向皇帝負責，並非向中書宰相負責。宰相的工作只是在引對之
前，做監督的工作。換言之，審官院與流內銓雖位居中書之下，但仍有相當
大的自主性。宰相是審官院、流內銓的上級監督機構，而非上級管理機構。

此外，嘉祐三年，韓絳曾上書請求更定官制，他說：

中書門下，宰相所職，而以他官判省，名不相稱，請更定其制。百
司常務多白二府，請詳其輕重，移付於下。〔註46〕

韓絳所言「百司常務多白二府」，正是審官院、流內銓「復申中書」、「過堂押
定」的寫照。而韓絳的願望是要將這些機構「移付於下」，也就是希望這些機
構能夠由中書與樞密院直接管理，成爲其下級機構。這正代表了當時這些機
構並不完全隸屬於中書樞密。例如考銓武官的三班院，負責低階武官左、右
侍禁以下的銓選〔註47〕，由樞密院吏房掌行差將領、武臣知州軍、路分都監
以上及差內侍官文書〔註48〕。三班院明顯的比樞密院吏房更具自主性，這不

〔註43〕《長編》卷108～10b，天聖七年九月辛巳。
〔註44〕《宋會要輯稿‧職官》11～7a。
〔註45〕《宋會要輯稿‧職官》11～12b。
〔註46〕韓絳〈改正官制奏〉，收入曾棗莊‧劉琳主編《全宋文》（成都：巴蜀書社，
1988年起），第二十四冊，頁296。
〔註47〕《長編》卷32～1a，淳化二年正月乙酉。
〔註48〕《宋史‧職官二》，頁3798。

正代表著審官院、流內銓也有相當的自主性嗎？

再由審官院與流內銓的職掌而言，宋代的官闕主要有堂除闕與吏部闕兩大類〔註49〕，堂除闕由宰相奏薦，吏部闕在北宋前期即由審官院與流內銓執掌，兩者並不相同。且審官院與流內銓磨勘文官，由收狀、磨勘到注擬，完全獨自運作（詳見本文第四章），有疑問也直接向皇帝請旨，前引《宋會要輯稿·職官》景祐五年八月二十五日事即一明證。宰相之職，主在監督，防止用人失當而已。審官院與流內銓擁有相當的自主性，應無疑問。

最後，審官院與流內銓的主事者，按規定須由侍御史知雜事以上充。侍御史知雜事爲御史台之副貳，御史台又獨立於宰相之外。如此則知審官院、判流內銓者，即使地位不如宰相，但在朝廷之中也應爲有相當分量之人物。故審官院、流內銓似亦不當爲宰相之下級機構。

以上從史料分析，中央權力結構，職權區分，功能運作，乃至人事安排等方面來看，都顯示審官院與流內銓雖位於宰相之下，但仍有其自主性。這種設計，與唐代和北宋晚期之後，吏部隸屬於宰相的制度並不相同。這種自主性，應可謂爲北宋前期官吏考銓制度之特色。

第三節　考校轉運使副提點刑獄課績院

審官院與流內銓負責京朝官與選人的磨勘與銓選，不過天下官吏人數眾多，審官院與流內銓區區十數個人，如何能盡知其賢否？因此，只能「定差知州軍監，並以資歷，不容超越；資歷當得，不容不與。」〔註50〕結果官吏們「歲年深久，習以爲常，皆謂本分合得，無賢不肖，莫知所勸。」〔註51〕

雖然如此，在宋仁宗時，仍希望能夠對官吏的政績進行考核。鑑於官吏人數眾多，對於中下級官吏實有鞭長莫及之感，故這一次考課官吏政績的措施，由地方最高層級（路）的長官——提點刑獄與轉運使做起。景祐三年十月一日，設置「磨勘諸路提點刑獄司」，命翰林學士承旨章得象、學士丁度、權御史中丞張觀領其事〔註52〕。景祐四年，又命侍御史知雜事姚仲孫負責考

〔註49〕見鄧小南〈宋代銓選中「闕」的分類〉，收入鄧廣銘、漆俠主編《國際宋史研討會論文選集》（保定：河北大學出版社，1992年），頁412。關於官闕，本文在第四章第三節中將論及。
〔註50〕《宋會要輯稿·職官》11～3a。
〔註51〕《長編》卷163～9a，慶曆八年三月甲寅，張方平奏言。
〔註52〕《宋會要輯稿·職官》59～6b。

課提點刑獄之法，姚仲孫請「第其課爲三等升黜之」〔註53〕，三等考課之法自仲孫始。到了康定元年，權三司使公事鄭戩又奏請立轉運使副考課之法，鄭戩所建議的方式如下：

> 欲乞應諸道轉運使副，今後得替到京，別差近上臣僚與審官同共磨勘，將一任內本道諸處場務所收課利與租額，遞年都大比較，除歲有凶荒，別敕權閣不比外，其餘悉取大數爲十分，每虧五釐以下罰兩月俸，一分以下罰三月俸，一分以上降差遣。若增及一分以上，亦別與升陟。〔註54〕

這個建議後來被法制化，成爲《轉運使考課格》〔註55〕。如此一來，對於路的長官，既有姚仲孫的「三等」之法考課提點刑獄，又有鄭戩的《轉運使考課格》考課轉運使。慶曆二年，更下詔：「自今提點刑獄朝臣代還，列功過三等以聞。上等除省府判官轉運使副，中等除大藩一任然後升陟之，下等降知州。」〔註56〕將姚仲孫的三等更具體化了。

到了皇祐元年，權三司使葉清臣上〈轉運使副考績奏〉，請求將轉運使副的考績分爲六等。其奏如下：

> 三司總天下錢穀，贍軍國大計，必藉十七路轉運司公共應副，仍須有材幹臣僚方能集事。伏以朝廷責辦財賦，出於三司。近年荊湖等路上供斛斗，虧欠萬數不少，皆是轉運司無所懷畏，致此弛慢。苟不振舉，久遠上下失職，號令不行，損失財用，有誤支計。臣伏見提點刑獄，朝廷以庶獄之重，特置考課一司，專考提刑朝臣進退差遣。臣欲乞今後轉運使副得替，亦差兩制臣僚考較，分上中下六等。若考入上上，與轉官升陟差遣；上下者或改章服，或升差遣；及中上者依舊與合入差遣；中下者差知州；下上者與遠小處知州；下下者與展磨勘及降差遣。仍每到任成考，并先供考帳申省，關送考課院。今具課事目如後：（一）戶口之登耗；（二）土田之荒闢；（三）鹽茶酒稅統比增虧遞年租額；（四）上供和糴和買物不虧年額拋數；（五）報應朝省文字及帳案齊足。戶口增，田土闢，茶鹽等不虧，文案無違慢，爲上上考。戶口等五條及三以上，爲中上考。若雖及

〔註53〕《長編》卷120～3a，景祐四年二月丙寅。
〔註54〕《長編》卷127～7a～8a，康定元年五月己未。
〔註55〕《長編》卷128～12a，康定元年九月戊午。
〔註56〕《長編》卷135～5b，慶曆二年正月癸亥。

　　三以上，而應報文字帳案違慢者，爲中下考。五條中虧四者下上考。

　　全虧及文帳報應不時者，爲下下考。〔註57〕

葉清臣的建議獲得採納後，不但考課轉運使的方式，由「十分法」改爲「六等法」，而且考課轉運使與提點刑獄的機構也加以整合，即奏章中所謂之「考課院」。

　　「考課院」的全名，爲「考校轉運使副提點刑獄課績院」，簡稱爲考課院。由於宋太宗時，也曾將磨勘幕職州縣官院改名爲考課院，後與流內銓合併。這兩個考課院名稱相似，但一個是全名，一個是簡稱，且兩者考課的對象完全不同，故筆者在此特別加以說明，以免混淆。

　　但是，到了皇祐五年，因人謀不臧，致考課法爲之中止。《長編》卷一七四記載：

　　　　（皇祐五年六月）壬辰，諸路轉運使上供斛斗，依時估收市之，毋
　　　　得抑配人戶。仍停考課賞罰之制。先是，三司與發運司謀聚斂，奏
　　　　諸路轉運使上供不足者皆行責降，有餘則加升擢。由是貪進者競爲
　　　　誅剝，民不堪命，上聞之特降是詔，天下稱慶。〔註58〕

考課之法竟成爲官員聚斂剝削的工具，顯然在立法上有瑕疵，在執行上有弊端。考課之法既廢，在皇祐至和年間都未有人重提考課諸路長官之議。直至嘉祐二年，知諫院陳升之重新建議考課之法。他建議道：

　　　　三司亦嘗立考課升黜條，其後卒不行。蓋委計司，則先財利而忽民
　　　　事。……今宜付御史臺考校爲三等，仍與中書門下參覆其實。其上
　　　　等量所部事之劇易而襃進之，中等退補小郡，若風績尤異，即擢以
　　　　不次。其職事弛廢，不俟歲滿，明行黜削。于是以歲滿所上功狀，
　　　　分殿最爲上中下三等，用唐考功四善之法，以稽行實。〔註59〕

仁宗於是重新命翰林學士孫抃、御史中丞張昇磨勘轉運使副提點刑獄課績〔註60〕，並在嘉祐六年將陳升之的建議定爲法條，令考課院實行。〔註61〕

〔註57〕見《長編》卷166～3b～4a，皇祐元年二月戊辰。又見《全宋文》第十四冊，
　　　　頁173～174。

〔註58〕《長編》卷174～21b，皇祐五年六月壬辰。

〔註59〕《長編》卷186～2b～3b，嘉祐二年七月辛卯作陳旭。《宋會要輯稿·職官》
　　　　59～7b，作知諫院陳昇之。《宋史》傳71〈陳升之〉記載：陳升之本名旭，因
　　　　避神宗諱，改名升之。

〔註60〕《長編》卷186～2b，嘉祐二年七月辛卯。《宋會要輯稿·職官》59～7b。

〔註61〕《長編》卷194～22b，嘉祐六年八月丁丑。

　　陳升之用唐考功四善之法（見本文第二章第二節）分成三等而考校之。果然收到了不少功效。英宗治平元年，考課院奏言吏部郎中知磁州李田「再考在劣等」，故將李田貶爲監淄州鹽酒稅﹝註62﹞。按陳升之原本只列上中下三等，至此又在下等之下，增一「劣等」。同時我們也能發現此時考課院考課的對象已由轉運使副提點刑獄更深入到知州一級了。治平四年，英宗更令考課院詳定考校縣令之法﹝註63﹞，可見英宗有意將考課政績的工作繼續向下推廣。同年十二月，「考課院言新知廣濟軍祕書監祝正辭，前知衛州課績連上優等，詔敕書獎諭。」﹝註64﹞可見在上等之上又增一優等，原陳升之的三等制，現已成爲五等制了。神宗熙寧二年五月，考課院擬定了「考校知縣縣令課法」，仍爲五等制。﹝註65﹞

　　不過，到了熙寧五年，考課的功效似已不如以往，而漸漸流於形式了。當時宰相批評考課院「全無實狀，無補於事，其考課院顯見虛設，欲乞廢罷。」﹝註66﹞考課院遂遭裁廢。

　　何以考課院在治平熙寧之際，尚多有建樹。至熙寧五年卻被宰相指爲「全無實狀，無補於事」呢？考之《宋史‧陳升之傳》，陳升之與王安石在熙寧二年同時拜相，王安石推行新法，以制置三司條例司爲主要變法機關，陳升之卻以爲條例司不合宰相之體而欲廢之，遂忤安石。升之後以母喪去位，又因足疾不能上朝﹝註67﹞。而王安石即在熙寧五年，裁廢了在陳升之手中起死回生的考課院，是否是爲了報陳升之欲廢條例司之怨？若非如此，則實在無法解釋考課院爲何突然遭到裁撤之事。

　　熙寧十年，王安石罷相之後，神宗曾下詔：「諸路歲上知縣縣令考課優等治狀，委主判官審校，取最優者上簿。」﹝註68﹞但似乎沒有太多效果，哲宗元祐元年，監察御史上官均即奏言「自比年以來，郡縣考課之法，文具而不行，未聞擢一良守，進一賢令，以勸天下。」﹝註69﹞其後雖又訂立了《知縣

﹝註62﹞　《長編》卷208～6a～b，治平三年六月乙酉。
﹝註63﹞　《宋會要輯稿‧職官》59～8b。
﹝註64﹞　同註63。
﹝註65﹞　《宋會要輯稿‧職官》59～9a。
﹝註66﹞　《長編》卷234～1a，熙寧五年六月己酉。
﹝註67﹞　《宋史》傳71，〈陳升之〉，頁10238。
﹝註68﹞　《長編》卷283～13b，熙寧十年七月丁巳。
﹝註69﹞　《長編》卷383～4a～b，元祐元年七月丁丑。

縣令治劇保舉考較法》〔註70〕，但隨著徽宗朝蔡京的專權，想要澄清吏治、考課政績，恐怕已不可得。

　　表五所列，為由磨勘諸路提點刑獄司到考課院之歷任主官，英宗、神宗時期，因史料不詳，故從闕焉。就目前可查的資料觀之，磨勘諸路提點刑獄司與考課院的主事者，非帶館職，即為御史台之長貳，其受重視的程度，似過於審官院與流內銓。這也可看出仁宗、英宗對於加強考課政績之厚望。

表五：磨勘諸路提點刑獄司，考校轉運使副提點刑獄課績院歷任長官表

時　　　間	姓　名	寄祿官或原任差遣	資　　料　　來　　源
仁宗景祐三年	章得象	翰林學士承旨	《宋會要輯稿・職官》59〜6b。
景祐三年	丁　度	翰林學士	《宋會要輯稿・職官》59〜6b。
景祐三年	張　觀	權御史中丞	《宋會要輯稿・職官》59〜6b。
景祐四年	姚仲孫	侍御史知雜事	《長編》卷120〜3a，景祐四年二月丙寅。
慶曆五年	孫　抃	翰林學士	《長編》卷155〜13a，慶曆五年五月甲子。
嘉祐二年	孫　抃（再）	翰林學士承旨	《長編》卷186〜2b，嘉祐二年七月辛卯。
嘉祐二年	張　昇	御史中丞	《長編》卷186〜2b，嘉祐二年七月辛卯。
嘉祐三年	包　拯	權御史中丞	《長編》卷187〜14b，嘉祐三年七月丁亥。
嘉祐五年	胡　宿	翰林學士	《長編》卷191〜15b，嘉祐五年六月辛未。
嘉祐五年	趙　概	御史中丞	《長編》卷191〜15b，嘉祐五年六月辛未
嘉祐六年	胡　宿（再）	翰林學士	《長編》卷195〜1b，嘉祐六年閏八月甲午。
嘉祐六年	楊　畋	龍圖閣直學士	《長編》卷195〜1b，嘉祐六年閏八月甲午。
嘉祐六年	王　疇	御史中丞	《長編》卷195〜1b，嘉祐六年閏八月甲午。
嘉祐六年	王　綽	侍御史知雜事	《長編》卷195〜1b，嘉祐六年閏八月甲午。

（英宗、神宗時期不明）

〔註70〕同註69。

第四章　北宋前期文官考銓制度之運作

第一節　寄祿官的磨勘

　　前面提到，宋初以唐代三省六部的官職名稱作為寄祿官階。所謂「祿」者，《禮記・王制》說道：「王者之制祿爵，公侯伯子男五等。諸侯之上大夫卿、下大夫、上士、中士、下士凡五等。」孔穎達疏：「祿是田財之物，班布在下，最是國之重事，須裁節得所，王者制度重之。」〔註1〕漢代的《白虎通》亦謂：「祿者，錄也。上以收錄接下，下以名錄謹以事上。」〔註2〕意謂君王制祿以收錄人才，為臣者人數既多，則將其職務與俸祿記於名錄之上，食君之祿，忠君之事。《白虎通》又謂：「有能然後居其位，德加於人，然後食其祿，所以尊賢重有德也。」〔註3〕但是這種「尊賢重有德」的理想，隨著後世的官僚體系越來越龐大，也成為越來越難達到的目標。俸祿成為國家維持官僚體系的重要方式，而隨著官僚體系的分化，俸祿的多寡也有按官位高低加以詳細區別的必要。宋代寄祿官體系的用意即在於此。

　　宋代的官吏在寄祿官升轉的時候，必須接受審官院或流內銓的磨勘，然後方得升遷。磨勘者，琢磨、勘察之意也。大凡京朝官或選人欲遷官或得到新的差遣職務，就必須赴審官院或流內銓進行磨勘，然後方得遷官注擬。太

〔註1〕鄭玄注、孔穎達疏《禮記・王制第五》（影印嘉慶二十年江西南昌府學重刊宋本，台北：藝文印書館），卷11～1a～b。

〔註2〕陳立《白虎通疏證》（北京：中華書局，1994年），卷四〈京師・制祿〉，頁161。

〔註3〕同註2，卷四〈京師・諸侯入為公卿食采〉，頁163。

祖乾德二年，曾詔銓司四時聽選，至開寶五年改「非時赴集」（參見本文第二章第二節）。至開寶六年，又重新恢復了四時選〔註4〕，於是審官院與流內銓辦理的磨勘銓選工作遂固定為一年舉行四次，每季一次。每值磨勘銓選之際，京朝官或選人在朝廷所頒發的印紙之上，書寫自己的功過勞績〔註5〕，另由其上級長官撰寫考詞並署名〔註6〕，京朝官或選人即據此赴銓司磨勘。

關於磨勘，本節將分為下列幾個方面討論之：

一、選人的循資

所謂「循資」，係指選人在幕職州縣官四類七階的範圍之內遷轉。例如，「前廬州觀察推官江衍循一資」〔註7〕、「前湖州觀察推官邵光與循二資」〔註8〕、「靳縣尉黃約循三資」〔註9〕等皆為例證。在宋太祖乾德二年，依陶穀之議，將拔萃、制舉、進士及九經判中者授予初等職官，三年任滿升為留守、兩府、節度推官、軍事判官，又三年升為掌書記、防禦、團練判官，又二年升為留守、兩府、節度、觀察判官〔註10〕。可見有出身者不一定須由最基層的判司簿尉做起。而這些幕職官似乎不由流內銓注擬，與正式的州縣官不同。至宋太宗時，「舊制，州縣官南曹判成，流內銓注擬，其職事官中書除授。然而歷任功過，須經南曹考驗，遂令幕府官罷任，並歸銓曹。」〔註11〕幕府官至此「並歸銓曹」，遂與州縣官一起皆由流內銓注擬。

此外，關於選人序遷循資之制，據《宋史・職官九》的記載：

> 判司簿尉有出身兩任四考，無出身兩任五考，攝官出判司三任七考，並入錄事參軍。但有舉主四人或有合使舉主兩人，並許通注縣令。
>
> 流外出身四任十考入錄事參軍。進納出身三任七考，曾省試下第二任五考，入下州令錄。〔註12〕

在此我們可以看出，選人的循資依據有出身、無出身、攝官、進納、流外出

〔註4〕 《長編》卷14～10a，開寶六年八月月末。

〔註5〕 《長編》卷22～2a，太平興國六年二月癸巳。

〔註6〕 《長編》卷23～8b，太平興國七年五月月末。

〔註7〕 《長編》卷248～13a，熙寧六年十一月戊辰。

〔註8〕 《長編》卷248～22a，熙寧六年十二月辛卯。

〔註9〕 《長編》卷283～1b，熙寧十年六月辛巳。

〔註10〕 《宋史・選舉四》，頁3696，所載太祖乾德二年陶穀之議。

〔註11〕 《宋史・選舉四》，頁3699。

〔註12〕 《宋史・職官九》，頁4040～4041。

身之不同而有分別，其中攝官、進納、流外合稱三色人〔註 13〕。判司簿尉在累積了足夠的考數之後，可以升爲縣令、錄事參軍，但在官階上可能是「試銜知縣、知錄事參軍」這一階。此外，錄事參軍與縣令雖爲同一階，但有舉主者始可擔任縣令，可見宋代重視舉主，有舉主者始可擔任較重要的職務。在任期與考數的計算上，宋代選人以三年爲一任，但二任、三任、四任未必要做滿六、九、十二年，通常在末任第一年即算成資。而若參加中央考試，則可獲得減少任期考數的優待。

　　另一方面，宋代選人也和唐代的「選人」（兩者意義並不相同，見本文第三章第二節）一樣，有選數的限制，意即任滿之後，必須隔若干年（選），才能獲得新職。據《宋史・選舉四》的記載：

> 兩府司錄，次赤令，留守、兩府、節度、觀察判官，少尹，一選；兩府判、司，兩畿令，掌書記，支使，防禦、團練判官，二選；諸府司、錄，次畿令，四赤簿、尉，軍事判官，留守、兩府、節度、觀察、防禦、團練、軍事推官，軍、監判官，進士，制舉，三選；諸府司理、判、司，望縣令，九經，四選；輔州、大都督府司理、判、司，緊上州錄事參軍，緊上縣令，次赤兩畿簿、尉，五經、三禮、三傳、三史、通禮、明法，五選；雄望州司理、判、司，中州錄事參軍，中縣令，次畿簿、尉，六選；緊上州司理、判、司，下州、中下州錄事參軍，中下縣、下縣令，緊望縣簿、尉，學究，七選；中州、中下州司理、判、司，上縣簿、尉，八選；下州司理、判、司，中縣簿、尉，九選；中下縣、下縣簿、尉，十選；太廟齋郎、室長通理九年，郊社齋郎、掌坐通理十一年。〔註 14〕

可見選數的限制，是依照出身之有無、職務之不同而異，進士、制舉出身最高不過三選，九經最高四選，諸科出身五選，學究八選，無出身最高有至十一年者。正因有選數的限制，使得選人累積任期考數的時間加長甚多。宋眞宗曾言：「朕近見一選人，淳化中及第，二十餘年無公私事故，至今未及十考。」〔註 15〕

　　由於幕職州縣官分佈於地方各級政府，負責實際的行政事務，故所需人

〔註 13〕同註 12，頁 4040。
〔註 14〕《宋史・選舉四》，頁 3702～3703。
〔註 15〕《長編》卷 84～18a，大中祥符八年六月己酉。

數甚多。宋眞宗咸平二年時可能因郊祀推恩，許多選人升遷爲京朝官，故暫時出現了選人不足的現象。故當時曾允許選人「免選注擬」〔註16〕。至天禧四年，因權判吏部流內銓陳堯咨奏言幕職官闕員百餘，故眞宗下詔：以有出身的令錄，「初仕者權初等幕職，兩任者權節察推官、軍事判官。」〔註17〕到了仁宗天聖年間，更規定「選人八考入令錄，舊與初等幕職官，自今並與兩使職官。」〔註18〕這兩道詔令是有連續性的。前面曾提到有出身的判司簿尉兩任四考升爲知令錄，知令錄兩任四考升爲令錄，共歷時八年。眞宗時「初仕者」（指初入令錄）可跳一階「權初等幕職」，至仁宗，歷經八考初入令錄者則可跳兩階以上擔任兩使職官。但這是在闕員太多的特殊情況下的特殊政策，而且只限於有出身者。至於無出身乃至三色人出身，限制仍多，如慶曆四年十二月，仁宗曾下詔：「進納授官人舉縣令者須及五考，有所部升朝官三人同奏舉，乃聽施行。」〔註19〕慶曆七年又詔：「應納粟授官人，不除司理司法參軍泊上州判官，資考深，無過犯，方注主簿縣尉。如循資入縣令、錄事參軍者，銓司依格注擬，止令臨監物務。」〔註20〕

由此可見，選人的循資，有任期考數、選數的限制，若無出身或舉主，則其仕進之路是相當漫長的。但累積考數仍有上限，仁宗明道元年規定：「選人及十二考歷任無贓罪並許磨勘引見。」〔註21〕也就是說，選人若經歷了十二考（若加上選數，可能仕官二十年以上），無贓罪，即可磨勘升遷爲京朝官。但既使如此，到了景祐二年，也「須嘗有人奏舉者，方得施行。」〔註22〕

二、選人改京官

選人若是不想長期沈滯於下僚，想要在擔任幕職州縣官一段時間之後，就升轉爲京官，這也不是不能辦到的事。其關鍵在於舉主之有無。

宋眞宗大中祥符年間以前，選人改京官似無常制，朝廷各個機構都有選

〔註16〕 宋眞宗〈得替幕職州縣官等免選注擬詔〉，時間爲咸平二年八月壬戌。收入《全宋文》第五冊，頁711。
〔註17〕 《長編》卷96～15b，天禧四年十一月壬子。
〔註18〕 《長編》卷104～10b，天聖四年六月丁丑。
〔註19〕 《長編》卷153～12a，慶曆四年十二月己酉。
〔註20〕 《長編》卷160～3b，慶曆七年二月丁未。
〔註21〕 《長編》卷111～14b，明道元年十一月甲戌。
〔註22〕 高若訥〈言磨勘改官事奏〉，收入《全宋文》第十二冊，頁32。上奏時間爲仁宗景祐二年正月。

人改京官的規定。例如：

> （咸平六年三月乙卯）權知開封府寇準言：見闕軍巡判官，乞選曾一
> 任判司簿尉人才優者充，候滿三年，與京官親民差遣。從之。〔註23〕
>
> （景德二年六月己卯）刑部大理寺三司法直官，令吏部銓選流內官
> 一任三考以上謹幹無過、工書判者，具名引對，試斷案五道，中格
> 者授之。三司大理寺一年，刑部三年，無私罪者授京官。〔註24〕

到了大中祥符三年，眞宗下詔「幕職州縣官須三任六考方得論奏」〔註25〕，
也就是說，選人滿六考以上，即可經由舉主保舉而改京官。至於舉主人數，
當時宰相王旦嘗言：「選人未經六考，無兩人同罪薦舉，則無階升陟。」〔註26〕
可見是需要舉主二人。但大中祥符七年，即改爲須五人以上同罪保舉。〔註27〕

　　此後舉主人數與歷任考數的規定不時變化，天禧元年規定「所舉但歷任
及四考者，並許施行。」〔註28〕乾興元年，對於曾犯私罪杖罪以下的官吏，
則規定「許轉運或提點刑獄二人同罪保舉，……如轉運或提點刑獄一員，即
更候朝臣二人同罪保舉，如無轉運提點刑獄，許朝臣七人同罪保舉。」〔註29〕
仁宗天聖元年，「更增舉主一人」〔註30〕。明道二年，再度恢復須六考以上
〔註31〕，景祐中，又改爲四考〔註32〕，寶元二年，又復爲六考〔註33〕，舉主
由四人增爲五人，嘗犯過者又加一考。〔註34〕

　　英宗治平三年，爲了減少京官人數，英宗下詔：「歲選人充京官者，自今
以三分之一舉令錄判司簿尉充職官。」〔註35〕也就是說，只有三分之二的人
能順利升爲京官。

　　神宗熙寧四年，宰相王安石認爲應按階級之不同，出身之有無，考數之

〔註23〕　《長編》卷54～11b，咸平六年三月乙卯。
〔註24〕　《長編》卷60～11a，景德二年六月己卯。
〔註25〕　《長編》卷73～3a，大中祥符三年正月丙子。
〔註26〕　《長編》卷80～16a，大中祥符六年六月月末。
〔註27〕　《長編》卷82～11a，大中祥符七年四月月末。
〔註28〕　《長編》卷89～23a，天禧元年五月壬戌。
〔註29〕　《長編》卷99～13a，乾興元年十一月癸巳。
〔註30〕　《長編》卷101～10b，天聖元年十一月癸卯。
〔註31〕　《長編》卷112～17a，明道二年七月庚辰。
〔註32〕　《長編》卷114～6b，景祐元年二月乙未。
〔註33〕　《長編》卷123～16a，寶元二年六月庚午。
〔註34〕　《宋史・選舉四》，頁3703。
〔註35〕　《長編》卷208～4b，治平三年四月壬子。

多寡，來決定選人改官後的寄祿官階。於是在四月具體擬定了各階選人改官之法。據《長編》卷二二二及《宋史・職官九》所載「選人改京官之制」，其條目如下：

> 有出身：判司簿尉七考除大理寺丞，不及七考光祿寺丞，不及五考大理評事，不及三考奉禮郎。初等職官知令錄，六考除大理寺丞，不及六考光祿寺丞，不及三考大理評事。兩使職官知令錄，六考除著作佐郎，不及六考大理寺丞，不及三考光祿寺丞。支掌防團判官，六考除太子中允，不及六考著作佐郎。節察判官，六考除太常丞，不及六考太子中允。
>
> 無出身：判司簿尉七考除衛尉寺丞，不及七考大理評事，不及五考奉禮郎，不及三考守將作監主簿。初等職官知令錄，六考除衛尉寺丞，不及六考大理評事，不及三考奉禮郎。兩使職官知令錄，六考除大理寺丞，不及六考衛尉寺丞，不及三考大理評事。支掌防團判官，六考除著作佐郎，不及六考大理寺丞。節察判官，六考除太子中允，不及六考著作佐郎。〔註36〕

王安石這個改變，最大的意義就在於以往眞宗、仁宗、英宗之時，對選人改京官的考數限制都在四至六考之間徘徊，而至王安石的手中，不及三考者都有機會可以改遷京官。不過，王安石的作法究竟是破格用人，抑或降格以廣開倖進之門？這倒是值得深思的。

流內銓的磨勘工作，從選人的循資到改官，考數與舉主是十分重要的依據。但也並非沒有其他應磨勘的事項。銓司尚須會問刑部大理寺，查詢選人有無過犯〔註37〕。慶曆六年曾規定「磨勘選人，歷任內曾失入死罪未決者，候再任，舉主應格聽引見。其已決者，三次（請旨）乃計之，若失入二人以上者，雖得旨改官，仍與次等京官。」〔註38〕

三、京朝官的遷轉

由於京朝官的寄祿官與差遣是有區別的。因此本文也將此二者分別討論。

〔註36〕《宋史・職官九》，頁4038～4039。又《長編》卷222～13a～b，熙寧四年四月壬午。

〔註37〕《宋會要輯稿・職官》11～9a。

〔註38〕《長編》卷159～10b，慶曆六年十月甲戌。

　　京朝官的遷轉，宋眞宗景德四年訂立升轉年限，「見任官滿三年者方得考較引對」〔註39〕。到了仁宗天聖三年，降詔京朝官見任滿三年者轉一官，未滿者須四年〔註40〕。至天聖七年，又詔「京朝官自今依景德四年七月敕，到闕以前轉官及三年者聽磨勘，未及者須四年。」〔註41〕又謂「其川廣轉官及三周年，許令在任中發文字赴審官院磨勘，……今後京朝官得替，仰依程限赴闕，如不因事故顯有拖延，具官位姓名聞奏。」〔註42〕在此有一點值得注意，眞宗時所謂的「見任官滿三年」，是必須在差遣職務上任滿三年，乃得考較引對。而仁宗時，卻是「到闕以前轉官及三年者」，如赴外地差遣者扣除待闕時間，其實際任事不到三年。但此處係以轉官時間計算，與眞宗時不同。如到闕時轉官未及三年，顯然在外地任職的時間更短，但四周年亦可磨勘。可見差遣時間之長短雖對轉官有影響，但已非眞宗時以在任時間爲計算標準。這種轉變，可能與當時因員多闕少，審官院縮短官吏任期以求待闕者儘快上任的情形有關（參見本章第二節、第三節）。

　　此外，川廣地區京朝官因地處偏遠，可以用書面方式磨勘轉官。其他地區則都必須要京朝官親自到京，赴審官院磨勘。

　　京朝官的轉官，也須舉主保任。慶曆五年曾廢除保任遷官之制〔註43〕，但在嘉祐七年又規定須有舉主一人，方聽改官〔註44〕。英宗時，張方平奏言：

> 自今寺監主簿以上，率三歲一遷，在外任者不候替歸，居官職者亦
> 無候替別限年磨勘之制。至有待闕於家，動踰歲時，居無職事，祿
> 廩不絕，苟及三年，則又磨勘。〔註45〕

可見此時不論有無差遣職務，一律三年一遷，在外地者也不必要回京磨勘。這與眞宗時期的規定，雖形似而實全變矣。

　　英宗治平年間，朝臣之中對於升遷制度已有不滿。張方平奏言：「欲自京

〔註39〕《長編》卷66～1b，景德四年七月戊辰。另見《全宋文》第六冊，頁249。

〔註40〕《長編》卷103～14a，天聖三年九月丙戌。

〔註41〕《長編》卷108～13a，天聖七年十一月庚申。

〔註42〕宋仁宗〈京朝官磨勘詔〉，收入《全宋文》第二十二冊，頁565～566。

〔註43〕宋仁宗〈罷京朝官遷官保任詔〉，收入《全宋文》第二十三冊，頁111。時間爲慶曆五年二月辛卯。

〔註44〕宋仁宗〈京朝官初該磨勘者須有舉主一人方聽改官詔〉，收入《全宋文》第二十三冊，頁377。時間爲嘉祐七年三月丁巳。

〔註45〕張方平〈詳定京朝官以上磨勘之法奏〉，收入《全宋文》第十九冊，頁300。時間爲治平三年二月。

朝官以上，磨勘一例各展一年，陞朝官至後行郎中更不磨勘。」〔註46〕傅卞也奏言：「磨勘并限四周年，至前行郎中，更不許磨勘。兩制臣僚自待制以上并乞五周年磨勘，至諫議大夫更不許磨勘。」〔註47〕於是英宗下詔：

> 自今待制以上，自轉官後六歲，如無過犯，與轉官，……至諫議大
> 夫止。京朝官四歲磨勘，至前行郎中止。少卿監以七十員爲定員，
> 內有闕，即檢勘前行郎中轉官及四歲以上，月日最深者補。……少
> 卿監以上，更不檢勘，取旨轉官。〔註48〕

四年轉官之制至此確立，而且由此我們也可以看出，審官院磨勘轉官的上限，是在少卿監各階，再向上便須由皇帝特旨。

若文官有過，則可增加磨勘時間，以示懲罰。仁宗皇祐四年即下詔：「文武官磨勘，私罪杖以下增一年，徒以上二年，雖犯杖而情重者奏聽裁；贓罪杖以下增二年，徒以上三年。」〔註49〕舉例言之，熙寧十年，神宗「詔權發遣京東東路轉運判官太子中舍李察展磨勘四年。」〔註50〕又「詔殿中丞陳安民追一官勒停，展三期敍。」〔註51〕所謂追一官者，降一階也。展三期者，宋代因行四時參選，故每季即爲一期，展三期即展三季。另一方面，有功者亦可減磨勘年限，得以快速遷官。例如熙寧三年，「詔原渭州德順軍，自今三年買馬三萬匹，買馬官以十分爲率，買及六分七釐轉一官，餘三分三釐均爲三等，每增一等更減磨勘一年。」〔註52〕

京朝官遷官年限的計算，依照功過增減磨勘年限，此即審官院在處理京朝官升轉時的重要工作。

四、考試遷官法

選人或京朝官除了前述的遷官途徑之外，還有一種方式可以循資遷官，那就是參加考試。這是沿襲唐代「拔萃」、「宏辭」的考試制度而來的（詳見

〔註46〕 同註45，頁301。
〔註47〕 傅卞〈磨勘轉官事奏〉，收入《全宋文》第二十六冊，頁325。時間爲治平三
　　　　 年九月。
〔註48〕 宋英宗〈定磨勘年限詔〉，收入《全宋文》第四十冊，頁301。時間爲治平三
　　　　 年九月癸亥。
〔註49〕 《宋會要輯稿·職官》11～14b。
〔註50〕 《長編》卷280～3b～4a，熙寧十年正月甲子。
〔註51〕 《長編》卷290～5a，元豐元年六月辛酉。
〔註52〕 《長編》卷218～18a，熙寧三年十二月癸未。

本文第二章第二節）。宋初，太祖即恢復了書判拔萃科，使選人試判三道，定爲上中下三等〔註53〕。太宗太平興國二年一度改爲四等〔註54〕，後又恢復三等〔註55〕。試判之選人並非人人皆可改京官，舉例言之，天聖三年二月七日試判的結果如下：

> 第一等前惠州軍事推官林冀等七人，與京官知縣。第二等胡比與循
> 一資，前湖州司法參軍郭鳳第二十二人並與節察推官。……第三等
> 荊仲舉等一十六名合入遠者與近地，入近者與家便。〔註56〕

天聖七年，由於選人求試判者多，詔須歷官三考以上，方許試判。〔註57〕

除試判之外，尚有試律。試律初亦以選人爲對象，仁宗天聖十年曾規定選人須任三考以上，方可試律〔註58〕。試律時尚須斷案，一道通或兩道粗，方與注優便官〔註59〕。例如康定元年，「前全州清湘縣令溫宗賢先試律斷案合格，銓司依敕免選注近便官，或料錢多處錄事參軍。」〔註60〕而此後則規定選人只許試律一次〔註61〕。試律的效果只是改任較優渥的職務，並不像試判得以循資轉官。

但到了神宗熙寧時，試律有了大變化。熙寧三年三月二十五日詔書稱：

> 京朝官選人歷官二年以上，無贓罪，許試刑名。委兩制刑法寺主判
> 官諸路監司奏舉，歷任有舉主二人亦聽就試。……合格分三等，第
> 一等選人改京朝官，（京朝官）進一官，並補審刑大理刑部官。第二
> 等選人循一資，京朝官減二年磨勘，第三等選人免選，京朝官減一
> 年磨勘。〔註62〕

試律不但可以循資遷官，京朝官也可參與，這個改變可以說爲官員（尤其是選人）的仕進，增加了一條捷徑。

〔註53〕宋太祖〈吏部流內銓選人試判詔〉，收入《全宋文》第一冊，頁30。

〔註54〕《長編》卷18～21b，太平興國二年十二月丁巳。

〔註55〕何時改回三等不詳，但眞宗天禧三年時，已爲三等。參見《宋會要輯稿・選舉》10～1b。

〔註56〕《宋會要輯稿・選舉》10～2b。

〔註57〕《宋會要輯稿・選舉》10～2b～3a。

〔註58〕《宋會要輯稿・選舉》13～11b。

〔註59〕《宋會要輯稿・選舉》13～11b。

〔註60〕《宋會要輯稿・選舉》13～12a。

〔註61〕同註60。

〔註62〕《宋會要輯稿・選舉》13～13a～b。

第二節　資序的磨勘

　　相對於寄祿官的升轉完全脫離了實際差遣職務，而流於三（四）年例轉一資的情形，宋朝另有一套以差遣職務作爲重心的資格制度，稱爲「資序」。所謂資序，係指京朝官擔任某一差遣，累積了足夠的任數與考數，而獲得的更高一級差遣的候選人資格，這個資格，稱爲「理××資序」。其起源可能在太宗淳化四年。據《長編》卷三十四記載：

　　　　（淳化四年十月壬戌）詔審官院，自今京朝官未歷州縣者，不得任

　　　　知州通判，從翰林學士承旨蘇易簡之請也。〔註63〕

嗣後資序體系日趨詳備。眞宗祥符時，「令自監當入知縣，知縣入通判，通判入知州，皆以兩任爲限。」〔註64〕《古今源流至論・前集》卷七〈資格〉曾引《官制舊典》：

　　　　通判歷兩任，升初任知州資序，可爲正運判，若除提刑，知節鎮，

　　　　帶「權」字。第二任可正知節鎮而權知大藩。次升初任提刑資序，

　　　　可正知大藩，而權轉運副使。第二任正除運副，權轉運使。……兩

　　　　任提刑升轉運使資序，若除三路及發運副使，帶「權」字方領。計

　　　　兩任升三路使資序，若除發運使帶「權」字，一任升三司副使資

　　　　序。〔註65〕

據此我們可以由低至高列出資序的體系：

　　　　一、初任監當資序。

　　　　二、再任監當資序。

　　　　三、初任知縣資序。

　　　　四、再任知縣資序。

　　　　五、初任通判資序。

　　　　六、再任通判資序。

　　　　七、轉運判官、初任知州（軍）資序。

　　　　八、再任知州（軍）資序。

　　　　九、初任提點刑獄資序。

〔註63〕《長編》卷34～9a～b，淳化四年十月壬戌。

〔註64〕張方平〈對手詔一道〉，收入《全宋文》第十九冊，頁12。

〔註65〕林駉《古今源流至論・前集》（明末翻刻元圓沙書院本，台北：新興書局，民國59年），卷七〈資格〉，頁201～202。原文文字有誤，此處根據鄧小南《宋代文官選任制度諸層面》一書校改者。見頁109。

十、轉運副使、再任提點刑獄資序。

十一、轉運使資序。

十二、第二任轉運使資序。

十三、三路使資序。

十四、三司副使資序。

其中，所謂「監當」，係指監當官，「掌茶鹽酒稅，場務、征輸及冶鑄之事，諸州軍隨事置官。」〔註66〕一般說來，監當官除了在員多闕少的情形下，作為京朝官的臨時差遣之外，大致多由無出身者、犯罪貶謫者充之。而所謂「三路使」，則係以「河北、陝西、河東三路為重路」〔註67〕。以上由知縣至三路使，由於為地方各級政府的首長，職司親民，故這個資序體系也稱為「親民資序」。此外，如係任職朝廷，為親民官之外的京朝官，也可依照親民資序作為標準。例如：「三院御史舊多是兩任通判以上舉充，歲滿多差充省府判官或諸路轉運副使。」〔註68〕大理寺「詳斷官資序與監臨場務無異。」〔註69〕「詔御史臺推直官自今令審官院選第二任通判二人。」〔註70〕「鹽鐵設案、度支錢帛案、戶部修造案及開拆司，選初任通判一歲以上人權發遣，候及三歲，令再任，與理知州資序。兩任通判六歲與理提點刑獄資序，三任通及九歲與理第二任提點刑獄，出外。如差第二任通判一歲以上權發遣，候及三歲，令再任，與理初任提點刑獄資序。兩任通判及六歲，與理第二任提點刑獄資序。三任通及九歲與三司判官，願出者與轉運副使。」〔註71〕「詔國子監書庫官差親民及第二任監當人。」〔註72〕「詔提舉官並差朝官，資任、服色、添給、錫賜、序官、人從並依轉運判官例。」〔註73〕另司農寺「丞選於主簿，比轉

〔註66〕趙善沛《元豐官制》（不分卷）（台北：文海出版社），頁294。關於監當官的研究，可參考日本學者幸徹〈北宋時代の官營場務における監當官について〉（《東方學》第27輯，東京：東方學會，昭和三十九年二月）、〈北宋時代の盛時に於ける監當官の配置狀態について〉（《東洋史研究》第二十三卷第二號，京都：京都大學，昭和三十九年九月）。在京師的監當官可參考《長編》卷175～16a～b，皇祐五年十月壬子對三司的詔書。

〔註67〕《長編》卷404～5a，元祐元年八月癸未。文彥博奏。

〔註68〕同註67。

〔註69〕《長編》卷81～17a，大中祥符六年十二月壬午。

〔註70〕《長編》卷187～3a，嘉祐三年二月庚戌。

〔註71〕《長編》卷203～17a，治平元年十二月丁巳。「兩任通判六歲」、「兩任通判及六歲」似為「兩任通及六歲」之誤。

〔註72〕《長編》卷216～3a，熙寧三年十月癸亥。

〔註73〕《長編》卷287～17b，元豐元年閏正月甲午。

運判官；都丞選於諸局丞，比提點刑獄。」〔註74〕「詔自今諸寺監丞，差通判以上資序人，如係知縣人即充主簿權發遣丞事。」〔註75〕「大理少卿資任視三司判官，丞視轉運判官。」〔註76〕「詔今後親王府翊善、侍讀、侍講、記室參軍、第二（三）任知州理提刑資序，第四任知州理諸路轉運使資序。」〔註77〕等等，不勝屢舉。因此，親民資序並不等於親民官，而是一種通用的資格標準。

　　然而，亦有某些差遣是不能計算資序的。例如，

　　　　（嘉祐六年正月）丁未，詔判尚書考功、祠部、官告院，自今並降敕差人理合入資序。……故事，尚書省諸曹惟判刑吏部南曹許理資序。〔註78〕

可見嘉祐六年以前，尚書省只有判刑部、判吏部南曹可以理資序，判考功、判祠部、判官告院要到嘉祐六年才改成可理資序。其他仍有一些差遣職務是不理資序的。例如，至和二年十二月辛丑，仁宗即下詔：「國子監學官自今三年為一任，願留者許之，仍不理資考。」〔註79〕不過，由於史料缺乏，至今要弄清楚哪些職務需要理何種資序的人才能勝任，哪些職務是不理資序的，這是十分困難的。

　　其次，某些特殊職務在用人時，另有資序的規定。例如「知大名、眞定、京兆、鳳翔、河中、江陵、江寧等府，兗、鄆、青、陳、許、亳、襄、鄧、孟、潞、并、延、秦、陝、潭、杭、越、蘇、楊、洪、泉、福等州，自今並理三司判官轉運使副資序。」〔註80〕而這些知州則仍可「並理本資序」〔註81〕。故理轉運副使資序者，可能目前的差遣只是知州，但只要擔任兩任知州，就可升至轉運使資序。則此人可能由知州直接調任為轉運使。中央官吏，更可以「坐理資任，至為郡守。」〔註82〕

　　此外，舉主的作用對資序的升轉相當重要。若無薦舉，雖任滿亦不得提

〔註74〕 《長編》卷288～12a，元豐元年三月丙申。
〔註75〕 《長編》卷290～12a，元豐元年七月辛巳。
〔註76〕 《長編》卷296～8b，元豐二年正月丁酉。
〔註77〕 《長編》卷359～6a，元豐八年八月戊寅。
〔註78〕 《長編》卷193～1b～2a，嘉祐六年正月丁未。
〔註79〕 《長編》卷181～14b～15a，至和二年十二月辛丑。
〔註80〕 《長編》卷111～7b，明道元年七月庚午。
〔註81〕 《長編》卷187～7a，嘉祐三年四月乙巳。
〔註82〕 《長編》卷386～9b，元祐元年八月辛亥，上官均言。

升資序。故文彥博曾說：「吏部選人兩任親民，有舉主，升通判；通判兩任滿，有舉主，升知州軍。」〔註83〕若舉主爲朝中重臣或清望官，自然對資序的升遷、差遣的除授更爲有利。尤其京朝官犯罪，更須舉主才能升遷。宋仁宗曾下詔：「京朝官知縣入通判，通判入知州嘗坐罪至徒者，自今須兩省以上二人或帶職朝臣三人保舉，始聽關陞。」〔註84〕關於薦舉的方式，宋初係由皇帝下詔，令中央或地方官吏進行薦舉。眞宗大中祥符三年四月，則下詔規定中央與地方官吏須每年薦舉人才。該詔書說道：

> 自今每年終，翰林學士已下常參官，并同罪舉外任京朝官、三班使臣、幕職州縣官各一人。明言治行、堪何任使，或已自諳委，或眾共推稱。至時，令閤門、御史臺計會催促。如年終無舉官狀，即具奏聞，當行責罰。……諸路轉運使副、提點刑獄官、知州軍、通判，結罪奏舉部內官屬，不限人數。明言在任勞績。如無可舉及顯有踰濫者，亦須指述，不得顧避。以次年二月二十五日已前到京，如有違限，委都進奏院具名以聞，當依不申考帳例科罪。〔註85〕

北宋朝廷由於重視舉主的功能，對舉主也加以限制。仁宗天聖六年規定：「不得舉執政臣僚及自己親屬。」〔註86〕至和二年十一月又下詔：

> 自今合舉官，文臣知雜御史、少卿監，武臣閤門使以上，并江淮發運、諸路轉運使、副使，提點刑獄朝臣、使臣，開封府推判官、府界提點，更不限贓私罪。餘犯私罪杖以上，並不理爲舉主。若私罪笞者，聽之。〔註87〕

即規定非重要職務的官吏若有私罪杖以上，即不得舉官。

資序制度也可以加以彈性運用。官吏若有特殊功績或奏舉，則可「升差遣」，如天禧二年時，詔「應準詔舉到京朝官，候得替，令審官院勘會，知縣與通判差遣，通判與知州，並合入知州通判者，更陞藩鎮差遣。」〔註88〕是以低資序者擔任高級差遣。反之，如有過犯，也可增加任期，例如熙寧十年，

〔註83〕《長編》卷 404～4b，元祐元年八月癸未，文彥博奏。

〔註84〕宋仁宗〈京朝官知縣通判嘗坐罪至徒者關陞須保舉詔〉，收入《全宋文》第二十二冊，頁 667～668。

〔註85〕《宋會要輯稿・選舉》27～10b～11a。

〔註86〕《宋會要輯稿・選舉》27～24b。

〔註87〕《宋會要輯稿・選舉》27～29b。

〔註88〕《長編》卷 91～6a，天禧二年二月丁亥。

詔「京東西路權發遣轉運判官事李察特展一任。」〔註89〕可見資序的升降也可作爲賞罰的手段。

關於一任的時間長短，眞宗景德四年時，「見任官滿三年者方得考較引對。」〔註90〕可見是三年爲一任，任期與轉官時間是相配合的。眞宗大中祥符八年，則規定「近地二年半以上，遠地二年以上。」〔註91〕這是因爲「未到院以前并受差遣以後待闕及得替赴任公程月日，並許通計磨勘。」〔註92〕是扣除待闕及路程的實際在任時間。尤其是遠地路遠，故任期時間較短。這種計算方式，使得實際在任的時間其實相當短。其後，審官院更以員多闕少，將「三年而代者減一年，三十月而代者減十月。」至乾興元年始恢復舊制〔註93〕。故一任大致是兩年，實際在任時間可能更短。由於一任的任期越來越短，故天聖六年上封者言：「京朝官知縣兩任爲通判，又兩任爲知州，……資任太速，請各增一任。」〔註94〕仁宗隨即下詔：「今後京朝官須經三任知縣，方得差充通判，經三任通判，方得差充知州。」〔註95〕但不久即放寬：「嘗有五人同罪奏舉者，減一任。」〔註96〕天聖八年，更下詔：「自今得替京朝官如經知縣同（通）判兩任，內并無私罪，并公過三度杖罪已下者，并與知州同（通）判差遣。」〔註97〕又恢復了兩任的期限。有識之士仍上書批評此一現象，宋祁即指出：

> 臣伏見比來知州、轉運使，未曾在任得滿三年，民間利害及簿書文
> 移未知次第，卻已遷換。迎新送故，上下告勞。〔註98〕

任期太短，使官吏無法熟悉民事，的確是資序制度中的一大缺點。

雖然如此，透過資序體制，可使差遣的授予得以循序漸進，在累積了足

〔註89〕《長編》卷280～10b，熙寧十年二月丁亥。

〔註90〕《長編》卷66～1b，景德四年七月戊辰。

〔註91〕《長編》卷85～12a，大中祥符八年八月丙午。

〔註92〕《宋會要輯稿・職官》11～13b。

〔註93〕《長編》卷99～13b，乾興元年十二月庚戌。

〔註94〕《長編》卷106～2a，天聖六年正月庚申。

〔註95〕宋仁宗〈任州縣官遷轉資歷詔〉，收入《全宋文》第二十二冊，頁514。時間爲天聖六年正月。

〔註96〕《長編》卷106～18a，天聖六年九月己亥。

〔註97〕宋仁宗〈得替京朝官經知縣同判兩任與知州同判差遣詔〉，收入《全宋文》第二十二冊，頁584。「同」字似爲「通」字之誤。

〔註98〕宋祁〈乞知州轉運使三年理一任箚子〉，《全宋文》第十二冊，頁215。時間爲慶曆中。

夠的任期之後，才能提升資序，有機會擔任更高一級的差遣。這種制度使官員不致驟進，而必須在基層中磨練，對於培養官吏的才幹，是有正面意義的。

　　以上所述，爲資序升轉的大致情形。茲再舉司馬光與王安石兩人早年的仕宦歷程爲例，作爲此一制度之佐證。根據清代陳宏謀《宋司馬文正公年譜》與蔡上翔《王荊公年譜考略》二書之記載，司馬光與王安石二人早年之仕宦歷程如下：

寶元元年（1038）　　光：舉進士甲第，簽書平江軍節度判官。

寶元二年（1039）　　光：簽書平江軍節度判官。

康定元年（1040）　　光：（丁母憂）

慶曆元年（1041）　　光：（丁父憂）

慶曆二年（1042）　　光：（丁父憂）
　　　　　　　　　　安石：舉進士第四名，簽書淮南判官。

慶曆三年（1043）　　光：（丁父憂）
　　　　　　　　　　安石：簽書淮南判官。

慶曆四年（1044）　　光：簽書武成軍判官。
　　　　　　　　　　安石：簽書淮南判官。

慶曆五年（1045）　　光：簽書武成軍判官。
　　　　　　　　　　安石：簽書淮南判官任滿。

慶曆六年（1046）　　光：簽書武成軍判官任滿。
　　　　　　　　　　安石：（改京朝官，待闕）

慶曆七年（1047）　　光：大理評事，國子直講，改大理寺丞。
　　　　　　　　　　安石：知鄞縣。

慶曆八年（1048）　　光：國子直講。
　　　　　　　　　　安石：知鄞縣。

皇祐元年（1049）　　光：館閣校勘，同知太常禮院。
　　　　　　　　　　安石：知鄞縣任滿。

皇祐二年（1050）　　光：同知太常禮院。
　　　　　　　　　　安石：（待闕）

皇祐三年（1051）　　光：史館檢討，改集賢校理。
　　　　　　　　　　安石：通判舒州。

皇祐四年（1052）　　光：集賢校理。
　　　　　　　　　　安石：通判舒州。

皇祐五年（1053）　　光：集賢校理。

安石：通判舒州。

至和元年（1054）　　光：典鄆州州學。

安石：通判舒州任滿，除集賢校理。

至和二年（1055）　　光：通判并州。

安石：群牧判官。

嘉祐元年（1056）　　光：通判并州。

安石：群牧判官。

嘉祐二年（1057）　　光：判吏部南曹。

安石：知常州。

嘉祐三年（1058）　　光：開封府推官。

安石：知常州任滿，改提點江東刑獄。

嘉祐四年（1059）　　光：開封府推官。

安石：提點江東刑獄。

嘉祐五年（1060）　　光：判度支句院。

安石：三司度支判官。〔註99〕

嘉祐五年以後，因司馬光與王安石都在朝廷中央供職，故不贅錄。由上述的記載中，我們可以看出，司馬光自寶元元年至慶曆七年，扣除丁憂的四年，共擔任幕職州縣官五年。王安石自慶曆二年至慶曆六年，共擔任幕職州縣官四年。根據前文所述，寶元二年以後，選人六考才可以改京官，然而司馬光與王安石皆不及六考，這可能是因爲有舉主薦舉並且試判，故能提前改京官。對於進士出身者而言，試判並不困難，只是升遷的一個程序而已，故史書亦失載。升爲京朝官後，司馬光自慶曆七年到至和元年這八年中，一直在中央任職。八年的經歷，可能使司馬光累積了兩任知縣、一任通判的資序，故至和二年，司馬光即以第二任通判資序通判并州。至於王安石，自慶曆六年到皇祐元年，知鄞縣連同待闕共計四年，若以一任兩年計算，適爲兩任。皇祐二年到至和元年，通判舒州連同待闕共計四年，也適爲兩任。王安石在擔任了兩任知縣、兩任通判之後，於至和二年起擔任群牧判官兩年，這應是理初任知州資序，嘉祐二年至嘉祐三年知常州，應爲理第二任知州資序，故嘉祐

〔註99〕以上記載，見陳宏謀《宋司馬文正公年譜》（台北：台灣商務，民國 67 年），蔡上翔《王荆公年譜考略》（台北：洪氏出版社，民國 62 年）。

三年任滿後即理提點刑獄資序，擔任提點江東刑獄。由上可知，北宋前期文官的升轉，資序制度實扮演相當重要的角色。

總之，在磨勘寄祿官與資序的過程中，舉主扮演了一個相當重要的作用。三年一遷官，任滿升資序，都無法真正區別官吏的賢與不肖，而舉主因須與被舉者同罪，故保舉時應會留心被舉者之操守，若被舉者果為人才，前途無量，則舉主也應會樂於舉用，於公於私皆便。沒有舉主，想要在北宋的宦海中升進，是十分不容易的事。

然而除了舉主之外，資序的限制也使得官吏須在基層歷練多年，不致驟居高位。除了發揮培養官吏才幹的目的，也限制了舉主，使之不能濫舉私人。舉主與資序制度的配合，使得北宋前期的資格制度保持了相當的彈性，不致完全淪為賢愚並進的局面，人才亦得以脫穎而出。

第三節　考課政績與授予差遣

宋初以來，除了重視官吏的資格之外，並非不重視官吏的實際政績。太祖建隆三年，即有大臣奏請考課州縣官，其建議「各準見戶為十分論，每加一分，刺史縣令進考一等，……減損戶口一分以上者，並降考一等。」〔註100〕太祖開寶九年十一月，始下詔考課地方官吏，分為上中下三等，當論其賞罰〔註101〕。太宗太平興國二年，更令吏部南曹給予曆子、印紙，俾州縣長吏書其功過，秩滿時有司詳視而差其殿最〔註102〕。北宋歷朝皇帝也經常下詔要求考課政績，以定賞罰。例如：

> （太平興國八年四月辛卯）詔凡州縣幕職官差定殿最之狀分任遠近之地，以為升降，有司蓋有成法。自今京朝官釐務於外，秩滿，曾經責罰及弛慢者授以邊遠，其課績高者任以近地。〔註103〕

> （景德二年七月辛亥）自今失入死罪不致追官者，斷衝替，候放選日注僻遠小處官，連署幕職州縣官注小處官。京朝官任知州通判，知令錄幕職受遠處監當，其官高及武臣內職奏取進止。詔可。〔註104〕

〔註100〕《宋會要輯稿・職官》59～1a。
〔註101〕《宋會要輯稿・職官》59～2a～2b。
〔註102〕《宋會要輯稿・職官》59～2b。
〔註103〕《長編》卷24～5b，太平興國八年四月辛卯。
〔註104〕《長編》卷60～15b，景德二年七月辛亥。

（寶元元年八月丁亥）流內銓言：選人如曾經轉運使、提點刑獄或

本州體量不至廉謹之類，候得替引見，量與降資。從之。〔註105〕

不過，這種考課地方官吏課績的功效令人質疑，州縣長吏對下屬的考核更是
弊端百出。太宗時已被批評爲「蠹有巨而不彰，勞雖微而必錄。」〔註106〕眞
宗時，「招輯戶口及監臨餘羨，多或不實。」〔註107〕「竊覬朝恩，妄增功
績，靡慚醜行，深黷彝章。」〔註108〕可見考課政績的成果相當低。究其原
因，天聖七年有人言道：「諸縣課績多虧，蓋監臨之官，皆是保舉，多相庇匿
不言。」〔註109〕

對於地方官，尤其是基層的幕職州縣官，考課政績的最主要憑據，就是
其直屬長官所寫的「考詞」。在《全宋文》之中即收集了不少考詞。其中包括
了黃庶的考詞十四篇〔註110〕，強至的考詞十一篇〔註111〕，劉攽的考詞六篇
〔註112〕，田錫的考詞二十篇〔註113〕。這些考詞之中，除田錫之〈涇縣簿王中
古考詞〉中，因王中古曾有過犯，故書考爲「中下」，其餘大抵縣令得「中上」
或「中中」考，簿尉得「中中」考，黃庶和強至甚至僅書「中」或不書等第。
茲舉二篇考詞爲例，田錫〈南陵簿楊光益考詞〉記曰：

　具銜楊光益。佐理南陵，諳詳吏道，郡中諸掾，稱舉其名。無何司
　寇闕員，俾之承乏。觀其所理，勤恪廉平；召而與言，謹密恭遜。
　洎來書考，再審厥官，在任無曠遺，蒞事能幹辦。初考獲賊，准格
　不許更書；今考獲賊，依令得以稱善。據《考課令》四善二十七最
　中，恪勤匪懈爲一善。職事修理，供承強濟，爲監掌之最。一最以
　上，有一善，爲中上。品較諸邑，課績可稱，雖進考有文，而定格
　難越。俟至終考，旌陟良才，今依書爲中中。〔註114〕

文中明知一最一善當書中上，但「進考有文，而定格難越」，所謂「定格」，

〔註105〕《長編》卷122～7b，寶元元年八月丁亥。
〔註106〕《宋會要輯稿‧職官》59～2b。
〔註107〕《宋會要輯稿‧職官》59～6a。
〔註108〕同註107。
〔註109〕《長編》卷108～16a，天聖七年歲末。
〔註110〕收入《全宋文》第二十六冊，頁206～211。
〔註111〕收入《全宋文》第三十三冊，頁439～443。
〔註112〕收入《全宋文》第三十五冊，頁26～27。
〔註113〕收入《全宋文》第三冊，頁113～121。
〔註114〕田錫〈南陵簿楊光益考詞〉，收入《全宋文》第三冊，頁115。

可能指對於某種官職應給予何種等第的不成文規定或習慣,《宋史·選舉四》
記載:「凡觀察判官以上,……其常考依令錄例,書中上。」〔註115〕可能即為
這種不成文習慣。而依前面的例子來看,判司簿尉的「常考」可能即為中中。
又如田錫〈司法參軍張玄珪考詞〉:

> 具銜張玄珪,精詳法書,諳熟吏道。勤廉通悟,而秉節無渝。遜順
> 恭和,而臨事有斷。聖朝平復疆土,擒滅姦雄,吳之奧區,宣爲劇
> 郡。習俗未深于教化,比年仍值於凶荒。民貧盜生,自慁刑網,訟
> 多事冗,空黷政條。張玄珪三載蒞官,庶事能理。有司勘帳,稱獄
> 無冤。考狀較能,直詞無愧。據《考課令》,推鞫得情,處斷平允,
> 爲法官之最。公平可稱,爲一善。有善有最,書爲中中。〔註116〕

可見考課政績的功能不彰,完全無法達到拔擢人才的功用。賢者「定格難
越」,劣者「庇匿不言」,故「天下州郡長吏,審官皆據資例而授,未爲得
人。」〔註117〕

　　仁宗之時,鑑於考課官吏成效不著,故重新調整考課方式,希望先建立
對諸路轉運使、提點刑獄的考核,再由上而下,考核知州與知縣,因此有考
校轉運使副提點刑獄課績院的設置(詳見本文第三章第三節)。但隨著熙寧年
間此一考課院的廢除,這一番努力也功敗垂成。因此,北宋前期考課官吏政
績的成效,應可說是十分有限的。北宋人才之輩出,應歸功於舉主制度與資
序制度的配合,才使得人才得以在基層歷練之後,脫穎而出。

　　關於差遣的除授方面,北宋時期的差遣主要可分為「堂除闕」與「吏部
闕」兩大類。其中堂除闕係由宰相選任,「吏部闕」在北宋前期則係由審官院
與流內銓來注擬〔註118〕。目前我們想了解北宋前期哪些職位是堂除闕?哪些
職位是吏部闕?因史料不足,是十分困難的。鄧小南曾統計了北宋晚期至南
宋初期知州通判堂除闕與吏部闕的數字如下:

> 元祐二年,堂除知州一百零四人,部注知州九十八人。
>
> 紹興二年,堂除知州八十九人,部注知州二十七人;堂除通判六十
> 二人,部注通判二十三人。

〔註115〕《宋史·選舉四》,頁3696。
〔註116〕田錫〈司法參軍張玄珪考詞〉,收入《全宋文》第三冊,頁116。
〔註117〕《長編》卷54～16a～b,咸平六年五月乙未。劉綜言。
〔註118〕參考鄧小南〈宋代銓選中「闕」的分類〉,《國際宋史研討會論文選集》,頁
　　　　412。

> 紹興五年，堂除知州九十八人，部注知州二十七人；另部注通判二
> 十三人。
> 紹興七年，堂除知州一百零九人，部注知州六十一人；堂除通判八
> 十人，部注通判六十一人。
> 淳熙二年，知州、軍全歸堂除。〔註119〕

我們雖然不能由此推論北宋前期的情形，但我們大致可以推斷，堂除與吏部
闕是以知州、通判這一階層重疊最多，通判以下的知縣與監當官，大多由審
官院負責；而知州以上以及中央官吏，則以堂除者居多。

至於審官院授予差遣的方式，大致如下：

> 京官到院，各具所欲入路分狀一本，願入遠及折資者聽。凡經再問
> 闕，不就，即依名次硬差，丁憂服闕及自不般家處代還，許至三
> 問。〔註120〕

其後稍改爲「令指定三路，如經三問闕不就，並從本院據合入遠近定差。」
〔註 121〕總之，京朝官可以表達自己想去的地方，但最後決定權在審官院手
中，如雙方無法協調，審官院可以「硬差」。

審官院和流內銓在授予差遣時最大的問題，在於員多闕少，如天禧三年
時，流內銓就曾奏請：

> 本司令錄稍多，員闕甚少，請權借審官院京朝官知縣闕注擬一任。
>
> 〔註 122〕

是用向審官院借闕的方式解決。又慶曆元年，審官院言：

> 近令臣僚奏舉河北河東陜西知州，人數頗多，欲令見任知州到任一
> 年半差人替二年滿闕。〔註 123〕

這是用縮短任期的方式使待闕之人儘快上任。此外，

> 審官院言：河北河東陜西諸州，請權令京朝官知錄事參軍。從之。
>
> 〔註 124〕

> 審官院言：永興軍、秦、延、渭、慶、鎮、定、并、鄆、青、益、

〔註119〕同註118，頁 413～414。
〔註120〕《長編》卷 107～11b，天聖七年三月庚辰。
〔註121〕《長編》卷 123～3a，寶元二年正月己未。
〔註122〕《長編》卷 94～10a，天禧三年十一月丁巳。
〔註123〕《長編》卷 134～5a，慶曆元年十月丁酉。
〔註124〕《長編》卷 135～6b，慶曆二年二月乙亥。

廣、杭州，荊南、江寧府及三京留守通判，自今並差知州資序。……
時以在院知州員多闕少故也。〔註125〕

這是用授予不符資序的差遣，來解決員多闕少的問題。又，

按大中祥符三年東封赦文，放選時三千餘人赴集，銓司注擬不足，
使摹畫隔年預使季闕，後遂爲例，常隔年奏明季闕。選人有不願注
擬之處，因循積留不補，復更預使向前遠季闕次。〔註126〕

這是預支下期（季）官闕以解燃眉之急的辦法。又：

審官院言：前準詔旨新授京朝官，川峽未有見闕者止令權近地監當。
今監當闕少，望差近便知縣，俟川峽有見闕即依次移補。〔註127〕

審官院言：通判員多闕少，今定藩府州軍凡五十一處，請各差京官
一員爲簽判。及端、封等二十二州知州，邕、桂、宜三州通判，舊
制就移知縣人爲之，今請先用通判。從之。〔註128〕

這是無論如何都要想盡辦法使之上任。審官院與流內銓爲解決此一問題，可
謂方法用盡矣。但仍有官員無闕可赴者，例如慶曆元年即有詔令：

京朝官使臣選人久待闕京師，而近制不得取京債，廉士或至貧窶，
不能自給。自今受差遣出外，聽私借錢五十千。〔註129〕

但是，嘉祐三年，審官院仍然奏言：

勘會見祇候差遣京朝官，員數至多，闕次全少，待次一二年，貧窶
者眾，欲望並許請假出外等候闕次。〔註130〕

待闕官員處境困窘，於此可見一斑。

　　相對於審官院、流內銓因員多闕少而大傷腦筋的情形，邊遠地區卻出現
了無人願赴任的現象。例如，仁宗曾謂大臣曰：

比聞川廣幕職州縣官有過期未代者，豈人情所樂耶？其令吏部流內
銓亟選代。〔註131〕

流內銓也承認「入官各有路分，或非情願，致久闕未填。」〔註132〕至神宗熙

〔註125〕《長編》卷186～10b，嘉祐二年十月乙丑。
〔註126〕晏殊〈乞選人更不隔年預使季闕奏〉，收入《全宋文》第十冊，頁187。
〔註127〕《長編》卷97～11b，天禧五年八月庚申。
〔註128〕《長編》卷170～1b～2a，皇祐三年二月壬午。
〔註129〕《長編》卷132～22b，慶曆元年七月己酉。
〔註130〕《長編》卷187～12a～b，嘉祐三年六月甲寅。
〔註131〕《長編》卷98～12a，乾興元年六月辛丑。
〔註132〕《長編》卷101～5a，天聖元年九月月末。

寧三年，仍有人奏言邊遠官過期多不得代〔註133〕。對此，北宋也有一套獎勵
官吏赴遠地的措施。太祖時，即下詔吏部流內銓：

> 於唐、鄧、隨、郢、襄、均、房、復、申、安等州以南及荊湖諸州
> 選見任令錄兩考以上，判司簿尉合入令錄年五十以下者，移爲嶺南
> 諸州通判。〔註134〕

這是用低官（選人之最低兩階）高就（通判）的方式解決問題。眞宗時，又
下詔：

> 原州、鎮戎、保安軍，流內銓承例擬官，並爲近地。自今同環州例，
> 爲遠官，免其守選。〔註135〕

仁宗時亦下詔：

> 湖南鄰溪峒諸縣，其令本路安撫轉運司舉官爲知縣，歲滿京朝官免
> 入遠，選人與免選。〔註136〕

這是用種種優待條件來鼓勵官吏赴遠地任官。

　　宋神宗時期，對於邊遠地區的官吏任用，採取了新的措施。即是仿照唐
代「南選」之制，實施「遠官就移之法」。亦即在川峽、廣南、福建等七路，
可由轉運使將官闕數目加以統計，在地方官任滿時，可赴轉運司指射差遣，
然後「轉運司定合差注人姓名，申審官東院、流內銓保明申奏，降敕告差移。」
〔註137〕此即一般所謂之「定差法」。這種方式，使當地官吏得以在同路之內升
遷，不用遠赴中央等候新職；而邊遠地區的官闕也可以迅速得人充任。對於
解決邊遠地區的官吏缺員問題，是有相當的幫助的。

〔註133〕《長編》卷214～21a，熙寧三年八月戊寅。
〔註134〕《長編》卷12～5a，開寶四年四月乙亥。
〔註135〕《長編》卷56～10a，景德元年四月己卯。
〔註136〕《長編》卷177～14a，至和元年十一月壬午。
〔註137〕《長編》卷214～21a～b，熙寧三年八月戊寅。

第五章　變法改制與考銓制度

第一節　慶曆變法對考銓制度的影響

　　由前面一章的論述中，我們可以了解，北宋前期的文官考銓制度，是以磨勘轉官年限與差遣任期為主要依據；至於考課政績的效果則不顯著。因此，整個北宋時期，對這種情況的批評聲浪一直未絕。例如裴莊就曾在眞宗咸平二年上疏言道：

> 朝廷所命知州通判，率以資考而授，至有因循偷安，無政術而繼得親民者。其素蘊公器、有政績者，偶緣公坐則黜司冗務。眞偽莫辨，僥倖滋深。自今望遴選其人，勿以資格授。其有政績者，優加恩禮。〔註1〕

這種情況，宋眞宗也並非不知道。眞宗嘗對宰相說：

> 京朝官有曠弛不治，眾所共知，而無顯過者，考課之際，第以久次遷擢，此非沮勸之道也。嘗記朝士有趙嚴者，在河朔以罪降差遣，去年審官引對，例亦改官，近聞嗜酒廢職，若此之類，尤宜志之。〔註2〕

到了仁宗時代，對這方面的討論與批評更多。如富弼即言「限官而選，得士為難。」〔註3〕蘇紳言「今審官院流內銓，則古之吏部。……不問官職之閒劇，才能之長短，惟以資歷深淺為先後，有司但主簿籍而已。欲賢不肖有別，不

〔註 1〕裴莊〈乞州官勿以資格除授奏〉，收入《全宋文》第二冊，頁256。
〔註 2〕《長編》卷 89～6b～7a，天禧元年二月壬午。
〔註 3〕《長編》卷 124～12a，寶元二年九月月末。

可得也。」〔註4〕孫沔言「居官三周，例遷一級，雖數有失，亦不退覆。故士
大夫以無過犯爲能，是使庸愚不肖之人，晏然自得。」〔註5〕歐陽修也說「賢
愚混雜，僥倖相容，三載一遷，更無精別。……自古任人之法，無如今日之
謬也。」〔註6〕

此外，即使是這種循資遷官的制度，本身也出現了問題。在仁宗景祐四
年，就有人上封事言道：

> 西川廣南福建路知州軍、通判、知縣闕，審官院常積三五處，而不
> 以先後定差。其公田有無、地之遠近，率多不均。自今請預籍合入
> 遠官姓名，遇闕即以次移差。〔註7〕

這是可能是審官院中的吏員私下保留若干肥闕，待價而沽的情形。因此，在
范仲淹推動慶曆新政之時，如何解決官員的升遷問題，使制度更能達到選賢
與能的目的，這便是新政的重要課題了。

慶曆三年九月，范仲淹在被仁宗拔擢爲參知政事之後，即條陳十事，作
爲新政之藍本，此即所謂的〈十事疏〉。其中第一事爲「明黜陟」，范仲淹言：

> 今文資三年一遷，武職五年一遷，謂之磨勘。不限內外，不問勞逸。
> 賢不肖並進，此豈堯舜黜陟幽明之意耶？假如庶僚中有一賢於眾
> 者，理一郡縣，領一務局，思興利去害，而有爲也。眾皆指爲生事，
> 必嫉之沮之，非之笑之。稍有差失，隨而擠陷。故不肖者素餐尸祿，
> 安然而莫有爲也。雖愚暗鄙猥，人莫齒之。而三年一遷，坐至卿監
> 丞郎者，歷歷皆是。誰肯爲陛下興公家之利，救生民之病，去政事
> 之弊，葺紀綱之壞哉？……仍請詔下審官院，流內銓尚書考功。應
> 京朝官，還人逐任，得替明具。較定考績，結罪聞奏。內有事狀狠
> 濫，并老疾愚昧之人，不堪理民者，別取進止。已上磨勘考績，條
> 件該說不盡者，有司比類上聞。如此，則因循者拘考績之限，特達
> 者加不次之賞。然後天下公家之利必興，生民之病必救。政事之弊
> 必去，綱紀之壞必葺。〔註8〕

〔註4〕《長編》卷125～13a，寶元二年歲末。

〔註5〕《長編》卷132～3a，慶曆元年五月壬戌。

〔註6〕《長編》卷136～11b，慶曆二年五月甲寅。

〔註7〕《長編》卷120～18b，景祐四年十二月庚午。

〔註8〕范仲淹〈答手詔條陳十事〉，見《范文正公政府奏議》，收入《范仲淹研究資
料彙編》（台北：文建會，民國77年），頁501～503。

第四事為「擇官長」，范仲淹言：

> 四曰擇官長。臣聞先王建侯，以共理天下。今之刺史縣令，即古之
> 諸侯。一方舒慘，百姓休戚，實繫其人。故歷代盛明之時，必重此
> 任。今乃不問賢愚，不較能否。累以資考，陞為方面。懦弱者不能
> 檢，吏得以蠹民。強幹者惟是近名，率多害物。邦國之本，由此凋
> 殘。朝廷雖至憂勤，天下何以蘇息？其轉運使並提點刑獄按察列城，
> 當得賢於眾者。臣請特降詔書，委中書樞密院且各選轉運使提點刑
> 獄共十人，大藩知州十人，委兩制共舉知州十人，三司副使判官同
> 舉知州五人，御史臺中丞知雜三院共舉知州五人，開封知府推官共
> 舉知州五人，逐路轉運使提點刑獄各同舉知州五人，知縣縣令共十
> 人，逐州知州通判同舉知縣縣令共二人。得前件所舉之人，舉主多
> 者，先次差補。仍指揮審官院流內銓。今日以後，所差知州知縣縣
> 令，並具合入人歷任功過，舉主人數聞奏。委中書看詳，委得允當，
> 然後引對。如此舉擇，則諸道官吏，庶幾得人，為陛下愛惜百姓，
> 均其徵役，寬於賦斂，各獲安寧，不召禍亂。天下幸甚。〔註9〕

總之，范仲淹希望磨勘轉官應注重政績的考核，並且主張由大臣薦舉人才，
以避免賢不肖並進的情形。范仲淹似乎對用薦舉的方式選拔官吏相當感興
趣。他又與富弼共同上疏：

> 國家承平以來，不無輕授。應知州通判縣令，因舉薦擢任者少，以
> 資考序進者多。才與不才，一塗並進。故能政者十無二三，謬政者
> 十有七八。……臣等欲乞聖慈，特降詔書，委中書樞密院臣僚，各
> 於朝臣中，薦堪充舉主者三人，候奏到姓名，即逐人各賜敕一道，
> 令於通判內舉成資已上一員，充知州。知縣內舉成資已上一員，充
> 通判。簿尉中舉有出身三考已上，無出身四考一員，充職官知縣。
> 或於職官令錄中舉五考已上之人，充京官知縣。仍於敕明言所薦之
> 人，若將來顯有善政，其舉主當議旌賞。若贓汙不理，苛刻害民，
> 並與同罪。〔註10〕

這是希望由大臣推薦舉主，由舉主推薦官員的辦法。同時舉主必須同罪保舉，

〔註 9〕 同註8，頁 507～508。
〔註10〕 范仲淹〈奏乞擇臣僚令舉差知州通判〉，見《范文正公政府奏議》，收入《范
仲淹研究資料彙編》，頁 518～519。

以確保所舉之人係真有才德之人。

　　與此同時，朝廷大臣中的有識之士也上奏呼應范仲淹的改革措施。歐陽修即上書言：

> 臣伏見天下官吏員數極多，朝廷無由遍知其賢愚善惡。審官、三班、
> 吏部等處，又只主差除月日，人之能否，都不可知。諸路轉運使等，
> 除有贓吏自敗者臨時舉行外，亦別無按察官吏之術。致使年老病患
> 者，或懦弱不材者，或貪殘害物者，此等之人布在州縣，并無黜陟，
> 因循積弊，冗濫者多，使天下州縣不治者十有八九。今兵戎未息，
> 賦役方煩，百姓嗷嗷，瘡痍未復，救其疾苦，擇吏為先。臣今欲乞
> 特立按察之法，於內外朝官中，自三丞以上至郎官中，選強幹廉明
> 者為諸路按察使。自來雖差安撫使，緣管他事，不專按察。今請令
> 進奏院各錄一州官吏姓名，為空行簿以授之，使至州縣，遍見官吏。
> 其公廉才幹，明著實狀，及老病不才，顯有不治之跡者，皆以朱書
> 於姓名之下。其中才之人，別無奇效，亦不至曠敗者，則以墨書之。
> 又有雖是常材，能專長於一事，亦以朱書別之。使還具奏，則朝廷
> 可以坐見天下官吏賢愚善惡，不遺一人，然後別議黜陟之法。〔註11〕

歐陽修的意見雖與范仲淹不盡相同，主在按察官吏，辨別能否。但他與范仲淹的共同目的，都在於希望選賢與能，使不肖之人不因資久年深而得居高位。

　　范仲淹在〈十事疏〉之後，接著把他自己的改革意見，寫成條例，上奏仁宗〔註12〕。在與仁宗商議修訂之後，於慶曆三年十月壬戌頒詔施行。該詔書言：

> 自今兩地臣僚，非有勳德善狀，即不得非時進秩；或非次罷免者，
> 仍不以轉官帶職為例。兩省已上，自來四年一轉官，今并具履歷取
> 旨。京朝官曆勘年限內私罪人并歷任內曾犯贓，先具元犯入己不入
> 己情理重輕，并今磨勘年限內有無勞績，及舉主人數，主判臣僚奏
> 取旨。若磨勘後再及三年，內贓私罪杖以下經一次取旨；徒以上經
> 兩次，如能自新，於年限內別有勞績，及有同罪舉主三人又無私過
> 者，更不取旨。其到審官院人於元指射路分內受差遣，及未到院以

〔註11〕　歐陽修〈論按察官吏箚子〉，《歐陽文忠公集》卷97～1a～1b。又見《全宋文》
　　　　　第十六冊，頁440。
〔註12〕　見范仲淹〈奏重定臣僚轉官及差遣體例〉，《范文正公政府奏議》，收入《范仲
　　　　　淹研究資料彙編》，頁544～546。

前并受差遣以後待闕及得替赴任公程月日，并許通計磨勘。如於元指射合入路分有闕不就，則將守候差遣半年，及得替赴任公程外住滯數日，并不得理入磨勘之限。其京朝官上章陳乞，并於中書、審官院求就京差遣者，并五年磨勘。如因省府等處保舉及用條選差在京勾當者，勿拘此制，即不得舉選見任兩地并兩省、臺諫官有服紀之親。凡有善政異績，或勤農桑獲美利，或差鞫刑獄累雪冤枉，或在京監當庫務能革大弊因而省費錢物萬數多者，量事跡大小，不隔磨勘，或陞差遣。其選人未該磨勘而有上項勞績者，亦與比類陞擢。若朝官轉員外郎，須自歷陞朝官後有安撫、轉運使、提點刑獄或清望官五人同罪保舉，并三周年內無私罪者，方得磨勘。員外郎轉郎中、郎中轉少卿亦如之。其舉主不足者，增二年，少卿監轉大卿監，并轉諫議大夫，并取聖選。〔註13〕

這道詔書產生了下列影響：（一）京朝官陳乞在京差遣，原為逃避外任之繁重，舊依例三年一磨勘，現改五年一磨勘，影響了這批人（多為權貴子弟）的權益。（二）朝官轉員外郎以上的磨勘遷官，現須有五人同罪保舉，舉主不足者增二年。使得原來三年一遷的例行公事，現在增加了不少限制，尤其是才能平庸者，或無舉主而不得改官，或鑽營賄賂權貴以求保舉，都使之增加了不少負擔。慶曆四年二月，仁宗從仲淹請，詔天章閣待制曾公亮刪定審官院、三班院、流內銓之條貫。〔註14〕

此外，范仲淹更嚴加考課諸路監司的政績，凡不稱職者，范仲淹「一筆勾之，以次更易」。富弼勸仲淹：「范六丈公則是一筆，焉知一家哭矣！」仲淹曰：「一家哭何如一路哭耶？」〔註15〕不過，范仲淹的改革並不能持久。慶曆五年正月，范仲淹在宰相章得象的讒毀之下，被貶為資政殿學士知邠州兼陝西四路緣邊安撫使〔註16〕。次月，監察御史劉元瑜奏言：

近年考課之法，自朝官至員外郎、郎中、少卿監，須清望官五人保任，方許磨勘，適長奔競，非所以養士廉恥也。〔註17〕

〔註13〕見《全宋文》第二十三冊，頁 79～80，又《長編》卷 144～8b～9b，慶曆三年十月壬戌，文字略有異同。

〔註14〕《長編》卷 146～21a，慶曆四年二月丁巳。

〔註15〕樓鑰《范文正公年譜》，慶曆三年壬午條。收入《范仲淹研究資料彙編》，頁1136。

〔註16〕《長編》卷 154～5a～b，慶曆五年正月乙酉。

〔註17〕《長編》卷 154～8b～9a，慶曆五年二月辛卯。

於是仁宗下詔：

> 比京朝官因人保任，始得敍遷，朕念廉士或不能以自進。其罷之。

〔註18〕

范仲淹改革變法，終於在反對者的攻擊之下落幕。平心而論，改革之前轉官與授予差遣之時，也須有人保舉，范仲淹增加了舉主人數。如謂薦舉「適長奔競」，則增加舉主人數將使得請託更爲困難。以五人保舉取代循資遷轉，的確可收澄清吏治之功。可惜在反對者的攻擊之下，慶曆改革功敗垂成。

慶曆改革失敗之後，仍有人對范仲淹的改革意見心懷憧憬，希望仁宗重新考慮局部採行仲淹之議。如權御史中丞張方平奏言：

> 今自知雜御史以上，何勤於國？歲奏補京官一員，祖宗之時未有此事，近歲積累僥倖，爲此弊法。仲淹所請略從裁損，考之理道，已是適宜。……其臣僚恩例，乞且依新制爲便，若朝廷議論，惟是之從，又不可以人廢言也。〔註19〕

張方平講得極爲含蓄，用「不可以人廢言」一語，捨仲淹而救新法。然終亦無法力挽狂瀾矣。循資遷官，仍是朝廷用人的主要方式，亦不時有批評者抨擊其失。如包拯批評審官院「未嘗較辨賢否，論次殿最，清濁一溷，流品不分。」〔註20〕李覯稱「三歲而進一官，是三歲而材一變乎？如此，則牛馬走抑可久而用之矣。」〔註21〕呂誨言「有司審其例不審其才，專其進不專其黜，待賢不肖於一途，授受益其虛矣。」〔註22〕孫洙更痛陳：

> 今賢材之伏於下者，資格閡之也。職業之廢於官者，資格牽之也。士之寡廉鮮恥者，爭於資格也。民之困於虐政暴吏者，資格之人眾也。萬事之所以玩弊，百吏之所以廢弛，法制之所以頹爛決潰而不之救者，皆資格之失也。〔註23〕

資格之法，流弊甚多，言其失者早已清楚指出來了。但改革關係到大多數官僚的前途與利益，如此又談何容易。

話雖如此，北宋前期的吏治與人才，在中國歷代之中已屬難得。范仲淹

〔註18〕同註17。

〔註19〕《長編》卷158～7a～b，慶曆六年四月月末。

〔註20〕包拯〈請令審官院以黜陟狀定差遣先後奏〉，收入《全宋文》第十三冊，頁315。

〔註21〕李覯〈精課〉，收入《全宋文》第二十一冊，頁580。

〔註22〕呂誨〈審官論〉，收入《全宋文》第二十四冊，頁512。

〔註23〕孫洙〈資格〉，收入《全宋文》第三十九冊，頁466。

等人的批評，是站在當時的基礎上，抱著更高的理想，希望精益求精。我們不應以范仲淹等人的批評言論爲據，即推論北宋前期的考銓制度一無是處。

第二節　熙寧變法對考銓制度的影響

　　王安石熙寧變法，是北宋在范仲淹慶曆變法之後又一次改革的高峰；而且，熙寧變法的規模與影響，也遠較慶曆變法爲深遠。不過，熙寧變法與慶曆變法不同的是，慶曆變法較重視政府制度之改革，以澄清吏治爲重心；熙寧變法則著重於富國強兵，而以財經的改革爲主要目標，政治制度的改革非其重心。本節僅就王安石變法對考銓制度的影響，加以探討。

　　當王安石推行新政改革之際，朝中大臣反對者甚多。因此，王安石爲了要順利推動新政，常以破格拔擢爲手段，引用官資較低，資序較淺之人擔當重任。《古今源流至論‧前集》言道：「安石用事，喜引新進。有知縣資序而爲監司郡守者，有初改官而亦預峻拔者，有爲判官而遽除台職者。」〔註24〕近人劉坤太〈王安石改革吏治的設想與實踐〉一文，即盛稱王安石打破循資遷官的慣例，任用有眞才實學者如曾布等人〔註25〕。然而，安石之破格用人，對於整個制度究竟是利？是弊？

　　王安石大規模的破格用人，始於神宗熙寧三年。熙寧三年四月，張戩、王子韶皆以知縣資序爲御史〔註26〕。五月，以秀州軍事判官李定爲太子中允權監察御史裏行〔註27〕。六月，以審刑院詳議官朱溫其權發遣大理少卿，理合入資序〔註28〕。當時朝中大臣馮京曾批評朱溫其「資序尚淺」、「超越倫輩」〔註29〕，然卒用之。七月，以安石姻戚知制誥權三司使吳充爲翰林學士權三司使，連神宗都認爲「充資淺」，而王安石則回答：「充信行佳。」吳充終獲任命〔註30〕。同月，又以太常少卿祝諮部都官員外部刪定編敕王庭筠判刑部，

〔註24〕《古今源流至論‧前集》卷七，〈資格〉，頁202。
〔註25〕劉坤太〈王安石改革吏治的設想與實踐〉，收入鄧廣銘、徐規主編《宋史研究論文集～1984年年會編刊》（杭州：浙江人民出版社，1985年），頁282～296。
〔註26〕《長編》卷210～13b，熙寧三年四月壬午。
〔註27〕《長編》卷211～4b，熙寧三年五月癸卯。
〔註28〕《長編》卷212～11b，熙寧三年六月戊寅。
〔註29〕馮京〈朱溫其權發遣大理少卿不當奏〉，收入《全宋文》第三十一冊，頁711。
〔註30〕《長編》卷213～4b～5a，熙寧三年七月壬辰。

庭筠資淺，安石超用之，眾心不服〔註31〕。八月，以京西同巡轄斗門太常博士侯叔獻、著作佐郎楊汲，並權都水監丞，安石曾向皇帝說：「汲未經試用，陛下能使台諫無議論否？」神宗說：「用新法權理資序，有何不可？」〔註32〕可見神宗也認同了安石破格用人之法。九月，以著作佐郎編修中書條例曾布為太子中允崇政殿說書，然曾布「資序甚淺，人尤不服，而布亦固辭，卒罷之。」〔註33〕其後破格用人之事屢見不鮮。甚至寄祿官僅為太子中允的唐坰都可以知諫院、判流內銓〔註34〕。安石的助手如章惇、呂惠卿等也大量破格用人。例如徐禧，王安石自己承認：「徐禧本惠卿所薦，自布衣不旋踵為美官。」〔註35〕可見破格用人，在當時已成為新黨推行政令的重要手段。

此外，王安石的改革對考銓制度的另一個影響，是中書侵犯了審官院的職權。例如，在熙寧四年，神宗即詔審官院：「定差知州軍監人，並赴中書審察，其人堪任即引見取旨。」〔註36〕後又詔審官東院：「每季具知州軍通判闕及合入知州通判人姓名功狀赴中書，委中書審問。」〔註37〕熙寧十年，又詔「泰、海、絳、耀、華、秀、溫、鄂、江、唐知州，祁州、保定、乾寧、永寧軍通判，並令審官東院選差，申中書審察。」〔註38〕以往，審官院磨勘注擬，雖亦受中書宰相之監督，但仍不失其獨立的地位（詳見本文第三章第二節）。而此時卻須「具姓名功狀赴中書，委中書審問」，顯然中書在「審察」、「審問」之後，有取捨陟黜之權，與以往中書只將資序不合、有公私罪或別有惡劣事蹟者加以糾正的情況，顯有不同。

尤有甚者，王安石為了排擠舊黨人士，用審官院授予差遣為手段，排除異己。例如，熙寧三年時，將管勾兩浙路常平等事著作佐郎王醇，令審官東院就移合入差遣，其原因即以醇不推行新法〔註39〕。而「令審官東院就移合入差遣」一語，不正是宰相權力擴張，審官東院失去其自主性的憑證嗎？慶曆變法時代，范仲淹欲以同罪保舉制度取代資格制度，尚無法達成。當時朝

〔註31〕 《長編》卷213～13b，熙寧三年七月乙巳。
〔註32〕 《長編》卷214～5a～b，熙寧三年八月己未。
〔註33〕 《長編》卷215～6a～b，熙寧三年九月癸巳。
〔註34〕 《長編》卷237～20a，熙寧五年八月癸卯。
〔註35〕 《長編》卷276～4b，熙寧九年六月辛卯。
〔註36〕 《長編》卷220～17b，熙寧四年二月癸酉。
〔註37〕 《長編》卷228～1a，熙寧四年十一月壬午。
〔註38〕 《長編》卷281～14a，熙寧十年四月丁未。
〔註39〕 《長編》卷218～1a，熙寧三年十二月丁巳。

野之士，對資格制度多方抨擊。然時至今日，卻在王安石的手中，對附己者用破格用人的方式，對不附己者用「就移合入差遣」的方式，把資格制度悄悄地打破了。

　　神宗崩後，哲宗繼位，太后臨朝，廢止新法。舊黨大臣司馬光等重掌朝綱，對於王安石破格用人之舉，即大加抨擊轇伐。司馬光言：

> 王安石執政以來，欲力成新法，諸路始置提舉常平廣惠農田水利官，其後每事各置提舉官，皆得按察官吏，事權一如監司。又增轉運副使判官等員數，皆選年少資淺輕俊之士爲之。或通判知縣監官資序，又選人以權及權發遣處之，有未嘗歷親民即爲監司者。能順己意則不次遷擢，小有乖違則送審官院與合入差遣，更加責降。彼年少則歷事未多，資淺則眾所不服，輕俊則舉措率易。〔註40〕

右司諫王巖叟亦謂：

> 自王安石專權用事，不卹公議而明進子弟，布在要津，當時言路皆其門下之人，故公議不聞於上。〔註41〕

此外，右司諫蘇轍更批評當時的成都提點刑獄郭概，蘇轍言：

> 概資品鄙陋，嘗通判鳳翔，坐失入死罪去官，係監當資序。因緣權幸，致位監司。〔註42〕

這即是新黨破格用人的又一例證。在司馬光等人的努力下，資序任官的體制逐漸恢復。元祐元年四月，宰相奉旨如下：

> 轉運使副、提刑今後選一任知州以上，轉運判官選通判一任，實曾歷親民差遣，並所至有政跡人。詔監司許降一等授，如曾任監司見係通判資序以上亦許差。〔註43〕

稍稍重建了資序任用的體制。不過，破格用人的風氣既開，再加上北宋晚期的黨爭越來越激烈，想要維持這個體制是十分困難的。例如，徽宗時的蔡京，「除用士大夫，視官職如糞土，蓋欲以天爵市私恩。」〔註44〕這種情況，其嚆矢當始於安石。

　　也許司馬光、王巖叟、蘇轍等人對新黨人士的批評未必公允，在此本文

〔註40〕《長編》卷368〜23b〜24a，元祐元年二月丙申。
〔註41〕《長編》卷377〜5a，元祐元年五月庚申。
〔註42〕《長編》卷369〜14a，元祐元年閏二月丙午。
〔註43〕《長編》卷375〜14a，元祐元年四月乙巳。
〔註44〕洪邁《容齋隨筆・四筆》卷十五，〈蔡京輕用官職〉條，頁791。

也不必著墨於辯解新黨中人誰是幹才，誰是小人。即使王安石破格拔擢者皆幹練之才，但他打破了資序體制卻貽患無窮；雖得一時之利，卻貽長遠之患，這絕非一適當的策略與手段。資格制度並非絕不可破，但破格用人不宜太濫，也不宜長時間施行。資格制度也有十分嚴重的缺陷，但要取而代之必須要有完整的規畫，范仲淹用五人同罪保舉的辦法即為一例。若只為圖一時之便，任用唯其所好，則尚不如資格制度之有法可循，有例可守也。

第三節　元豐改制對考銓機構的裁併

　　在本文第二章第一節中曾提到，宋初的政治體制係為一套與唐代完全不同的政治體制，是以中書門下與樞密院對持文武大柄為主要形式，與唐代三省六部制度截然不同。但宋代仍保留了唐代政治體系中的各種職官稱謂，做為寄祿官格，因此形成了「寄祿官」與「差遣」分立的複雜制度。此一情形，在北宋前期也有許多批評的聲浪。例如劉敞等人在仁宗嘉祐三年上〈改正裁損申明十事〉，文中即說道：

> 吏部尚書、侍郎、郎中，分領銓事，則當差次輕重，分別流品。今審官院掌京朝官磨勘，而尚書銓惟典州縣幕職官，體制不倫，即欲裁損官制，當罷審官院，以其執事歸尚書銓。〔註45〕

在此，我們可以看出當時宋人的意見。劉敞等認為宋代制度「體制不倫」，是以唐代三省六部的體制作為標準，對照宋代制度，當然顯得「體制不倫」。這種看法，一直到宋神宗元豐年間才付諸實行。

　　神宗元豐年間，官制改革開始推行，是以恢復唐代的三省六部制度為主要方向。其中，關於宰相，「於三省置侍中、中書令、尚書令，以官高不除人，而以尚書令之貳，左右僕射為宰相。左僕射兼門下侍郎，以行侍中之職；右僕射兼中書侍郎，以行中書之職。」〔註46〕關於副相，「廢參知政事，置門下、中書二侍郎，尚書左、右丞以代其任。」〔註47〕可見此時的三省長官，實際上是由尚書左右僕射兼領，而副相四人亦分屬三省。新官制初立時，尚有一些爭議，當時王珪為尚書左僕射，是首相，蔡確尚書右僕射，為次相。蔡確認為次相既兼中書侍郎，「借唐制中書造命之說，獨中書取旨，于是奏事

〔註45〕《長編》卷188～12a，嘉祐三年十二月辛亥。
〔註46〕脫脫《宋史・職官一》，頁3773。
〔註47〕同註46，頁3775。

取旨笔一切機務，皆次相任之。而左僕射以門下，並不得預。陰傾珪而奪之權。門下省又以審覆駁正爲己任，而兩省如仇敵矣。」〔註 48〕至元祐初司馬光秉政，「乃請令三省復合班奏事」〔註 49〕。從改制初的三省長官由左右僕射兼領，到元祐初三省合班奏事，可以看出元豐改制雖然重建三省，但形式上的意義還是大於實際上的作用，決策重心仍是以尚書省爲主。因此，到了南宋高宗建炎三年，即將「中書門下省併爲一」，「次年，詔並罷。」〔註 50〕成爲以政事堂（中書門下）領導尚書六部的體制。

　　此外，關於樞密院，神宗認爲「祖宗不以兵柄歸有司，故專命官以統之，互相維制，何可廢也？」〔註 51〕不過到了南宋，宰相兼樞密使漸成制度。〔註 52〕

　　而在尚書省六部方面，則恢復了吏戶禮兵刑工六部的職權與地位。與考銓制度相關者，當爲吏部。吏部之下設有四選。而將原審官東院、流內銓、審官西院、三班院的職權盡付四選。四選之制如下：

> 宋初典選之制，分而爲四。文選二：曰審官東院，曰流內銓；武選二：曰審官西院，曰三班院。元豐以後，以文武官階改屬於四：凡文臣寄祿官自朝議大夫，職事官自大理正以下，及非中書省敕授者，歸尚書左選；武臣陞朝官自皇城使，職司官自金吾衛仗司以下，及非樞密院宣授者，歸尚書右選。自初任至幕職州縣官，侍郎左選掌之；自副尉以上至從義郎，侍郎右選掌之。〔註 53〕

換言之，也就是將審官院改爲尚書左選，流內銓改爲侍郎左選。這個改變，有下列兩項特色：

　　首先，元豐改制後的吏部四選，分別掌管了中、下級文武官員的任用，與唐代的吏部三銓（詳見本文第二章第二節）只掌管文官中下級官員的情形，大不相同。吏部的權力較之唐代，實擴大了不少。

　　其次，在北宋前期，審官院與流內銓雖在宰相之下，受其監督，但仍具有相當的自主性。熙寧變法時，這種自主性已遭破壞，至此則將審官院、流

〔註 48〕趙善沛《元豐官制》，〈三省總論〉條，頁 29。

〔註 49〕同註 48。

〔註 50〕脫脫《宋史·職官一》，頁 3787。

〔註 51〕同註 50，頁 3800。

〔註 52〕同註 50，頁 3800～3801。

〔註 53〕趙善沛《元豐官制》，〈吏部尚書〉條，頁 46～47。

內銓的職權併入尚書、侍郎左選，完全成為宰相的下屬。這種改變使考銓機構喪失了自主性，使之在政局中無法保持客觀中立的立場，同時使宰相干預吏部職權的情況更為嚴重。例如，呂陶在元祐元年即指出了這種現象：

> 伏謂朝廷差除之法，大別有三：自兩府而下至侍從官，悉稟聖旨然後除授，此中書不敢專也；自卿監而下，及已經進擢或寄祿至中散大夫者，皆由堂除，此吏部不敢預也；自朝議大夫而下，受常調差遣者，皆歸吏部，此中書不可侵也。法度之設，至詳至密，所以防大臣之專恣，革小人之僥幸也。恭惟神宗在御，深究其弊，凡堂選奏舉之類，并悉罷去，以示大公之道。始因去年八月中執政申請，以繁劇去處、重法地分為詞，收占吏部所用知州、通判、知縣并在京庫務、寺、監丞闕六十餘處，并歸中書取旨選差。之後，除吏之弊，私徇寖多。天下州郡，除別京、大府并元係堂除處及取旨選差并元屬八路指射外，其歸於吏部以待常調者，數極少而員極多，待次之士，遠至二三歲，近須一歲。或有一闕可就，則中書取而差他人矣，或受一闕而去，則中書又奪而惠他人矣。〔註54〕

當時的宰相，正是大力抨擊王安石用人不循資格的司馬光。司馬光雖然對資序制度的恢復，有其貢獻（見本章第二節），但干預考銓機構的事權，則與安石相似。而且此時的考銓機構已為宰相的下屬，雖然宰相、吏部各有職權範圍，但若宰相沒有尊重制度、分層負責的自覺，則吏部對於宰相之干預事權也無法抗拒。可見考銓機構本身如果在制度上不具有相當的自主性，則不論新黨舊黨，都無法避免宰相干預吏部事權的情況，「中書不可侵也」在實際的政治運作之下便形同具文了。此後，徽宗時蔡京擅權，更以收受賄賂而給予美官為常事〔註55〕。南宋高宗時，秦檜專政，「士大夫之有名望者，悉屏之遠方；凡齷齪委靡不振之徒，一言契合，率由庶寮一二年即登政府。」〔註56〕寧宗時韓侂冑專權，「其親幸者由禁從不一二歲至宰輔，而不附侂冑者，往往沈滯不偶。」〔註57〕理宗時，賈似道專政，「權臣執國柄，以公朝之爵祿而市

〔註54〕呂陶〈論堂除不當侵吏部差遣奏〉，見《長編》卷370～28a～b，元祐元年閏二月月末。又見《全宋文》第三十七冊，頁185。

〔註55〕洪邁《容齋隨筆・三筆》卷十五，〈蔡京除吏〉條，頁588。

〔註56〕李心傳《建炎以來繫年要錄》（北京：中華書局，1988年），卷一六七，紹興二十四年十一月丁卯，頁2733。

〔註57〕脫脫《宋史》卷三九四，〈京鏜傳〉，頁12037～12038。

私恩，取吏部之美闕而歸堂除，玩習爲常。」〔註58〕這種情形，似乎即是考銓制度失去自主性的結果。北宋前期那個「體制不倫」的制度，尚能維持了考銓制度的獨立自主，限制了相權的擴張，達到了權力平衡的效果。然而王安石變法壞之於前，元豐新官制改之於後，使考銓制度喪失了自主性，終於成爲權相專政的工具。南宋權相形成的原因甚多〔註59〕，但宰相得以任用私人，樹立朋黨，恐亦爲一相當重要的因素。而元豐新官制使考銓制度失去了自主性，使考銓機構完全成爲宰相之下級機構，則有利於權相樹立朋黨、任用私人。

　　元豐改制時期的另一項重要改革，是建立了新的寄祿官體系。元豐三年九月，詳定官制所上「以階易官寄祿新格」〔註60〕（參見表六），取代了北宋前期用三省六部職官名稱作爲寄祿官的複雜體系。根據表六所記，元豐寄祿新格在宋徽宗崇寧、政和年間續有增改。不過，這個寄祿架構大體上一直沿用到南宋末。元豐寄祿新格最大的意義，在於寄祿官體系由複雜走向了簡明，這應可算是一項進步之舉。

表六：元豐前後兩宋文官（朝官、京官、選人）**寄祿官階對照表**

階　次		舊　　　　　　　階	元豐後寄祿官階	官　品
朝 官	1	使相（節度使兼中書令或同中書門下平章事）	開府儀同三司	從一品
	2	尚書左、右僕射	特進	從一品
	3	吏部尚書	金紫光祿大夫	正二品
	4	兵、戶、禮、刑、工部尚書	銀青光祿大夫	從二品
	5	尚書左、右丞	光祿大夫	正三品
	6		宣奉大夫（大觀新增）	正三品
	7		宣奉大夫（大觀新增）	正三品
	8	吏、兵、戶、禮、刑、工部侍郎	正議大夫	從三品
	9		通奉大夫	從三品

〔註58〕杜範〈奏堂除積弊箚子〉，見《清獻集》（景印文淵閣四庫全書本，台北：台灣商務，民國75年），卷14～2a。

〔註59〕可參考林天蔚〈宋代權相形成之分析〉，收入《宋史研究集》第八輯（台北：國立編譯館，民國65年），頁141～170。林氏推究之原因包括了獨相、繼世爲相或再次爲相、加「平章軍國重事」銜、兼樞密使、兼國用使而攬財權等多項原因。但未言及考銓用人制度。

〔註60〕《長編》卷308～7b，元豐三年九月乙亥。

朝	10	給事中	通議大夫	正四品
	11	左、右諫議大夫	太中大夫	從四品
	12	秘書省監	中大夫	正五品
	13		中奉大夫（大觀新增）	從五品
	14	光祿卿、衛尉卿等至殿中省監、少府監	中散大夫	從五品
	15	太常寺少卿至司農少卿，尚書省左、右司郎中	朝議大夫	正六品
	16		奉直大夫（大觀新增）	正六品
	17	前行郎中	朝請大夫	從六品
	18	中行郎中	朝散大夫	從六品
	19	後行郎中	朝奉大夫	從六品
	20	前行員外郎，侍御史	朝請郎	正七品
	21	中行員外郎，起居舍人	朝散郎	正七品
官	22	後行員外郎，左、右司諫	朝奉郎	正七品
	23	左、右正言，太常博士，國子博士	承議郎	從七品
	24	太常丞、秘書丞、殿中丞、著作郎、秘書郎	奉議郎	正八品
	25	太子中允、左右贊善大夫、太子中舍、洗馬	通直郎	正八品
京	26	秘書省著作佐郎、大理寺丞	宣德郎 （政和改宣教郎）	從八品
	27	光祿寺、衛尉寺丞，將作監丞	宣義郎	從八品
	28	大理評事	承事郎	正九品
官	29	太常寺太祝、奉禮郎	承奉郎	正九品
	30	秘書省校書郎、正字，將作監主簿	承務郎	從九品
選	31	三京府判官，留守判官、節度、觀察判官	承直郎（崇寧改名）	從八品
	32	節度掌書記，觀察支使，防禦，團練判官	儒林郎（崇寧改名）	從八品
	33	京府、留守、節度、觀察推官、軍事判官	文林郎（崇寧改名）	從八品
	34	防禦、團練、軍事推官，軍、監判官	從事郎（崇寧改名）	從八品
	35	錄事參軍、縣令	從政郎（政和定名）	從八品
人	36	試銜知縣、知錄事參軍事	修職郎（政和定名）	從八品
	37	三京軍巡判官，司理、司法、司戶參軍，縣主簿、尉	迪功郎（政和定名）	從九品

此表據《宋史・職官九》「元豐寄祿格」、龔延明《宋代官制詞典》，頁688等製成。

第六章　結　論

　　北宋文官的考銓制度，是從唐末五代分裂割據、官制不修的局面下，逐步重建恢復起來的。因此其制度雖然不乏唐代典制之遺意，但亦有宋人的新精神與新觀念。宋太宗時期，陸續創設了京朝官差遣院、審官院、考課院，配合原有之吏部流內銓，成為由審官院負責京朝官的考課，考課院負責選人之考課；京朝官差遣院負責京朝官的差遣除授，流內銓負責選人的任用。這是將磨勘考課與任命差遣兩者的職權分立，是一種防範臣下專權的作法。但因這種職權分立的制度不便於行政，故最終還是裁廢了京朝官差遣院與考課院，成為由審官院、流內銓分別負責京朝官與選人的磨勘、考課與任用，遂成為北宋前期的定制。

　　不過，在傳統的史書記載之中，對於審官院、流內銓的記載都十分有限。《宋史》、《文獻通考》等書，對於宋代制度的記載都是以元豐改制以後的制度為主，將之視為唐代典章制度的繼承者。至於北宋前期的制度，似乎僅視為過渡性質，著墨不多。因此，今日我們在研究北宋前期文官考銓制度時，可以參考的史料實在有限。故本文之中對於審官院、流內銓的組織架構，僅有簡單的記述，無法詳細討論內部的分工情形；關於審官院、流內銓的主事者，也難以求其詳細完備。這是在史料限制之下不得已的結果。筆者希望日後能夠更廣泛的蒐集史料，使得上述不足之處能夠更加詳備。

　　審官院、流內銓雖然負責文官的考核與任用，但是由於宋代文官的數量實在太多，而且分佈在全國各地，審官院與流內銓在無法對每一個官員加以考課的情形之下，逐漸流於只是審查官員的文簿檔案，看其是否合於晉升寄祿官、提昇資序的標準，考課政績的功能相當有限。

　　雖然如此，這並不代表宋代的考銓制度完全失去了選賢與能的功能。由於轉官升遷時需有舉主薦舉，而舉主一方面爲了避免被薦舉者日後犯錯而使自己負連帶責任，故不至於薦舉品德官聲過於低劣的官吏；另一方面，薦舉一些日後仕途不可限量的人才也有助於舉主自己的人脈與地位。故賢者在歷經相當的基層磨練之後，能夠有升遷的機會，愚不肖者則因乏人薦舉而不易升遷，從而維持了北宋前期官僚體系的水準。故宋代在循年計資的升遷制度中，透過薦舉使得官員的升遷有相當的彈性，使賢才不至於永遠沈淪下僚。而銓注差遣的工作有其自主性，不受行政體系過多的干預，也可防止舉主與被舉者的過分結合，形成壟斷權力的利益集團。

　　資序制度也是宋代考銓制度的一大特色。司馬光曾言：

> 竊緣常調之人，不可不爲之立資格，以抑躁進，塞倖門。若果有賢才，朝廷自當不次遷擢，豈拘此制？凡年高資深之人，雖未必盡賢，然累任親民，歷事頗多，知在下艱難，比於元不親民便任監司者，必小勝矣。〔註1〕

資序制度與舉主制度的配合，使得北宋前期的官吏升遷既有彈性又不至僥倖驟進。

　　同時，北宋朝廷也不放棄考課官員政績的努力。在考課下級官吏實在窒礙難行的情形下，仁宗之後轉而將考課的重心放在中上級官吏，「考校轉運使副提點刑獄課績院」的設立即是這個努力的結果。而在慶曆變法時，范仲淹在〈十事疏〉中更主張嚴格的執行薦舉制度，雖然因多數人的反對而作罷，但是，北宋前期的官僚體系，已是人才輩出，可見北宋前期的文官考銓制度，雖不能說全無缺點，但若不以過高的理想標準苛責之，而以較實際的眼光來看，則尚可稱爲一重資格而不失彈性，且切實可行的制度。

　　但是到了王安石變法時，爲了推行新政的方便，王安石打破了資序體制，拔擢小官以膺大任。資格制度既破，大大影響了官吏考銓的功能，爲朝中結黨營私的風氣大開方便之門，使得日後的宰輔重臣得以大量援引親黨。日本學者板橋眞一即認爲：無視資格登用人才的王安石一黨，使得北宋前期上自三司使，下至監當官的財政官僚體系，趨於瓦解〔註2〕。南宋葉適也說道：

〔註1〕　司馬光〈論監司守資格任舉主箚子〉，收入王根林點校《司馬光奏議》（太原：山西人民出版社，1986年），頁436。

〔註2〕　板橋眞一〈北宋前期の資格論と財政官僚〉，收入《東洋史研究》第五十卷第二號（日本京都：京都大學，平成3年9月），頁103〜104。

> 王安石破資格以用人，一時所謂名士，力爭而不勝。其後章惇、蔡
>
> 京、王黼、秦檜相踵效之。然而進小人而亂天下者，此五人也。〔註3〕

元豐改制之後，考銓官吏的權力回到吏部手中，而吏部是宰相的下屬，因此
宰相對於考銓用人有了直接的控制權，這與北宋前期審官院、流內銓在宰相
之下仍具自主性的情形完全不同。試觀北宋後期至南宋，權臣不斷出現，如
蔡京、秦檜、韓侂冑、賈似道等人，皆專權擅政。權臣出現的原因，與相權
的擴大有直接的關係。三司的財政權，樞密院的兵權，都逐漸落入宰相手中。
而吏部考銓官吏之權被宰相掌握，導致宰相可以任用親信朋黨，這應該也是
權相形成的重要原因之一。若根據現代政治學中的「權力的分立與平衡」
（checks ＆ balances）的原則〔註4〕，則宋代的樞密院、三司使等機構，分散
了宰相的事權；審官院、流內銓、三班院等機構，亦具有相當的自主性。故
使得宰相的權力受到限制，雖然可能會產生機構疊床架屋、事權不專、沒有
行政效率等缺點，但比起北宋晚期至南宋因相權太大而帶來的起伏不斷的政
潮、黨爭，北宋前期制度的正面意義就顯現出來了。黃宗羲所言：「有治法而
後有治人」〔註5〕，豈不善哉？

〔註3〕葉適〈資格〉，收入《葉適集・水心別集》（北京：中華書局，1983年），頁
　　　791。

〔註4〕可參考 G. A. Jacobsen ＆ M. H. Lipman 著，呂春沂譯《政治學大綱》（台北：
　　　教育部，民國49年），頁103。

〔註5〕黃宗羲《明夷待訪錄・原法》（台北：育民出版社，民國62年），無頁數。

徵引書目

一、中文之部

（一）古籍部份

1. 王溥《五代會要》（上海：上海古籍出版社，1978 年）。
2. 王應麟《玉海》，合璧本（台北：大化書局，民國 66 年影印初版）。
3. 司馬光《資治通鑑》（台北：世界書局，民國 63 年六版）。
4. 司馬光《司馬光奏議》，王根林點校（太原：山西人民出版社，1986 年）。
5. 司馬光《涑水紀聞》（北京：中華書局，1989 年）。
6. 宋敏求《春明退朝錄》（北京：中華書局，1980 年）。
7. 杜佑《通典》（北京：中華書局，1988 年）。
8. 杜範《清獻集》，影印文淵閣四庫全書本（台北：台灣商務印書館，民國 75 年）。
9. 李心傳《建炎以來繫年要錄》（北京：中華書局，1988 年）。
10. 李隆基撰、李林甫註《大唐六典》，日本廣池本（西安：三秦出版社，1991 年）。
11. 李燾《續資治通鑑長編》（上海：上海古籍出版社，1985 年）。
12. 林駧《古今源流至論》，影印明末翻印元圓沙書院本（台北：新興書局，民國 59 年新一版）。
13. 范仲淹《范文正公政府奏議》，收於《范仲淹研究資料彙編》（台北：行政院文建會，民國 77 年）。
14. 范鎮《東齋記事》（北京：中華書局，1980 年）。
15. 洪邁《容齋隨筆》（台北：大立出版社，民國 70 年）。

16. 馬端臨《文獻通考》（台北：台灣商務印書館，民國 76 年）。

17. 徐松（輯）《宋會要輯稿》（北京：中華書局，1987 年 11 月）。

18. 孫逢吉《職官分紀》（北京：中華書局，1988 年）。

19. 陳立《白虎通疏證》（北京：中華書局，1994 年）。

20. 陳宏謀《宋司馬文正公年譜》（台北：台灣商務印書館，民國 67 年）。

21. 脫脫《宋史》（北京：中華書局，1985 年新一版）。

22. 章如愚《群書考索》，影印明正德戊辰年劉氏慎獨齋校刻本（日本京都：中文出版社，1982 年）。

23. 曾棗莊、劉琳主編《全宋文》（一至四十冊）（成都：巴蜀書社，1988 年起）。

24. 黃宗羲《明夷待訪錄》（台北：育民出版社，民國 62 年）。

25. 葉適《葉適集》（北京：中華書局，1983 年）。

26. 趙善沛《元豐官制》（不分卷）（台北：文海出版社，不著出版年份）。

27. 鄭玄注、孔穎達疏《禮記》，影印嘉慶二十年江西南昌府學重刊宋本（台北：藝文印書館）。

28. 蔡上翔《王荊公年譜考略》（台北：洪氏出版社，民國 62 年）。

29. 樓鑰《范文正公年譜》，收於《范仲淹研究資料彙編》（台北：行政院文建會，民國 77 年）。

30. 劉昫《舊唐書》（北京：中華書局，1975 年初版）。

31. 歐陽修、宋祁《新唐書》（北京：中華書局，1975 年初版）。

32. 歐陽修《歐陽文忠公集》（台北：台灣中華書局，民 66 年台三版）。

33. 薛居正《舊五代史》（北京：中華書局，1976 年初版）。

34. 謝維新《古今合璧事類備要》，影印明嘉靖丙辰刻本（台北：新興書局，民國 60 年初版）。

35. 顧炎武《日知錄》，集釋本（台北：台灣商務印書館，民國 67 年台一版）。

36. 《吏部條法殘本》，永樂大典本（台北：文海出版社，民國 70 年）。

37. 《慶元條法事類》（北京：中國書店，1990 年）。

38. 《宋大詔令集》（北京：中華書局，1962 年）。

（二）專　書

1. 李華民《現行考銓制度》（台北：五南圖書公司，民國 85 年）。

2. 苗書梅《宋代官員選任和管理制度》（開封：河南大學出版社，1996 年）。

3. 侯暢《中國考銓制度》（台北：黎明文化事業公司，民國 62 年）。

4. 徐有守《考銓制度》（台北：台灣商務印書館，民國 86 年）。

5. 袁剛《隋唐中樞體制的演變發展》（台北：文津出版社，民國 83 年）。

6. 梁天錫《宋樞密院制度》（台北：黎明文化事業公司，民國 81 年）。

7. 郭東旭《宋代法制研究》（保定：河北大學出版社，1997 年）。

8. 曾小華《中國古代任官資格制度與官僚政治》（杭州：杭州大學出版社，1997 年）。

9. 張希清《宋朝典制》（長春：吉林文史出版社，1997 年）。

10. 楊樹藩《宋代文官制度之研究》，影印手稿本，民國 54 年。

11. 鄧小南《宋代文官選任制度諸層面》（石家莊：河北教育出版社，1993 年）。

12. 錢穆《中國歷代政治得失》（台北：東大圖書公司，民國 66 年）。

13. 龔延明《宋史職官志補正》（杭州：浙江古籍出版社，1991 年）。

14. 龔延明《宋代官制詞典》（北京：中華書局，1996 年）。

15. G. A. Jacobsen ＆ M. H. Lipman 著，呂春沂譯《政治學大綱》（台北：教育部，民國 49 年）。

（三）論　文

1. 任育才〈唐代銓選制度略論〉，《興大文史學報》第四期（台中：中興大學文學院，民國 63 年）。

2. 林天蔚〈宋代權相形成之分析〉，《宋史研究集》第八輯（台北：國立編譯館，民國 65 年）。

3. 金中樞〈北宋選人七階試釋〉，《宋史研究集》第九輯（台北：國立編譯館，民國 66 年）。

4. 金中樞〈宋初嚴懲贓吏〉，《宋史研究集》第二十二輯（台北：國立編譯館，民國 81 年）。

5. 金圓〈宋代州縣守令的考核制度〉，《宋史研究論文集》（杭州：浙江人民出版社，1984 年）。

6. 苗書梅〈宋代黜降官敘復之法〉，《河北大學學報》，1990 年。

7. 苗書梅〈宋代地方官任期制初論〉，《宋遼金元史》（北京：中國人民大學書報資料中心，1991 年第六期）。

8. 苗書梅〈宋代官員考試任用法初論〉，《宋遼金元史》（北京：中國人民大學書報資料中心，1992 年第二期）。

9. 苗書梅〈宋代武官選任制度初探〉，《史學月刊》（開封），1996 年 5 月。

10. 苗書梅〈宋代任官制度中的薦舉保任法〉，《河南師範大學學報（哲社版）》（開封），1996 年 5 月。

11. 馬得志、楊鴻勛〈關於長安東宮範圍問題之研究〉，《考古》（北京），1978

年第一期。

12. 曾小華〈宋朝考課制度述略〉，《中共浙江省委黨校學報》（杭州），1987年第二期。

13. 曾小華〈論宋代的資格法（兼論中國古代任官資格制度）〉，《歷史研究》（北京：中國社會科學雜誌社，1992 年第六期）。

14. 曾小華〈宋代磨勘制度研究〉，《宋史研究集刊》（杭州：浙江古籍出版社，1986 年）。

15. 傅樂成〈唐代宦官與藩鎮的關係〉，氏著《漢唐史論集》（台北：聯經出版公司，民國 66 年）。

16. 劉坤太〈王安石改革吏治的設想與實踐〉，收入鄧廣銘、徐規主編《宋史研究論文集——1984 年年會編刊》（杭州：浙江人民出版社，1985 年）。

17. 鄧小南〈北宋的循資源則及其普遍作用〉，《北京大學學報》（哲社版），1986 年第二期。

18. 鄧小南〈北宋文官考課制度考述〉，《社會科學戰線》（北京），1986 年第三期。

19. 鄧小南〈北宋文官磨勘制度初探〉《歷史研究》（北京：中國社會科學雜誌社，1986 年第六期）。

20. 鄧小南〈宋代文官差遣除授制度研究〉，《中國史研究》（北京：中國社會科學出版社，1989 年第四期）。

21. 鄧小南〈試論北宋前期任官制度的形成〉，《北京大學學報》（哲社版），1990 年第二期。

22. 鄧小南〈略談宋代的「堂除」〉，《史學月刊》（開封），1990 年第四期。

23. 鄧小南〈宋代銓選中「闕」的分類〉，《國際宋史研討會論文集》（保定：河北大學出版社，1992 年）。

24. 鄧小南〈試論宋代資序體制的形成及其運作〉，《北京大學學報》（哲社版），1993 年第二期。

25. 錢穆〈論宋代相權〉，《宋史研究集》第一輯（台北：國立編譯館，民國 47 年）。

26. 蕭建新〈宋朝審官院演變考述〉，《安徽師大學報》，1995 年第四期。

27. 蕭建新〈論宋朝審官院之演變〉，《中國史研究》（北京：中國社會科學出版社，1997 年第一期）。

28. 嚴耕望〈論唐代尚書省之職權與地位〉，氏著《唐史研究叢稿》（香港：新亞研究所，1969 年）。

29. 嚴耕望〈唐代府州僚佐考〉，氏著《唐史研究叢稿》（香港：新亞研究所，1969 年）。

30. 嚴耕望〈唐代方鎮使府僚佐考〉，氏著《唐史研究叢稿》（香港：新亞研究所，1969 年）。

31. 蘇基朗〈五代的樞密院〉，氏著《唐宋法制史研究》（香港：中文大學出版社，1996 年）。

二、外文之部

（一）專　書

1. 梅原郁《宋代官僚制度研究》（日本京都：同朋舍，1985 年）。

2. Edward A. Kracke, Jr.（柯睿格）*Civil Service in Early Sung China (960 ~ 1067)*, Harvard University Press, 1953.

（二）論　文

1. 古垣光一〈宋眞宗時代磨勘の制の成立について〉，《青山博士古稀紀念宋代史論叢》（東京：省心書房，1974 年）。

2. 幸徹〈北宋時代の官營場務における監當官について〉，《東方學》第二十七輯，昭和 39 年 2 月。

3. 幸徹〈北宋時代の盛時に於ける監當官の配置狀態について〉，《東洋史研究》第二十三卷第二號，昭和 39 年 9 月。

4. 板橋眞一〈北宋前期の資格論と財政官僚〉，《東洋史研究》第五十卷第二號，平成三年 9 月。

5. 宮崎市定〈宋代官制序説〉，《宮崎市定全集》第十冊（東京：岩波書店，1992 年）。

南宋中興名相——張浚的政治生涯

蔡哲修　著

作者簡介

蔡哲修，私立輔仁大學歷史學系畢業，私立東海大學歷史研究所碩士，國立中興大學歷史研究所博士班肄業。歷任私立吳鳳工商專科學校、國立高雄餐旅管理專科學校、國立虎尾技術學院等校教職，目前任教於私立吳鳳技術學院通識教育中心。研究領域為宋代政治史及宋代社會史，曾發表「南宋偏安局面的形成」、「熙寧政爭研究」系列，以及〈「以夷制夷」策略的運用——論宋仁宗時代禦夏戰爭中的和戰問題〉、〈焚書與宋代政爭〉等論文多篇。

提　要

　　張浚（1097～1164）一生的政治活動，跨歷高宗一朝及孝宗初年。其間對外堅持進取立場，於建炎三年至紹興三年（1129～1133）受命宣撫川陝，捍禦金人，凡歷富平、和尚原及饒風關三次戰役；紹興五年至七年（1135～1137）拜右僕射、都督諸路軍馬，大敗偽齊，進圖中原；孝宗隆興初年（1163～1164）復總軍政，發動北伐。對內在重建政治秩序的信念下，繼平苗、劉亂事之後，制裁跋扈武將范瓊、曲端；整頓軍政，罷劉光世兵柄。政治參與幾乎涵蓋了南宋初期政治發展的全部過程，因此張浚可以說是觀察南宋中興政局不可忽略的重要人物。

　　本文主旨有二：一是透過張浚的政治參與，觀察南宋初期政局發展的大勢。二是藉著對時勢與環境的討論，來分析張浚在此一時期政治上所扮演的角色，並檢討其得失。

　　本文除緒言和結論外，分為四章。為便於討論，依史事繁簡，將第一次執政時期分為宣撫處置司時期（1129～1133）及都督府時期（1135～1137）；貶謫時期則併入第二次執政時期。首章透過張浚崛起政壇的過程，觀察高宗中興所遭遇的難題，作為全文討論的基礎。第二、三章分別就張浚宣撫川陝及拜都督諸路軍馬時期的作為進行討論，並檢討此一時期宋、金關係的變化，以及宋廷重建中央集權的經過。末章則以隆興和議為主題，討論隆興北伐的背景，張浚經營北伐的過程，符離敗衄的原因，以及善後工作。

目

次

緒 言

　　自西晉末永嘉之亂，晉室東渡，形成中國歷史上首度南北對峙的局面後，歷時八百餘年，至北宋末年再度發生女眞入侵，汴京失陷，徽、欽二帝北狩的「靖康之禍」（欽宗靖康二年，1127），重啓南北對峙之局。

　　王夫之《宋論》說：「靖康之禍與永嘉等，而勢則殊矣。」〔註 1〕誠然，面對來自北方草原民族的步步侵逼，司馬晉與趙宋兩個政權在南渡江左後，同樣經歷了一番艱辛的奮鬥，方始建立偏安的中興局面，但是在歷史不斷的推移下，造成二次分裂形勢的主、客觀因素與環境，卻有著鉅大的變化。以外在形勢言之，兩晉之際五胡亂華，局勢雖然混亂，但是由於五族爭起，互相禁制，卻也爲晉室創造了有利的生存條件；而兩宋之交女眞滅遼亡宋，威服四海，勢統於一，無所牽制，得以專意南圖，對趙宋政權的重建卻是十分不利。就內在條件而言，兩晉政制承封建餘緒，州郡權類方鎭，財賦兵戎的調度無所掣肘，故能有效禦敵；再者，魏晉以來的世族政治，已在王室與世族間形成一種休戚與共的緊密關係，晉室南渡，閥閱世族不分僑姓、吳姓，一致擁戴司馬氏，也構成了穩定政權的一股強大凝聚力。到了宋代，世族政治已爲士大夫官僚政治所取代，宋室實行中央集權、強幹弱枝政策，將民政、財政及軍政大權收歸中央，造成內重外輕，一旦遭受外患威脅，地方無一兵可集，無一粟可支，既不足以捍患禦侮，又不能平定內亂。由此觀之，趙宋政權的重建，顯然較晉室中興更加艱難。雖然如此，趙宋依然在江南建立了中興政權，且使國祚延續了百五十年。其間因素雖然很多，高宗一朝所奠定的穩固基礎，卻是一個重要關鍵。南宋初期的政治發展，是本文所要觀察的

〔註 1〕王夫之，《宋論》（台北：里仁書局，民國 70 年 10 月），卷十，〈高宗〉，頁 170。

重點之一。

　　張浚（1097～1164）是南宋初年一位舉世矚目的顯赫人物。建炎三年（1129），他以明受之變號召勤王敉平亂事而崛起政壇。由於曾遭逢國家衰亂，目睹金人鐵騎蹂躪中原，徽、欽二帝蒙塵的慘禍，經歷過一番缺乏政權控制而秩序錯亂的體驗，因此他的政治態度，外交上反對和議，力主恢復；內政上則強調政治秩序的重建。

　　張浚一生的政治活動，跨歷高宗一朝及孝宗初年。其間對外堅持進取立場，於建炎三年至紹興三年（1129～1133）受命宣撫川陝，捍禦金人，凡歷富平、和尚原及饒風關三次戰役；紹興五年至七年（1135～1137）拜右僕射、都督諸路軍馬，大敗偽齊，進圖中原；孝宗隆興初年（1163～1164）復總軍政，發動北伐。對內在重建政治秩序的信念下，繼平苗、劉亂事之後，制裁跋扈武將范瓊、曲端；整頓軍政，罷劉光世兵權。政治參與幾乎涵蓋了南宋初期政治發展的全部過程，因此張浚可以說是觀察南宋中興政局不可忽略的重要人物。

　　然而，張浚雖然盡心國事，卻因為主、客觀環境及個人因素的限制，在他的政治生涯中多次遭遇挫折，頗受物議。如在對金戰爭中，先敗於富平，後挫於符離；在制裁武將時冤殺曲端，整頓軍政又引發酈瓊叛變。此外，張浚崛起政壇之初，曾得到黃潛善、汪伯彥的舉薦，又論罷聲譽正隆的主戰派領袖李綱；其後一度薦引秦檜，與岳飛發生爭議。這些事件，都影響了當時人及後世學者對他的評價。例如楊萬里認為中興以來捐軀許國者，惟張氏一人而已；〔註2〕《宋史》本傳更比之為諸葛，譽之為人豪。〔註3〕然而，葉適卻認為張浚「恩信未足以感士，智勇未足以服人」，斥為無統；〔註4〕《何氏備史》甚至評論說：「使魏公（張浚）未死，和議必不成，其禍將有不可勝言者。」〔註5〕這種兩極化的評價，關係著張浚的歷史地位，以及南宋初期歷史發展的真象，是一個值得探究的問題。目前學界討論張浚的文章仍不多見，

〔註2〕 楊萬里，《誠齋集》（四部叢刊初編本），卷六十二，〈駁配饗不當疏〉，頁512。

〔註3〕 脫脫，《宋史》（台北：鼎文書局，新校本，民國72年11月三版），卷三六一，〈張浚傳〉，頁11313。

〔註4〕 葉適，《葉適集》（台北：河洛圖書出版社，民國63年5月初版），別集，卷十五，〈終論五〉，頁825。

〔註5〕 周密，《齊東野語》（唐宋筆記史料叢刊，北京：中華書局，1983年11月初版），卷二，〈張魏公三戰本末略〉，頁34。

楊德泉採取社會史觀，對張浚政治行為作個別的檢討，在反映張浚與南宋初期政局的互動關係上，似嫌不足。〔註6〕劉子健則提出儒將的概念，從史學史及思想史的觀點，對張浚的歷史評價問題提出解釋，但仍然未直接觸及張浚在南宋初期所扮演的角色問題。〔註7〕因此本文擬就張浚與南宋初期政局發展的關係，作一全面性的討論。

　　本文主旨有二：一是透過張浚的政治參與，觀察南宋初期政局發展的大勢。二是藉著對時勢與環境的討論，來分析張浚在此一時期政治上所扮演的角色，並檢討其得失。張浚的政治生涯，大略可分為四個階段：

　　一、**執政前時期**：自徽宗政和八年登進士第起，至高宗建炎三年除知樞密院事止（1118～1129），約十一年。

　　二、**第一次執政時期**：自建炎三年四月除知樞密院事起，至紹興七年九月罷右僕射止（1129～1137），凡八年餘。

　　三、**貶謫時期**：自紹興七年九月罷相起，至孝宗隆興元年一月除樞密使止（1137～1163），約二十五年。

　　四、**第二次執政時期**：自隆興元年一月除樞密使起，至二年四月罷右僕射止（1163～1164），凡一年餘。

　　本文除緒言和結論外，分為四章。為便於討論，依史事繁簡，將第一次執政時期分為宣撫處置司時期（1129～1133）及都督府時期（1135～1137）；貶謫時期則併入第二次執政時期。首章透過張浚崛起政壇的過程，觀察高宗中興所遭遇的難題，作為全文討論的基礎。第二、三章分別就張浚宣撫川陝及拜都督諸路軍馬時期的作為進行討論，並檢討此一時期宋、金關係的變化，以及宋廷重建中央集權的經過。末章則以隆興和戰為主題，討論隆興北伐的背景，張浚經營北伐的經過，符離敗衄的原因，以及善後工作。

　　筆者限於時間，又學力不足，史料既未能一一遍讀，論述又不免有所疏漏，尚祈學界先進一一指正，以俟來日增訂。

　　本文在撰寫期間，承蒙王師德毅和黃師寬重的教誨甚多，謹此誌謝。

〔註6〕楊德泉，〈張浚事迹述評〉，收入鄧廣銘、酈家駒等編，《宋史研究論文集》（河南人民出版社，1984年7月），頁563～592。

〔註7〕劉子健，〈從儒將的概念說到歷史上對南宋初張浚的評論〉，收入《國史釋論》（台北：食貨出版社，民國77年4月初版），下冊，頁481～490。

第一章　崛起政壇

第一節　家世及早年事蹟

　　唐僖宗廣明元年〔880〕，黃巢作亂，長安陷落，僖宗駕幸四川興元避亂。此時，玄宗朝宰相張九齡之弟、嶺南節度使九皐的七世孫張璘，爲國子祭酒，舉家隨僖宗入蜀，從此定居於成都。〔註1〕宋太宗淳化年間〔990～994〕，張璘再傳到文矩，即張浚曾祖，早逝，妻子楊氏攜三子往漢州綿竹縣依附外家，遂爲綿竹人。〔註2〕

　　張文矩長子名紘，字希白〔一作希伯〕，即張浚祖父。張紘少年時慷慨有大志，窮究群書而無心於舉業，慶曆初年宋廷方用兵西夏，仁宗以西事未寧下詔舉茂才異等，訪求良策，近臣魚周詢、程戡頗識張紘之才，乃代爲進呈所著〈慶曆禦戎策〉三十篇，蒙仁宗召試於秘閣。其策略謂：

> 唐之所患，節鎮兵盛，今之所患，中原兵弱。邊鄙有警，無以禦敵，良由四方藩境無調習之甲兵，無親信之士卒。兵以眾合，將以位充，行陳部伍，都無倫理，何異驅市人而戰。古者兵出不踰時，今五年

〔註1〕朱熹，《朱文公文集》（四部叢刊初編本），卷九十五上，〈少師保信軍節度使魏國公致仕贈太保張公行狀〉（以下簡稱〈張浚行狀〉），頁1666；張栻，《南軒集》（文淵閣四庫全書本），卷三十九，〈夔州路提點刑獄張君墓誌銘〉，頁1上。明·楊慎輯，《全蜀藝文志》（清嘉慶二年讀月草堂刊本），卷四十七，〈奉議郎張君說墓誌銘〉云：「君說（浚父）本長安人，七世祖遭晚唐衰亂，辟地於蜀，寓居成都。」（頁7下）此言七世祖避亂於蜀，恐誤。

〔註2〕同上註。〈奉議郎張君說墓誌銘〉云：「淳化中，曾祖徙於廣漢之綿竹。」（頁7下），殆言曾祖時，祖母楊氏往綿竹依外家。

矣，民困財匱，黜科不息，生盜賊心，後患未可量也，可不速有改
更，圖所以爲靖民威敵久遠之計乎？今當以陝西四路、河北三路、
河東一路，割兵屬將，公選其人，不拘官品，爲置文臣通曉者二人
爲軍謀，而使各得自辟其屬，丁壯之目、財賦之用悉付之，勿使中
官擾其事，勿使小人分其權；而通置採訪使二員，分部八路，提其
綱領，糾其姦非，如轉運、提刑、運判、監軍，可悉罷去，庶幾事
權歸一，戒虜可遏，而人民可蘇也。〔註3〕

策中不僅道出了數年用兵無功的癥結，同時提出了救弊之道，張紘因此以「論
議優長」，被任命爲將作監主簿。〔註4〕此後歷官涇原路、高陽路主管機宜文
字。〔註5〕皇祐、至和之交（1052～1054），黎人爲亂，張紘以久任邊務、熟
習兵事，受命出守雷州。雷州地處南疆，風俗迴異於中原，張紘在鎭撫黎人
之餘，又教民長幼之序、親疏之宜，革去舊弊，且爲雷人增治城壘、闢田貯
水，以爲久遠之計，因此頗受雷人愛戴。〔註6〕秩滿還朝，除監都進奏院。年
踰六十，即以殿中丞致仕。〔註7〕

張紘在雷州時，曾作〈思亭記〉，略云：

今予之爲，或偶燕樂，心弛體恣，得不思夫無邪者乎？居官守職，
不陵不援，得不思夫不出其位者乎？剸斷民政，臨事裁制，得不思
夫患而豫防者乎？總此三者存於心，得不三思而後行乎？〔註8〕

以作爲立身處世、律己傳家的準則。後來張紘曾孫張栻在〈送然姪西歸〉一
詩中，便以曾祖的典範勉勵子姪。詩云：

堂堂希白翁，共惟同自出，百年詩禮傳，名教有樂地。嗟予力未勝，
永抱蓼莪意，積累蓋百艱，承家豈云易。惕然履淵冰，中夜耿不寐，

〔註3〕〈張浚行狀〉上，頁1666；亦見黃尚毅等纂，王佐等續修，《綿竹縣志》（民
國8年刊本），卷六，〈人物〉，頁31下～32上。
〔註4〕李燾，《續資治通鑑長編》（台北：世界書局，民國72年2月四版），卷一四
五，慶曆三年十一月辛未條，頁2上；亦見徐松輯，《宋會要輯稿》（台北：
新文豐出版公司，民國65年10月初版，以下簡稱《宋會要》），〈選舉〉，三
十一之十六。
〔註5〕〈張浚行狀〉上，頁1666。
〔註6〕《南軒集》，卷九，〈雷州學記〉，頁14上；又卷三十四，〈題曾大父豫公思亭
記後〉，頁6下～7上；《綿竹縣志》，卷六，頁31下。
〔註7〕同上註。
〔註8〕傅增湘輯，《宋代蜀文輯存》（台北：新文豐出版公司，民國63年11月初版），
卷十七，〈思亭記〉，頁17上～18上。

協心望爾曹，勉力紹前志，歲晚期有成，庶或保無墜。〔註9〕

張紘生二子，曰咸，曰鈇。張咸字君悅（一作君說），即張浚之父，神宗元豐二年（1079）進士，初除蜀州新津縣主簿，歷遷仁壽令、雅州百丈令，後改任華州州學教授。〔註10〕哲宗元祐三年（1088）恢復制科，張咸慨然曰：「吾先君嘗應是詔，可不終成其志邪？」於是由范祖禹舉薦，應試賢良方正能直言極諫科，未中。〔註11〕當時高太皇太后垂簾，哲宗未親庶政，百官自宰相至執事，皆選用名彥，盡改王安石新政，排斥異議，沮抑邊功。張咸以為矯枉過正，乃作〈時議書〉致宰相呂大防。書云：

今民和時雍，守成求助，而戒飭警懼不可以忽，況大憂未艾，深患未弭，博禍未去。所謂大憂，戰兵之說也；所謂深患，差役之說也；所謂博禍，行法之說也。戰兵之說，其憂有三：有損勢耗財之憂，有沮軍擾民之憂，有滋敵玩兵之憂。差役之說，其患有三：有貧富不均之患，有州縣勞擾之患，有簿書侵撓之患。而二者之本則在朝廷，惟朝廷之上，去私意、公是非、明可否，一本于大中至正，法之可行，無問于新之與舊，議之可用，無問于今之與昔，除目前之害，消冥冥之變，則所謂大憂者，可轉而為樂，所謂深患者，可轉而為安，所謂博禍者，可轉而為福，今日之治，斯可維持于永世矣。〔註12〕

大防未予採納，張咸復歸為華州州學教授。至紹聖元年（1094）再被召試，擢第二等。當時新黨再度得勢，宰相章惇見張咸對策不以元祐施政為非，而且議論廟堂執事往往憑私意行事，絲毫無所回護，甚為不悅，乃授咸宣德郎，簽書劍南西川節度判官廳公事，並為此奏罷賢良方正科，而更置宏詞科。〔註13〕元符二年（1099），張咸卒於成都普福僧舍，年五十二。〔註14〕

張咸有五子：瀚、漢、潞、滉及浚。張浚字德遠，生於哲宗紹聖四年

〔註 9〕《南軒集》，卷二，〈送然姪西歸〉，頁 1 下～2 上。
〔註 10〕《全蜀藝文志》，卷四十七，〈奉議郎張君說墓誌銘〉，頁 7 下。
〔註 11〕同上註，頁 7 下～8 上；亦見〈張浚行狀〉上，頁 1666。
〔註 12〕〈張浚行狀〉上，頁 1666～1667；亦見《綿竹縣志》，卷六，頁 32 下～33 上。
〔註 13〕《宋會要》，〈選舉〉，十一之十九～二十；亦見〈張浚行狀〉上，頁 1667。張咸兩度應試制科，紹聖元年始授宣德郎，簽書成都府判官，墓志及《綿竹縣志》所載有所疎漏。
〔註 14〕《全蜀藝文志》，卷四十七，〈奉議郎張君說墓誌銘〉，頁 8 下。

（1097）〔註15〕，四歲而孤，幼年時期在母親計氏茹苦鞠育下，以父親言行爲典範，養成行直視端、坐不歌、言不誑的個性，親族鄉黨無不讚譽有加，稱許來日必成大器。年十六，入郡學，日夜講讀，教授蘇元老讚曰：「張氏盛德，乃有是子」。弱冠，入太學，追隨蓬州老儒嚴賣學習周易。張浚日後從政之餘，亦深研易理，並撰成《紫巖易傳》十卷，實奠基於此。徽宗政和八年（重和元年，1118），張浚登進士第，知樞密院事鄧洵仁與浚父張咸有舊誼，示意張浚前來拜見即安排擔任編修官，張浚竟不往見，遂調山南府士曹參軍，兼權成固縣事。張浚在山南府士曹任上，治績頗著。朱熹撰〈張浚行狀〉云：

> 山南大府事夥……公爲區處，細大各有條理，治獄明審，務盡其情，至狴犴木索、沐浴食飲，亦必躬蒞之，寒暑不廢，以故軍民歸心，訟於庭者，皆願得下士曹治；其受輸，盡去舊弊，使民得自執權概，人又便之……又兼權成固縣事，秩滿，郡人遮道送者以千計，畫公像持以送公者至百餘。

任滿先調襄城令，再辟爲熙河路察訪司幹辦公事，這是張浚接觸軍務的開始。〈行狀〉云：

> 辟熙河路察訪司幹辦公事，到官，徧行邊壘，覽觀山川形勢。時猶有舊戍守將，公悉召與握手、飲酒，問以祖宗以來守邊舊法，及軍陣方略之宜，盡得其實。故公起自疎遠，一旦當樞筦之任，悉通知邊事本末，蓋自此也。

當時西夏乘宋北方不靖，欲爭地界，朝廷命察訪司處置，張浚率十餘騎赴邊界交涉，夏人大張旗幟騎乘而來，居心叵測，由於張浚開誠佈公，終於輕易地化解危機。秩滿歸京師，調爲恭州司錄。

不久，金人挾著滅遼餘威敗盟南侵，圍困汴京，徽宗禪位於欽宗，改元靖康（1126）。尚書右丞何㮚舉薦張浚與胡寅同應召試。先是，何㮚爲御史中丞，因論事罷居鄭州，張浚當時調官途經該地，由於㮚亦蜀人，粗有時望，乃登門造訪，告以國事阽危，因此獲得何㮚重視，後來㮚爲執政，遂首薦張浚。張浚至京師，「聞㮚益輕儇，浸失人望」，即以箚子嚴辭規正，㮚惱羞成怒，不復使對，而祇除張浚大常寺主簿。張浚在京師，與開封府司儀曹事趙

〔註15〕張浚生年，據李心傳，《建炎以來繫年要錄》（日本：中文出版社影印光緒庚子年廣雅書局刊本，1983 年 3 月，以下簡稱《要錄》），卷二十二，建炎三年夏四月庚戌條載：「御筆：張浚除中大夫知樞密院事。時年三十三。」（頁 4 上）推得之。

—8—

鼎、虞部郎中宋齊愈及祕書省校書郎胡寅爲至交，一同講論前輩問學之方，與所以濟時之策。張浚又追隨涪陵處士譙定學習，潛心於聖人之微言。〔註16〕次年二月，金人議立張邦昌，張浚偕趙鼎、胡寅逃入太學中避亂，不書議狀。〔註17〕不久，徽、欽二帝北狩，北宋政權隨著趙氏統緒的中輟而告終，然而張浚的政治生涯，卻隨著高宗在南方重建趙宋政權，而進入了新的階段。

　　北宋末期近十年的歷練，對南渡後張浚在政壇的崛起與發展，實具有重要的影響：斐然的治績，以及圍城期間不附僭僞的忠貞表現，使張浚深得高宗賞識，因此在南渡初期的政府中平步青雲；而熙河的經驗，則爲他日後出掌軍旅之事，奠定良好的基礎。

第二節　建炎初年的政爭與揚州危機

　　靖康二年五月初一日，兵馬大元帥康王趙構於南京（應天府）登基，改元建炎（1127），是爲高宗。張浚適自汴京來歸，遂以太常寺主簿攝太常少卿，導引典禮行事。〔註18〕當時新遭靖康之難，朝廷官吏或隨二帝北狩，或棄官他去，新政府需才孔亟，高宗見張浚舉止「雍容靜重」，有意拔擢；而在興元時曾是張浚上司的中書侍郎黃潛善也稱譽他外任時的政績，於是張浚在短短數月之間，便由太常寺主簿，歷遷樞密院編修官、尚書虞部員外郎、殿中侍御史，而至侍御史。〔註19〕在此同時，以李綱爲首的主戰派，與以黃潛善、汪伯彥爲首的主和派，正爲國家前途與個人私欲，展開一場激烈的國是與權力之爭。張浚因爲宋齊愈事件，也一度捲入這場政爭中。

　　李綱與汪、黃之爭，肇端於汪、黃二人對權位的覬覦。高宗即位之初，鑑於國家新遭劇變，分崩離析，而自己以別子承繼大統，根本未固，乃起用靖康圍城時主戰最力的李綱爲相，藉示進取，以收天下人心。未料，這項安排，卻引起帥府舊臣、自認有「攀附之勞」而虛相位以自擬的黃潛善、汪伯

〔註16〕北宋覆亡前的張浚事蹟，直接史料闕如。以上關於張浚早年的事蹟，皆見於〈張浚行狀〉上，頁1667～1668。
〔註17〕《要錄》，卷二，建炎元年二月癸酉條，頁15下。
〔註18〕《要錄》，卷五，建炎元年五月庚寅朔條，頁1下～2上。
〔註19〕〈張浚行狀〉上，頁1668。張浚遷官亦見《要錄》，除樞密院編修官，在建炎元年五月癸卯（卷五，頁16上）；守尚書虞部員外郎，在六月癸未（卷六，頁23下）；除殿中侍御史，在七月丁亥（卷七，頁15上）；試侍御史，在二年二月辛未（卷十三，頁6下）。

彥的嫉恨，二人遂將個人私欲寄於國是問題上，轉化爲政治性的鬥爭。〔註20〕
當時，在國家安全與前途的問題上，李綱抱持著「能戰而後可守，能守而後
可和」〔註21〕的態度，主張建立積極的對外形勢，以圖中興，因此建議「置
藩鎮於河北、河東之地，置帥府、要郡於沿河、江、淮之南」〔註22〕，其具
體的規劃爲：於河北置招撫司，河東置經制司，以招撫兩河吏民，並撫慰據
地自守的土豪，仿唐朝方鎮之制，寵以節鉞，使其自保，免除朝廷北顧之憂；
〔註23〕另於沿河、沿淮、沿江置帥府、要郡、次要郡，「朝廷減上供金穀，使
之養兵，寬法制而假之權，將佐僚屬聽其辟置」，使與鄰路相約互爲應援，建
成捍賊禦敵的據點。〔註24〕李綱並擬定募兵、買馬、勸民輸財三策，「取財於
東南，募兵於西北」，括買州縣之馬，藉以解決戰亂以來財用窘迫、兵源不足
及戰馬缺少的問題，落實前述的規劃。〔註25〕此外，對於車駕駐蹕問題，李
綱強調「宗社朝廷一遷，天下之勢必有偏而不起之處，中原搖動，卒難復安」，
反對輕棄中原，移蹕東南，建請一面擇重臣鎮撫汴京，一面以長安爲西都，
襄陽爲南都，建康爲東都，然後「擇日巡幸，據要會之地以駐六師」，如此「既
有以繫中原之心，又有以紓一時之患」。〔註26〕

　　面對相同的問題，黃潛善、汪伯彥卻基於維護個人權位的考慮，以保全
趙氏宗社爲藉口，主張與金人議和，以確保高宗的安全。由於彼此政見相左，
利害相違，汪、黃二人乃對李綱的施政極力沮抑。首先，是對李綱要求懲治
張邦昌及附僞臣僚一事，表示反對。〔註27〕繼而，沿河、江、淮設置帥府、
要郡，增重事權的規劃，也在汪、黃「帥府、要郡雖可行，但未可如方鎮割
隸州郡」的異議下，調整爲「帥府、要郡屯兵有差，遇朝廷出師，則要郡副

〔註20〕《要錄》，卷五，建炎元年五月甲午條，頁6上。
〔註21〕李綱，《梁谿集》（文淵閣四庫全書本），卷五十八，〈議國是〉，頁1上～6下。
〔註22〕《梁谿集》，卷五十八，〈議國是〉，頁4上、下；又卷五十九，〈議守〉，頁4
　　　　上、下。
〔註23〕《梁谿集》，卷六十一，〈乞於河北西路置招撫司、河東路置經制司箚子〉，頁
　　　　1上～4上；亦見《要錄》，卷六，建炎元年六月甲子條，頁11上。
〔註24〕《梁谿集》，卷六十一，〈乞於沿河、沿江、沿淮置帥府、要郡箚子〉，頁8下
　　　　～13下；亦見《要錄》，卷六，建炎元年六月己卯條，頁20下～21下。
〔註25〕《梁谿集》，卷六十一，〈乞募兵箚子〉、〈乞括買馬箚子〉，頁4上～8下；亦
　　　　見《要錄》，卷六，建炎元年六月丙戌條，頁25下～26下。
〔註26〕《梁谿集》，卷五十八，〈議巡幸〉，頁6上～8下。
〔註27〕《要錄》，卷六，建炎元年六月壬戌、癸亥條，頁5下～6上，7下；亦見《梁
　　　　谿集》，卷一七四，〈建炎進退志總敘〉，頁12下～14上。

鈴轄、副都監皆以其軍從師」，而失去了方鎮權宜起兵應援的本意。〔註28〕汪、黃又以皇上的安危及趙氏宗社的存續誘說高宗，倡為南幸之議。〔註29〕在汪、黃不斷的蠱惑下，高宗移蹕東南之意日堅，「立中興規模」之志遂以動搖；並且隨著對汪、黃的信任漸增，相對的對李綱的信任程度則與日俱減，甚至萌生罷相之意。二人更藉此機會，沮抑李綱招撫兩河的計畫，奏稱河北招撫使張所不當置司北京，且自置招撫司以來，河北盜賊愈熾，而河東經制副使傅亮逗留不前，皆當罷去。李綱認為汪、黃之輩沮礙大政，以去就力爭而不得，終於在高宗宣布以黃潛善與李綱並相之後去位。〔註30〕

在李綱與汪、黃政爭期間，張浚好友右諫議大夫宋齊愈曾針對李綱所提募兵、買馬、勸民輸財三策，上疏批評說：

今西北之馬不可得，獨江淮之南，而馬不可用；括民之財，豈可藝

極？至於兵數，若郡增二千，則歲費十萬緡以養，今詎堪此！〔註31〕

此議得罪李綱，綱乃劾齊愈在圍城期間首書勸進張邦昌議狀，將齊愈下獄論罪腰斬，當時「議者或以為冤」。〔註32〕張浚亦認為齊愈「死非其罪」，因此甫除臺官，便首論李綱「以私意殺侍從，典刑不當，有傷新政，不可居相位」，且劾綱「杜絕言路」、「竊庇姻親」等十餘事。〔註33〕此時適值李綱在招撫兩

〔註28〕《要錄》，卷六，建炎元年六月丙戌條，頁26下。

〔註29〕胡寅，《斐然集》（文淵閣四庫全書本），卷十六，〈上皇帝萬言書〉云：「黃潛善、汪伯彥……顧以乳嫗護赤子之術待陛下曰：上皇之子殆將三十人，今所存惟聖體，不可不自重愛也。」頁3下；又《要錄》，卷七，建炎元年秋七月乙巳條，頁12上。

〔註30〕李、黃並相，見《要錄》，卷八，建炎元年八月壬戌條，頁4上；汪、黃排擠李綱經過，見《梁谿集》，卷一七七，〈建炎進退志總敘〉，頁1上～17下。李綱與汪、黃之爭，可參見徐秉愉，《宋高宗之對金政策——建炎元年至紹興十二年》（國立台灣大學歷史研究所碩士論文，民國73年6月），第二章，第一節：「李綱與黃潛善、汪伯彥的國是之爭」，頁38～50。

〔註31〕不著撰人，《皇宋中興兩朝聖政》（宛委別藏影宋鈔本，台北：文海出版社，民國56年1月初版，以下簡稱《中興聖政》），卷一，建炎元年六月丁亥條，頁25上。

〔註32〕宋齊愈下獄，見《要錄》，卷七，建炎元年秋七月辛卯條：「或曰：齊愈論李綱不已，綱故以危法中之。」頁2上、下；齊愈賜死，見同卷，建炎元年秋七月癸卯條，頁10下～12上。李心傳引呂中《大事記》云：「宋齊愈之罪，當從王時雍等之例，貶而竄之可也，何至是耶？洪芻、陳沖、王及之死，綱尚救其死，而獨不救宋齊愈，綱於是失政刑矣。」

〔註33〕《要錄》，卷八，建炎元年八月乙亥條，頁8下；亦見《中興聖政》，卷二，建炎元年八月乙亥條，頁9下～10上。

河計畫上受挫，高宗以李、黃並相，進而欲以黃取代李，在苦無藉口之際，張浚的彈章，適時地為高宗罷免李綱提供了更堂皇的理由，張浚也因而捲入了這場勝負已分且即將結束的政爭。

李綱的罷相，對南宋初期政治情勢的發展，有著相當深遠的影響。汪、黃繼起主政，不僅破壞了李綱辛苦建立的中興規模；〔註34〕在對金政策上，二人又一味的主張求和而不事備禦，使得原本「已略就緒」的國政，再度陷入混亂狀態。自建炎元年冬至四年春，金人先後發動三次南侵，造成揚州之危及入海避敵兩次危機，並間接導致苗傅、劉正彥的叛亂；此外，盜賊問題也在宗澤死後失去控制，兩河、江淮盜賊蠭起肆虐，形成高宗政權的另一項嚴重威脅。〔註35〕這些都是汪、黃主政後所引起的不良後果，其影響不僅使中興局面的奠立延遲了數年，更使國家面臨內亂外患的立即威脅。正由於李綱罷相影響深遠，因此當時人及後賢檢討南宋偏安江左的原因時，除了指出汪、黃的誤國外，也歸咎於張浚的論罷李綱。〔註36〕元人揭徯斯甚至認為「宋之不能中興，由張浚之逐李綱、殺曲端、引秦檜、殺岳飛也。」〔註37〕其實，從李綱與汪、黃政爭的演變過程看來，李綱的罷相，乃是和、戰二派勢力消長的必然結果。張浚之所以介入這場政爭，就其終生不主和議的政治立場觀之，與其視為附和汪、黃政治主張的表現，毋寧說是激於宋齊愈冤死所產生的情緒反應。持平而論，張浚論列李綱，「以君子而攻君子」，在個人道德上，誠有可議之處；〔註38〕但若將此視為李綱罷相的主因，則似乎過分誇大了當時張浚在朝廷的影響力。

〔註34〕《要錄》，卷八，建炎元年八月己卯條，頁11下；亦見《宋史》，卷三五八，〈李綱傳〉，頁11260。

〔註35〕《要錄》，卷十八，建炎二年冬十月癸酉條：「初宗澤之為留守也，日繕兵為興復計，兩河豪傑皆保聚形勢，期以應澤。澤又招撫河南群盜聚城下，欲遣復兩河，未出師而澤卒。（杜）充無遠圖，由是河北諸屯皆散，而城下兵復去為盜，掠西南州縣，數歲不能止。」頁5上、下。參見林瑞翰，〈紹興十二年以前南宋國情之研究〉（上），《大陸雜誌》，十一卷七期（民國44年10月），頁11～12。

〔註36〕參見楊德泉，〈張浚事迹述評〉，頁577～581。

〔註37〕王士禎，《池北偶談》（筆記小說大觀本），卷九，〈李忠定公〉，頁2下。

〔註38〕《要錄》，卷七，建炎元年秋七月癸卯條注，引呂中《大事記》，頁12上；又卷十，建炎元年十一月戊子條注，引《大事記》云：「張浚平生忠肝義膽，不與秦檜共事，不與金人俱生，而初年之見，反黨汪、黃而攻李綱不已，何哉……（李綱）以親而庇翁彥國之罪，以罪抵宋齊愈之死，此不待核實，而綱有餘責矣。」頁11上、下。

　　黃潛善薦舉之誼，以及論列李綱一事，使得張浚在建炎初年的政壇中，被歸入汪、黃一派，而張浚本人也不諱言與汪、黃二人的情誼。〔註 39〕但是在國是問題上，張浚並不苟同於汪、黃主和的政治見解，反而表現出一種積極進取的態度。李綱罷相後，汪、黃奉高宗駕幸揚州，張浚便不以爲然，認爲中原乃是天下的根本，而汴京更是中原的根本，「本之不搖，事乃可定」，因此建請高宗先期措置駐蹕，以安六宮，修茸汴京及關陝、襄鄧等處，然後以一身巡幸四方，規恢遠圖。〔註 40〕張浚又常與諸將講論用兵籌策，並且主張汰減御營司官屬，以提振軍心，強調須汲汲修備治軍，常若敵至。〔註 41〕這些進取的建議，表露出張浚對當前政治局勢的態度與看法，卻引起了汪、黃的不滿，而加以排斥。張浚既不見容於執政，乃自請補外，建炎二年（1128）六月，張浚以侍御史除集英殿修撰，出知興元府。不過由於獲得高宗的信任，旋詔改除禮部侍郎，並加以慰勉說：「卿在臺中，知無不言，言無不盡，朕將有爲，政如欲一飛沖天而無羽翼者，卿爲朕留，當專任用。」〔註 42〕高宗對張浚的重視程度，可見一斑。

　　建炎二年秋，金人發動第二次南侵。宰相黃潛善、汪伯彥「皆無遠略，且斥堠不明」，張浚眼見「敵騎且來，而廟堂晏然不爲備」，率同列爲執政力言，汪、黃卻置而不顧，惟獨高宗「眷遇益深」，即命張浚兼御營使司參贊軍事，與吏部尙書呂頤浩同教習河朔長兵。〔註 43〕三年正月末，金人敗韓世忠軍於沭陽，由泗州進犯揚州，高宗御舟泊於河岸，即欲渡江，黃潛善等猶力請少留，高宗遂命張浚偕呂頤浩先往江淮措置。〔註 44〕不久，金人陷天長軍，

〔註 39〕《要錄》，卷十七，建炎二年八月庚申條：「殿中侍御史馬伸言……潛善近來自除臺諫，仍多親舊，李處遯、張浚之徒是也。」頁 12 上；又卷九十一，紹興五年秋七月戊子條：「宰相張浚言：臣頃建炎之功，擢預郎曹，實出自宰相黃潛善、樞密汪伯彥之薦……欲用初除樞密事合得有服親一名差遣恩例，陳乞（黃）經（潛善子）差遣一次……全微臣朋友故舊之分。」頁 10 下。

〔註 40〕〈張浚行狀〉上，頁 1669；亦見《要錄》，卷十八，建炎二年冬十月甲子條，頁 4 上。

〔註 41〕〈張浚行狀〉上，頁 1669；亦見《要錄》，卷十六，建炎二年六月庚申條，頁 3 上、下。

〔註 42〕同上註。

〔註 43〕不著撰人，《宋史全文續資治通鑑》（台北：文海出版社影印元刻本，民國 58 年 5 月初版，以下簡稱《宋史全文》），卷十六，建炎二年十二月戊寅條，頁 1041；亦見《宋史》，卷二十五，〈高宗本紀〉，頁 459。

〔註 44〕《要錄》，卷二十，建炎三年二月庚戌朔條，頁 1 上。

揚州岌岌可危，高宗由御營司都統制王淵、內侍省押班康履等五、六騎護衛，倉皇出走，百官及諸衛禁軍無一人從行。在此危急之際，奉命在外的張浚與呂頤浩，適時地在瓜洲鎮追上高宗，遂護衛高宗至鎮江。〔註 45〕二月四日，高宗與朝臣議定南幸浙中。九日，過平江府，認為吳江之險可恃，命中書侍郎朱勝非充平江府、秀州控扼使。張浚因勝非之請，慷慨願留，遂以本職同節制控扼平江府、常、秀州、江陰軍軍馬。張浚受命後，「即出城決水溉田以限戎馬，列烽燧、募土豪，措置捍禦」；並招撫潰軍、散卒，以漕米給之。〔註 46〕不久，汪、黃罷相，朱勝非奉詔赴行在，除尚書右僕射，張浚於是獨留平江節制軍馬。

第三節　明受之變

　　和戰、邊防與定都，是宋廷南渡初期最基本、也最迫切的課題。自從金太宗悍然拒絕宋朝文武臣僚存續趙氏的請求，扶立張邦昌，以偽楚取代趙宋的時刻起，金朝滅宋的意圖，便已昭然若揭。在這一前提下，對於高宗屢次遣使請和、乞請緩兵，金朝非但置之不理，反而更加積極的圖謀南進。〔註 47〕另一方面，宋廷得不到金人的承諾，驚恐之餘，朝臣對移蹕及邊防有關問題的議論紛起，莫衷一是。這場爭論，不僅在朝中引發了一場政治鬥爭，更讓金人乘機發動了三次侵略戰爭。其中第二次南侵的「揚州之危」，且在無形中導發了一場兵變。

　　建炎二年七月到三年二月，金人二度南侵，造成了高宗介冑倉皇出走的揚州危機。這次驚險的經歷，使高宗對駐蹕之地及邊防安全重新作了考量與部署。首先，他召集宰執、從官與諸將商議今後行止，呂頤浩言：「願且留此為江北聲援，不然金人乘勢渡江，愈狼狽矣。」王淵則認為「暫駐鎮江，止捍得一處，若金自通州渡，先據姑蘇，將若之何？不如錢塘有重江之阻」。諸內侍一致贊同王淵的主張，高宗遂定南幸浙中之計。〔註 48〕其次，為強化江北邊備，防止金人渡江，高宗又命大將楊惟忠守金陵（江寧府），劉光世守京

〔註45〕熊克，《中興小紀》（台北：文海出版社影印光緒十七年廣雅書局刊本，民國57年1月初版），卷五，建炎三年二月壬子條，頁2下。

〔註46〕《要錄》，卷二十，建炎三年二月戊午、癸酉條，頁9上、下，19上。

〔註47〕邇景德，〈宋高宗與金講和始末〉，收入《宋史研究集》第十七輯（台北：國立編譯館，民國77年3月初版），頁256～261。

〔註48〕《要錄》，卷二十，建炎三年二月癸丑條，頁4上～5下。

口（鎮江府），王淵守蘇州（平江府），張俊守吳江，分受呂頤浩與朱勝非節制。在這一套防禦戰略下，大將除韓世忠在海道未還，范瓊引兵往淮西外，皆戍守於江岸，在杭州扈駕的惟有御營司統制官苗傅、劉正彥二支軍隊而已。〔註49〕

建炎三年（1129）三月初，高宗召朱勝非與王淵赴杭州，分別任以尚書右僕射及同簽書樞密院事之職。〔註50〕先是，當金人入侵之時，王淵主管江上海船濟渡事宜，由於未能及時輸運軍隊，延誤事機，以致諸軍阻隔，而王淵卻與內侍康履等擁高宗出走，引起諸將不滿。〔註51〕又當時內侍康履、藍珪等頗用事，妄作威福，避敵途中猶供帳遮道，且以射鴨為樂，諸將疾憤，苗傅等甚至切齒言：「汝輩使天子顛沛至此，猶敢爾耶！」〔註52〕再加上王淵南趨浙中的建議，受到內侍們的熱烈支持，因此王淵的樞府之命，不免予人交結宦官的臆測。在諸將中，不滿王淵驟得高官反應最強烈的是苗傅與劉正彥。二人與王淵早有嫌隙，苗傅又自認宿將有勞，不甘屈居王淵之下，劉正彥則因為曾經招降劇盜丁進等，有功而賞薄，心懷怨望，〔註53〕乃與幕官王世修、王鈞甫、馬柔吉等共謀，欲趁諸將在外防邊之際，捕殺王淵及諸內侍。三月五日，苗、劉正式展開行動，伏兵於杭州城北橋下，刺殺王淵，派人捕殺宦官，隨後擁兵至行宮門下，脅迫高宗禪位於三歲皇子魏國公旉，且趨請隆祐太后垂簾同聽政事，揭開了明受之變的序幕。〔註54〕

〔註49〕《要錄》，卷二十，建炎三年二月庚申條，頁11上、下。

〔註50〕《要錄》，卷二十一，建炎三年三月己卯朔、辛巳條，頁1上，3上、下。

〔註51〕《要錄》，卷二十，建炎三年二月癸丑條，頁4上～5下。

〔註52〕《要錄》，卷二十一，建炎三年三月壬午條，頁4下。

〔註53〕建炎元年十月，王淵於鎮江府招降軍賊趙萬時，苗傅之弟苗翊在叛黨中，淵用計盡殺趙萬賊眾，翊僅以身免，王、苗二人或因此生隙。見《要錄》，卷十，建炎元年冬十月丙戌條，頁8下～9上。又王淵本劉正彥之父劉法部曲，嘗薦正彥於朝，擢為右軍統制，並分三千精兵與之，後淵檄取所予之兵，正彥執不遣，二人因此交惡。見《要錄》，卷十三，建炎二年二月己卯條，頁11上；卷二十一，建炎三年三月壬午條，頁4下。

〔註54〕三月五日的事變經過，見《要錄》，卷二十一，建炎三年三月癸未條，頁6上～11下；亦見徐夢莘，《三朝北盟會編》（光緒三十四年刊本，上海古籍出版社影印，1987年10月初版，以下簡稱《會編》），卷一二五，建炎三年三月五日癸未條，引朱勝非，《秀水閒居錄》，頁2上～7上。按：苗、劉之變，自建炎三年三月五日舉事，至同年七月五日二凶伏誅，事變完全平息，凡歷時四閱月。其間又可分為兩個階段：第一階段自三月五日高宗退位起，至四月初高宗復辟、恢復建炎年號止，約一個月，為整個事件之高潮；第二階段為期

　　苗、劉政變得逞後，尊高宗爲睿聖皇帝，幽禁於睿聖宮（顯忠寺），然後挾持年幼的新帝專擅朝政，朝廷「差除行遣，多出苗傅、劉正彥之意」，二人「出入都堂，殆無虛日」〔註55〕，且「日以殺人爲事，每至都堂，傳呼滿道，從以悍卒」〔註56〕。苗、劉二人更針對時勢提出更改年號、移蹕建康及遣使議和三項要求，一度且欲挾持高宗幸徽、越。〔註57〕兵變發生之後，滿朝文武對於二人悖逆無道的舉動皆無良策，宰相朱勝非也只能盡力地斡旋，撫綏苗、劉，使局勢不致惡化而已。〔註58〕但是，杭州之外，以禮部侍郎兼御營使司參贊軍事節制平江府、秀州軍馬的張浚，在聞變之後即率先倡議舉兵勤王。

　　三月八日，內禪赦書至平江，張浚知朝中有變，即遣人間行入杭州查探眞象。同簽書樞密院事、江東制置使呂頤浩亦自江寧致書張浚言：「時勢如此，吾儕可但已乎？」張浚乃決意舉兵，一面以急切防江爲名，命兩浙路提點刑獄趙哲與知平江府湯東野分別措置軍旅及財計；一面致書呂頤浩及鎮江劉光世，約共起兵討賊。〔註59〕當時，對於苗、劉的叛變，戍防在外的帥臣反應不一：其中以呂頤浩與張浚的態度最爲積極，張俊、韓世忠等人則唯呂、張二人馬首是瞻，而劉光世與范瓊的態度則曖昧不明。〔註60〕苗、劉爲預防諸將起兵牽制，也陸續作了一番安排：對於可能危及其利益的將帥，如呂頤浩、張浚、張俊、韓世忠等，分別予以解除兵權，另調他職，呂、張、韓召赴行在供職，令張俊趨秦鳳路總管任上；對於態度曖昧的劉光世及范瓊，則擢任高官，想藉籠絡手段來進行離間，以抗衡諸將。〔註61〕

　　　　三個月，僅是苗、劉叛黨流竄與王師征討的過程。本節從政變的角度出發，以退位、改元、復辟爲整個事變的重心，而稱此一階段爲明受之變，以便更精確的指出苗、劉舉事的歷史意義。
〔註55〕《要錄》，卷二十一，建炎三年三月辛丑條，頁35上。
〔註56〕同上註，建炎三年三月甲午條，頁28上。
〔註57〕同註55，建炎三年三月己丑、甲午條，頁18上、28上。
〔註58〕參見徐秉愉，〈由苗、劉之變看南宋初期的君權〉，《食貨月刊》，十六卷，十一、十二期合刊，頁26～39。
〔註59〕〈張浚行狀〉上，頁1669～1670；亦見《要錄》，卷二十一，建炎三年三月丙戌至戊子條，頁13下～17下。
〔註60〕諸將對明受之變的態度，見《宋史》，卷三六一，〈張浚傳〉，頁11298；卷三六二，〈呂頤浩傳〉，頁11320；卷三六四，〈韓世忠傳〉，頁11359；卷三六九，〈張俊傳〉，頁11471；卷三六九，〈劉世光傳〉，頁11480；范瓊見《要錄》，卷二十一，建炎三年三月庚寅條，頁21下。
〔註61〕《宋史》，卷二十五，〈高宗本紀〉，頁462～463；亦詳見《要錄》，卷二十一，

十日，御營前軍統制張俊首先引兵來會，張浚命俊分兵扼吳江，以俟機會。〔註 62〕同時，鑑於勤王之兵未集，時機尚未成熟，而苗、劉頻頻矯詔催赴行在，張浚乃託言金人及盜賊環伺，且張俊人馬乍回平江，人情震聾，若不稍留彈壓，恐致敗事，冀以塞二人之口。張浚又恐苗傅等別生姦謀，不利於高宗，於是一面上疏奏請高宗復辟，並申尚書省乞率文武百官力事祈請，一面致書苗、劉諭以忠義，並表示「生死出處，當與二公同之」，以示安撫。〔註 63〕在江寧的呂頤浩也發書約張浚及諸大將會兵，並囑主管侍衛馬軍司公事楊沂中留屯江寧，以防止苗、劉挾高宗由廣德渡江逃遁。〔註 64〕十三日，張浚得呂頤浩書，乃傳檄諸路及呂頤浩、劉光世會師平江，合力勤王，不久韓世忠以海舟還赴難，呂頤浩領精兵萬人繼發江寧，劉光世也在張、呂數度催促下，引兵會頤浩於丹陽，向平江進發。〔註 65〕

當張浚積極籌劃舉兵勤王之際，他也針對「傅素乏心機，而劉正彥輕疏」，「每事取決王鈞甫、馬柔吉」之輩的弱點，採取離間分化的策略，派遣辯士馮輔赴行在勸誘二人，使無他圖。〔註 66〕馮輔至杭州，遊說苗傅、劉正彥說：

> 自古宦官亂政，根株相連，若誅鋤必受禍。今二公一旦爲國家去數十年之患，天下蒙福甚大。然主上春秋鼎盛，天下不聞其過，豈可遽傳位于襁褓之子？且前日名爲傳位，其實廢立，二公本心爲國，奈何以此負謗天下？」〔註 67〕

二人與王鈞甫、馬柔吉共議後，向馮輔說：「侍郎（張浚）欲復辟，此事固善，然須面議」，語氣甚爲婉遜，遂遣趙休與馮輔同回平江，約張浚至杭州面議，並許以尚書右丞之職。〔註 68〕十九日，馮輔與趙休至平江，張浚見苗、劉之書「率皆不情之語」，而勤王之兵將集，乃再遣馮輔入杭州見傅、正彥，喻以

建炎三年三月甲申、戊戌、庚寅條，頁 13 上、17 上、21 下～22 上。

〔註 62〕〈張浚行狀〉上，頁 1670；亦見《要錄》，卷二十一，建炎三年三月戊子條，頁 17 上、下。

〔註 63〕〈張浚行狀〉，頁 1670～1671；亦見《要錄》，卷二十一，建炎三年三月己丑條，頁 19 下～20 下。

〔註 64〕《要錄》，卷二十一，建炎三年三月己丑條，頁 21 上。

〔註 65〕《宋史》，卷二十五，〈高宗本紀〉，頁 463；亦見《要錄》，卷二十一，建炎三年三月辛卯至乙未條，頁 23 下～30 上。

〔註 66〕《要錄》，卷二十一，建炎三年三月戊子、庚寅條，頁 17 上、下，23 上。

〔註 67〕《宋史》，卷三七五，〈馮康國傳〉，頁 11619。

〔註 68〕同上註。亦見《要錄》，卷二十一，建炎三年三月甲午、己亥條，頁 28 上、下，32 下。

禍福，期使改圖，並答書云：

> 自古言涉不順，謂之指斥乘輿；事涉不遜，謂之震驚宮闕……廢立之
> 事……謂之大道，族矣……今建炎皇帝春秋鼎盛，不聞失德於天下，
> 一旦遜位，似非所宜……願二公畏天順人，無顧一身利害，借使事正
> 而或有不測，猶愈暴於不忠不義之名，而得罪於天下後世也。〔註69〕

苗、劉見張浚回書措辭強硬，始悟見討，乃誣指張浚「陰有邪謀，欲危社稷」，
責授黃州團練副使，郴州安置，奪其兵權以付呂頤浩，並派遣重兵據守臨平
以抗拒勤王軍隊。〔註70〕張浚不為所動，命韓世忠由平江扼秀州，張俊前軍
屯吳江，辛道宗總舟師與陳思恭自海道進發，防止苗、劉邀車駕由錢塘轉海
道。〔註71〕不久，呂頤浩、劉世光先後至平江，勤王之兵畢集，張浚乃推呂
頤浩為盟主，與諸將正式傳檄中外，即日舉兵勤王，以韓世忠為前軍，張俊
所部為兩翼，張浚與頤浩自總中軍，劉光世為後軍，並以選卒充游擊，分別
於二十七、二十八兩日自平江進發。苗、劉在杭州得知勤王軍進逼，驚懼不知
所措，乃招馮轍商議對策，轍見二人心意動搖，於是與宰相朱勝非會同苗傅
等人協商復辟事宜。苗、劉既懾於在外勤王軍的浩大聲勢，又迫於朝中朱勝
非、馮轍的威脅利誘，只得同意以高宗復辟換取身家性命安全的保證。〔註72〕

四月一日，高宗復辟。三日，下詔恢復建炎年號。苗、劉之黨見勤王兵
逼近，猶欲作困獸之鬥，兩軍戰於臨平，苗、劉失利，引黨羽乘夜遁走。於
是，一場以廢立改元、危及君權與政權的軍事政變，終於在內外文臣、武將
的共同努力下落幕。〔註73〕

明受之變的危機過後，高宗一面繼續派兵追勦苗、劉叛黨，一面對平亂
有功的人論功推賞。在事變敉平的過程中，朱勝非竭力折衝樽俎於叛黨之間，
化解了可能危及帝室安全的尖銳局面，自有其貢獻；但身居宰相之職，卻未
能事先防範，變生之後又無法清君側，反須賴呂頤浩、張浚諸人在外號召勤
王，造成聲勢，方竟其功，顯然亦有虧職守。因此雖然在復辟已成定局之時，
朱勝非向高宗報告勤王之事，宣稱：

〔註69〕〈張浚行狀〉上，頁1671；亦見《要錄》，卷二十一，建炎三年三月辛丑條，
　　　　頁32下～33上。
〔註70〕《要錄》，卷二十一，建炎三年三月辛丑條，頁34上、36上。
〔註71〕同上註，頁36下。
〔註72〕同註70，建炎三年三月壬寅至丁未條，頁38上～49下。
〔註73〕《要錄》，卷二十二，建炎三年夏四月戊申朔至庚戌條，頁1上～5下。

勤王兵不爲無助，但欲令作聲援，儻進兵交戰，則變禍叵測矣。如論臣僚利害，則在城中者甚危，而難爲功，在城外者甚安，而易取名。〔註74〕

頗有卸責攬功之意，但也不得不與其他執政一同請辭職務了。至於勤王將帥方面，呂頤浩以同簽書樞密院事之職共同推動勤王，受諸將推爲盟主，領兵復辟，功勞不小，因此事平之後乃繼朱勝非之位，官拜尙書右僕射，在此後的一年中主持宋廷的內外政務。其他響應勤王的將領，如張俊、韓世忠、劉光世等人，亦各推恩有差。

　　不過在整個敉平事變的過程中，功勞最大的，當推張浚。事變發生前，張浚即已受高宗賞識，屢託以重任；事變期間，又首倡勤王，不僅主導了一切勤王的調兵事宜，更派遣策士進行離間，終於化解了皇權的危機，使宋祚得以延續。也正因爲如此，當高宗在用膳時聽到張浚責授黃州團練副使、安置郴州的消息，驚訝無比，竟至不自覺地覆羹於手。〔註75〕事平之後，張浚與呂頤浩同見高宗於禁中，頤浩先退，張浚獨留，高宗謂浚曰：「隆祐太后知卿忠義，欲一識卿面，適垂簾見卿自庭下過矣。」乃解所服玉帶并御書〈中和堂詩〉賜張浚，詩云：「願同越句踐，焦思先吾身，高風動君子，屬意種蠡臣。」〔註76〕高宗又欲倚張浚爲相，擬詔書云：

卿以小宗伯之職，贊天營之事，乃能總合諸師來赴行在之急，俾姦宄不敢輒肆，威聲既振，妖孽宵奔，致朝廷于安平無事之地，卿之功大矣。〔註77〕

由以上數事，可見高宗對張浚的重視與信任。四月五日，張浚以勤王之功，除知樞密院事，時年三十三歲，史稱「國朝執政自寇準以來，未有如浚之年少者」。〔註78〕

　　從整個南宋初期的政局發展來看，在政權成立之初的幾次危機中，明受之變的歷史意義實不止一端。由舉事者發動政變的訴求重點觀之，明受之變實際上包括兩個階段：即發動政變時所顯露的個別情緒性訴求，及政變得逞

〔註74〕《要錄》，卷二十二，建炎三年夏四月庚戌條，頁3下。

〔註75〕〈張浚行狀〉上，頁1673；亦見《要錄》，卷二十一，建炎三年三月辛丑條，頁34上。

〔註76〕〈張浚行狀〉上，頁1673；亦見《要錄》，卷二十二，建炎三年夏四月辛亥條，頁6上；又卷二十三，建炎三年五月辛丑條，頁8上。

〔註77〕〈張浚行狀〉上，頁1673。

〔註78〕《要錄》，卷二十二，建炎三年夏四月庚戌條，頁4上。

後所反映具有普遍性意義的政治訴求。前者片面的呈現了叛變所以發生的政局表象；後者則直接反映了當時朝野所共同關注的宋金和戰問題。

就前者而言，由於苗傅、劉正彥不滿王淵與內侍康履、藍珪勾結，獲擢高官，歸咎於高宗賞罰不公而發動政變，反映出南宋初期政權結構中的二項不正常現象：即宦官干政與武人跋扈。在事變中，朝臣們對於苗、劉捕誅內侍的舉動，基本上抱持著肯定的態度。他們不但承認南宋初期存在著嚴重的宦官干政現象，也同意這是北宋末年內侍專權用事的流毒，因此未就專殺內侍一事深責苗、劉。〔註79〕大體上，這段時期宦官干政的行為，表現在交結武將、越職言事、擅擬詔書、凌辱將佐等方面。〔註80〕這些舉動實已影響了君權與政權的運作，引發文武臣僚的強烈不滿。苗、劉二人藉由激烈的政變手段，來凸顯此一問題的嚴重性。從君權運作的角度看，宦官越職用事，破壞朝廷綱紀，意味著君權的分割；因此，明受之變具有創造君權結構重整之契機的意義。

再看武將問題。重文輕武，是宋代開國以來政治發展的傳統。而苗、劉廢立的行為所反映的武將跋扈問題，則是兩宋之際時局動盪下將權擴張所衍生的不正常現象。武將跋扈在政治上的具體表現，不僅是驕恣抗命，更在於侵奪事權。趙宋政權重建之初，朝廷威信不行，高宗不得不倚重統兵將領外抗金人，內平變亂，這種客觀的形勢造成武將氣焰高張；而主觀上，朝廷採取「義節所以責士大夫，至於武臣卒伍，理當闊略」〔註81〕的對待武臣態度，在反映宋朝君主重文輕武的一貫心態之餘，也使得武臣更加肆無忌憚地枉法亂紀。同時，高宗允許三衙管軍值宿行宮，使諸將得以出入禁中，更開啟了武將侵奪文官職權、干預朝政的門徑。〔註82〕於是種種驕恣侵權的行徑，展現了將權不當擴張的事實，相對的使君權受到削弱，甚至遭到威脅。這種君權與將權的消長，正是南宋初期政權結構重整過程中的一個重要環節。明受之變的發生，正面地凸顯了此一問題，使朝廷上下開始正視將權擴張對皇權所造成的嚴重後果。〔註83〕

〔註79〕參見徐秉愉，〈由苗劉之變看南宋初期的君權〉，頁33～34。
〔註80〕見拙文，〈明受之變與南宋初期的若干政治問題〉，《大陸雜誌》，七十九卷六期（民國79年6月），第三節：「宦官、武將與君權」，頁273～275。
〔註81〕《梁谿集》，卷三十四，〈戒諭武臣詔〉，頁3上。
〔註82〕《要錄》，卷十，建炎元年冬十月癸未條，頁8下。
〔註83〕見拙文，〈明受之變與南宋初期的若干政治問題〉，第三節。

正因爲有了明受之變的前車之鑑，使張浚對擁兵大將驕恣跋扈的行爲深具戒心，進而影響他日後處理武將問題的態度。建炎三年七月，在苗、劉叛變時持觀望態度的范瓊引兵至行在，陛對之時，「恃其眾盛，悖傲無禮，多所邀求，且乞貸傅、正彥逆黨左言等死」〔註 84〕，「又言招到淮南、京東盜賊十九萬人，皆願聽臣節制」〔註 85〕，儼然又一次挾兵自重、脅制君權的悖逆舉動。張浚乃上奏言：

> 瓊大逆不道，罪惡滿盈。臣自平江勤王，凡三遣人致書約令進兵，
> 瓊皆不答，今呼吸群凶，布在列郡，以待竊發，若不乘時顯戮，他
> 日必有王敦、蘇峻之患。〔註 86〕

高宗以爲然，於是張浚與權樞密院檢詳文字劉子羽共議，命張俊利用范瓊至都堂議事的機會加以逮捕，縛送大理寺論罪誅死；並遣劉光世安撫范瓊所部官兵，將之分隸五軍。〔註 87〕這項措施，是張浚日後整齊軍政、收編大將私兵爲朝廷軍隊的先聲。〔註 88〕

另外，尚值得注意的是，士卒附從將領叛變，君主權威的動搖，也再度從軍隊的反應得到印證。自南渡以來，士卒個別的或無組織的騷動，和中下級軍官率所部有計畫的叛亂，早已層出不窮。〔註 89〕在這些涉及南宋初期軍紀問題的背後，更隱藏著朝廷執行招安盜賊充軍策略的若干弊端：由於戰亂所造成的大量流民與潰卒，轉化爲盜賊，四處流竄劫掠，形成高宗政權的另一項嚴重威脅，朝廷爲解決兵源短缺的問題，並消弭地方變亂的壓力，採取招安盜賊充軍的策略。這些盜賊、流民忠君觀念淡薄，易爲利誘，轉入軍隊之後，增加了軍隊的危險性與不穩定性，軍隊附從苗劉叛變，正間接的呈現出此一困局。〔註 90〕

其次，就後者而言，明受之變，是外交影響內政的最佳例證。基本上，

〔註 84〕〈張浚行狀〉上，頁 1674。

〔註 85〕《要錄》，卷二十五，建炎三年秋七月丙戌條，頁 5 上。

〔註 86〕〈張浚行狀〉上，頁 1674；亦見《要錄》，卷二十五，建炎三年秋七月丙戌條，頁 5 上、下。

〔註 87〕〈張浚行狀〉上，頁 1674，亦見《要錄》，卷二十五，建炎三年秋七月丙戌至丁亥條、壬辰條，頁 5 下～6 上，7 下。

〔註 88〕張浚誅范瓊之歷史意義，筆者觀點與徐秉愉，《宋高宗之對金政策——建炎元年至紹興十二年》一文同。

〔註 89〕見拙文，〈明受之變與南宋初期的若干政治問題〉，第四節：「軍隊、盜賊與君權」，頁 275～277。

〔註 90〕同上註。

苗、劉發動叛變部分原因，是不滿意朝廷在對金外交上束手無策。蓋自宋、金衝突以來，由於宋廷和戰策略的屢變，連遭敗績，不僅百姓流離失所，軍隊與將領也隨著邊防部署和車駕移蹕而疲於奔命。他們既認為金人所以步步進逼，是「意在建炎皇帝」〔註91〕，因此採取軍事政變的手段，強迫高宗遜位，進而提出遣使議和及移蹕建康的要求，欲以解除金人的威脅。紹興以前金人的南方政策，正如金太宗所言：「康王構當窮其所往而追之，俟平宋，當立藩輔如張邦昌者。」〔註92〕既然金人的目標在於消滅趙宋政權，高宗除加強邊防，以保障自身安全，免得金人肆逞其志之外，議和與定都等問題，似乎都言之過早。然而苗、劉等人卻利用金人的壓力，以及人民厭戰的心理，對君權與政權提出挑戰。就此而言，明受之變，也間接反映出金人對高宗政權的強大威脅。而類似的政變，將來也可能隨著宋、金關係的演變隨時出現，這無疑又為南宋初期政局的發展，加入一項不可預測的變數。

綜上所述，明受之變，從整個南宋初期政局的發展看，與其視為一次個別的突發事件，毋寧說它是長期積累的各項政治、社會問題匯集、爆發的結果。它顯露出南宋政權成立以來所潛伏的種種威脅與難題，而歸結為對高宗君權的懷疑，以及對政權的反動。經過這次切身的教訓，使高宗深刻體認到保障政權安全、抵禦外侮的首要急務，在於積極化解國家內部危機，漸收中央集權之效。因此，在亂事敉平之後，便著手進行重建中央集權的準備工作。對於方興未艾的武將、軍隊與盜賊問題，高宗因應外在環境的變化，採取了階段性的強幹弱枝政策；同時在對金政策上，也作了彈性的調整。於是在明受之變時勤王有功的張浚就成為這二項工作的主要執行者之一。

〔註91〕《要錄》，卷二十一，建炎三年三月甲午條，頁28下。

〔註92〕脫脫，《金史》（新校本，台北：鼎文書局，民國65年11月初版），卷七十四，〈宗翰傳〉，頁1698。

第二章　宣撫川陝

第一節　川陝宣撫處置司與富平之役

　　明受勤王，是張浚政治生涯的轉捩點。從政和八年（1118）到建炎三年（1129）的十一年中，整個政治、社會環境發生了劇烈的變動，張浚因緣際會，論列李綱，明正典刑；彈劾韓世忠軍行無紀，「上下始知有國法」〔註1〕；敉平苗、劉亂事，救高宗於危難之中。種種優異的表現，強化了他在政府中的形象，因而得到高宗的信任，使他由一介默默無聞的州縣小吏，迅速地爬上執政大臣的顯要地位。

　　建炎三年五月，高宗向張浚詢問當前大計，他針對國家內憂外患交迫的情勢，提出了二項主張。首先，強調「先安內後攘外」的原則：

　　　　大抵欲致中興之治，未可輕率圖之，況兵政之壞，積有歲年，而朝
　　　　廷綱紀政事有不便於民心者，其來亦久。風俗侈靡，士風凋弊，非
　　　　一大改革，人心不歸……陛下但急於自治，而緩於求戰，事無不
　　　　濟……臣嘗考（周）宣王爲政之迹，其施設有漸，所謂內修政事，
　　　　外攘夷狄。〔註2〕

〔註1〕建炎元年十月己卯，高宗車駕行次寶應縣，御營後軍韓世忠屬下孫琦率眾作
　　　　亂，左正言盧臣中叱賊，爲所逼，墜水死。時張浚爲殿中侍御史，遂劾韓世
　　　　忠師行無紀，士卒爲變不能制，奪世忠承宣使之職。事見《要錄》，卷十，建
　　　　炎元年冬十月己卯條，頁7上。《中興聖政》與《要錄》同（卷二，頁18上）；
　　　　《中興小紀》作「奪世忠觀察使」（卷二，頁8下），誤。
〔註2〕黃淮、楊士奇等編，《歷代名臣奏議》（台北：台灣學生書局，民國53年12
　　　　月初版），卷二三二，〈論自治之策〉、〈論朝廷根本獨在陝西疏〉，頁2上～3
　　　　上。

其次，他認為關陝乃朝廷之根本，若金人先據陝攻蜀，則東南便無法自保，因此倡言朝廷欲致中興，當從經營關陝入手：

> 今朝廷根本獨在陝西，要當審知己知彼之說，為必戰必勝之謀，整治軍旅，以當大敵。借使竭國而來，亦可與之抗禦，苟能取勝於此時，然後因利乘便，疾進渡河，天下不勞而可定矣。臣受陛下重寄，苟有所見，不敢緘默，若夫機會之來，則固有不容聲息者，臣當以身任之。〔註3〕

於是自言「自國家多故以來，每於軍旅之事，私竊留意」〔註4〕，願「身任陝蜀之事，置司秦州，而別委大臣與韓世忠鎮淮東，令呂頤浩扈駕來武昌，張俊、劉光世從行，庶與秦州首尾相應」。高宗乃命張浚以知樞密院事兼御營副使為宣撫處置使，總領川、陝、京西、湖南北路，並許其便宜黜陟。〔註5〕

高宗這項安排，實基於歷史背景及時代因素的雙重考慮。就歷史背景言，四川自古以來即處於「半獨立狀態」，由於地理上的孤立性與封閉性，加上內部物產豐富，經濟可以自給自足，因此向來在政治上的離心色彩就極為濃厚，往往成為歷代中原政權特別留意、控制的地區。以宋代為例，自平蜀之後，朝廷便對四川採取種種嚴密的控制與防範措施。〔註6〕然而，在戰略價值上，四川居長江上流，對立國東南的政權而言，具有屏蔽與牽制的作用。明人鄒智就指出：

> 予嘗觀天下之大勢矣。立國於北者恃黃河之險，立國於南者恃長江之險，而蜀實大江之上游也。敵人有蜀，則舟師可自蜀浮江而下，而長江之險，敵人與我共之矣。由此言之，守江尤在於守蜀也。〔註7〕

因此，宋室南渡之後，四川的地位就顯得特別重要了。於是，為了有效控制四川，並利用川陝形勢配合東南防邊策略，以達成捍禦金人的目的，高宗乃派張浚以知樞密院事宣撫川陝，許其便宜黜陟，以增重事權。

〔註3〕《歷代名臣奏議》，卷二三二，〈論朝廷根本獨在陝西疏〉，頁3下～4上。

〔註4〕同上註，〈論自治之策〉，頁1下。

〔註5〕《要錄》，卷二十三，建炎三年五月戊寅朔條，頁1上；亦見〈張浚行狀〉上，頁1673、1675。

〔註6〕關於四川特殊的地理環境，及其在歷史上的特殊地位，參見萬紹歐，〈北宋對四川的經營〉，收入《宋史研究集》第十六輯（台北：國立編譯館，民國75年7月初版），頁523～597；林天蔚，〈南宋時四川特殊化之分析〉，《宋史研究集》第十六輯，頁599～602；陳家秀，《吳氏世襲武將與南宋四川政局》（國立台灣大學歷史研究所碩士論文，民國71年6月），第一章，頁1。

〔註7〕《全蜀藝文志》，卷五十九，鄒智，〈跋釣魚城志後〉，頁14上、下。

　　除了歷史背景上的考慮外，張浚的宣撫川陝，更重要的是其時代因素。自宋、金戰爭爆發以來，宋朝的正規軍均不堪一擊，節節敗退，反而是部分地方武力挑起了抗敵的任務。有識之士見地方武力較正規軍更能發揮禦敵效果，亟思加以利用，於是加強地方權限、設立藩鎮的言論紛紛出現。靖康元年四月金兵第一次圍城後，李綱就建議在河北設立藩鎮，屏障王室〔註8〕，然而此議未及施行，北宋已告淪亡。

　　高宗繼位之初，金人滅宋之志方殷，宋室岌岌可危，設置藩鎮以屏衛中央的需要更加迫切，於是議者復起。建炎元年五月，侍御史胡舜陟首先建議採行節度使之制，以保中原：

> 今日措畫中原，宜法藝祖……守邊之術，以三京、關、陝析爲四鎮……擇人爲節度使，各以地產之賦，養兵自衛，且援鄰鎮。又京帑積錢千餘萬緡，宜給四鎮爲糴本。〔註9〕

簽書樞密院曹輔也提出類似的建議〔註10〕；不久，知同州唐重在上疏論防金之策時，也倡議「建藩鎮、封宗子，使守我土地，緩急無爲敵有」〔註11〕。六月，宰相李綱在進呈時的〈十議箚子〉中，重申「建藩鎮於河北，河東之地」的主張，並提出具體的規劃：

> 今獫狁內侵，壞吾邊防以擾腹心之地；盜賊乘時蜂起蟻結，而州郡猶以承平之制臨之，安能捍患禦侮撫之哉……今日州郡之弊，手足不足以捍頭目，理勢然也。救其弊而振起之，莫若取方鎮之制，用其所長，去其所短，擇人而任之，使大小相比，遠近相維，以蕃王室，則中國之勢尊矣。臣愚乞於沿河、沿江、沿淮置帥府、要郡、次要郡，帥府帶安撫使，節制一路，即唐節度使之兵也……朝廷減上供金穀，使之養兵，寬法制而假之權，將佐僚屬聽其辟置，平居責以訓練閱習，有夷狄盜賊之變，即帥府量事起兵，統率以行，與鄰路約爲應援、會合，有功者增秩進職而不移其任，如此數年，上下安習，即州郡之兵可矣。〔註12〕

〔註8〕《梁谿集》，卷四十六，〈備邊禦敵八事〉，頁2下～3上。
〔註9〕《要錄》，卷五，建炎元年五月壬辰條，頁5下。
〔註10〕同上註，建炎元年五月丙申條：「始（曹）輔至南都，首陳五事……五曰裂近邊之地爲數節鎮，以謹防秋。」頁9上。
〔註11〕同註9，建炎元年五月丙午條，頁18上。
〔註12〕《梁谿集》，卷六十一，〈乞於沿河、沿江、沿淮置帥府、要郡箚子〉，頁9下～10上。

七月，尚書吏部員外郎衛膚敏也接著建議：「今兩河諸郡幸皆堅守，宜陰以帛書許其世封，使人知自愛，不爲敵有。」〔註13〕建炎元年的設藩之議，一則由於李綱與汪、黃的政爭，主和派獲勝，再則自元年十一月起至三年二月，金人連續發動兩次南侵，朝廷應戰且不暇，自無法實施此議。

建炎三年初，經過揚州危機、舉朝倉皇渡江的教訓後，朝臣主張恢復藩鎮的態度更加積極。如義軍領袖馬擴提出禦敵三策，其中一策便主張「建都武昌，襟帶荊湖，控引川廣，招集義兵，屯布上游，扼據形勢，密約河南諸路豪傑，許以得地世守，用爲屏翰」〔註14〕；樞密院計議官薛徽言也請「建立方鎮，以固藩落」〔註15〕；當時擔任禮部侍郎兼御營使司參贊軍事的張浚則是指出「江北之地，其勢須變爲藩鎮，然後可守」，建議令宰執詳加討論，及早措置；〔註16〕宰相朱勝非及朝士張虞卿等十九人也上疏建議行藩鎮。〔註17〕在一片主張設立藩鎮的聲浪中，張浚適於此時以知樞密院事宣撫川陝，並得便宜行事，高宗這項邊閫獨寄的安排，正具有試行藩鎮的深意，由此也可以看出張浚在高宗心目中的地位。

建炎三年七月，張浚以親兵千五百人、騎三百乘發行在，高宗賜度牒二萬道、紫衣師號五千道以充軍費，並賜詔撫諭川陝軍民。張浚辟曲端、趙哲、劉錫、王彥爲將，劉子羽、馮康國（輯）、傅雱、何洋、甄援爲幕僚。〔註18〕此時，金廷繼續滅宋政策，第三度入侵，兵分三路，由兀朮（完顏宗弼）領中路軍追擊高宗，左監軍撻懶（完顏昌）、陝西都統制婁室率東、西二路軍，分別牽制京東、淮東及陝西宋軍。先是，張浚與呂頤浩原本配合奉車駕西幸

〔註13〕 《要錄》，卷七，建炎元年秋七月己亥條，頁6下；又卷八，建炎元年八月壬戌條：「衛尉少卿衛膚敏言：河朔國家根本之地，前日既不能有，割以與敵，幸其能守而不下。爲今之計，莫若陰降蠟書，許以世守，俾各知愛其土地，而不輕與人。」頁3下。

〔註14〕 《會編》，卷一二三，建炎三年三月二日庚辰條，頁12上、下。

〔註15〕 薛季宣，《浪語集》（文淵閣四庫全書本），卷三十三，〈先大夫行狀〉，頁4上、下。

〔註16〕 《要錄》，卷二十一，建炎三年三月辛巳條，頁3下。

〔註17〕 同上註，頁3下～4上；朱勝非，《秀水閒居錄》，見《會編》，卷一四○，頁4下。關於南宋初期藩鎮之議的討論，參見黃寬重，〈南宋對地方武力的利用和控制：以鎮撫使爲例〉，《中央研究院第二屆國際漢學會議論文集》（台北：中央研究院，1989年），第二節：「鎮撫使成立的背景」；石文濟，《南宋中興四鎮》（私立中國文化學院史學研究所博士論文，民國63年7月），第一章，第二節：「南宋的建立與四鎮的形成」，頁94～96。

〔註18〕 《要錄》，卷二十五，建炎三年秋七月庚子條，頁10上、下。

之議，制定東西防禦策略，以東京留守杜充同知樞密院事，兼宣撫處置副使，統兵防淮，組成第一道防線；〔註 19〕康允之爲浙西制置使，連南夫爲建康府、宣、徽、太平等州制置使，陳彥文爲沿江措置使，守第二道防線。〔註 20〕後來張浚西行，金人南侵，高宗懼懼，朝議動搖，頤浩遂變更初議，將東南防務重新作了一番調整，把防淮改爲守江，以杜充守右僕射兼江、淮宣撫使，領重兵守建康，韓世忠爲浙西制置使守鎮江，劉光世爲江東宣撫使守太平及池州，二人並受杜充節制。〔註 21〕又以簽書樞密院事周望爲兩浙、荊湖等路宣撫使守平江。〔註 22〕同時，高宗亦命楊惟忠領兵萬人扈衛隆祐太后趨洪州避敵。〔註 23〕

十月，金中路軍渡淮之後，得知高宗退保江浙，隆祐太后避趨江西，乃分兵二路，一自滁、和渡江入江東，一自蘄、黃入江西，分別追襲高宗與太后。在金兵的追趕下，隆祐太后輾轉退保虔州。東下追擊高宗的金軍，在兀朮的親自率領下，與宋軍接戰於馬家渡，負責江防的王瓊、韓世忠皆引兵遁去，杜充棄建康北走，降於金人，都統制陳淬孤軍力戰不敵，江防完全崩潰，建康淪陷。高宗聞知杜充敗訊，採納呂頤浩乘海舟避敵的建議，移蹕明州。十二月，兀朮引兵連陷常州、臨安，進窺明州，高宗危在旦夕，遂乘海舟至舟山。四年正月，金人兩度進犯明州，張俊與戰，先勝後遁，明州失守，兀朮乘勝破定海，以舟師來襲御舟，追三百里，爲樞密院提領海船張公裕引大舶擊退。二月，兀朮以追高宗及隆祐太后不成，且天氣轉熱，開始撤兵。三月中至鎮江府，韓世忠以海舟扼於江中，於黃天蕩相持四十餘日，史稱「黃天蕩之役」，此役使金人不敢再輕言渡江南侵。〔註 24〕

當高宗在東南飽受金兵威脅之時，張浚正首途前往秦州赴任，金人的西路軍也正開向陝西，企圖開闢另一個戰場。這也是金太宗南侵政策的一部分，

〔註 19〕《要錄》，卷二十四，建炎三年六月戊申朔條，頁 1 上；卷二十五，建炎三年秋七月壬寅條，頁 11 下。

〔註 20〕同上註，建炎三年六月丁卯、乙丑、癸酉條，頁 5 下、7 上、10 下。

〔註 21〕《要錄》，卷二十七，建炎三年閏八月丁丑朔、丁亥、辛卯條，頁 1 上、下，4 上、下，23 下。參見寺地遵，〈建炎、紹興年間の政治過程に關する若干考察──呂頤浩政治の特質と范宗尹の政治背景〉，《廣島大學文學部紀要》，三十八卷二期（1978 年），頁 59～61。

〔註 22〕《要錄》，卷二十八，建炎三年九月癸丑條，頁 2 上。

〔註 23〕《要錄》，卷二十五，建炎三年秋七月壬寅條，頁 11 上、下。

〔註 24〕參見石文濟，《南宋中興四鎮》，第一章，第一節：「形成的背景」，頁 60～64。

他曾經指示諸將說：「康王構當窮其所往而追之，俟平宋，當立藩輔如張邦昌者；陝右之地，亦未可置而不取。」〔註25〕此時張浚仍一意以車駕西幸爲念，因此至襄陽時，特別召集帥守監司命預爲儲蓄，以備西幸之用，並承制任命新除御營使司提舉一行事務曲端爲本司都統制。〔註26〕十月至興元時，張浚再度以西幸爲請：

> 竊見漢中實天下形勢之地，臣頃侍帷幄，親聞玉音，謂號令中原，
> 必基於此，臣所以不憚萬里，捐軀自效，庶幾奉承聖意之萬一，謹
> 於興元理財積粟，以待巡幸，願陛下鑒輿早爲西行之謀，前控六路
> 之師，後據兩川之粟，左通荊襄之財，右出秦隴之馬，天下大勢，
> 斯可定矣。〔註27〕

殊不知西幸武昌之議早隨著金人的入侵，爲朝臣所沮扼了。〔註28〕張浚在興元，重新調整陝西防務：以劉錫守熙州，趙哲守慶州，劉錡守渭州，孫渥守秦州，於是陝西諸路帥臣盡用武將。〔註29〕同時，又任命同主管川陝茶馬鹽牧公事趙開兼宣撫司隨軍轉運使，專一總領四川財賦，趙開遂大變酒法，以籌措軍費。〔註30〕

　　然而，金將婁室的西路軍已於九月攻陷鄜延，渡過渭水，由長安向陝州逼進，會合尼赫楚及宋降臣折可求等十餘萬人，準備展開猛烈攻擊。十一月，張浚抵達秦州，由於軍情緊急，即日出行關陝視察邊防。宣撫司參贊軍事劉子羽舉薦蜀人涇原兵馬都監兼知懷德軍吳玠、吳璘兄弟，張浚擢玠爲統制，以璘掌帳前親兵。〔註31〕十二月，婁室率眾圍陝州，守將李彥仙悉力拒敵，並向張浚求援，張浚遣都統制曲端領涇原兵往援，曲端一向嫉視李彥仙位居己上，遷延不前，四年正月陝州失陷，彥仙死難。〔註32〕婁室西向進入潼關，連陷同州、醴州，進逼邠州。張浚遣曲端拒敵，端命吳玠率所部拒敵於彭原店，自擁大軍屯於宜祿。金兵來犯，吳玠與戰，先勝後敗，曲端聞玠敗，引

〔註25〕《金史》，卷七十四，〈宗翰傳〉，頁1698。
〔註26〕《要錄》，卷二十七，建炎三年閏八月是月條，頁26上、下。
〔註27〕〈張浚行狀〉上，頁1675；亦見《會編》，卷一三三，建炎三年十月二十三日戊戌條，頁1上、下。
〔註28〕《要錄》，卷二十七，建炎三年閏八月丁丑朔條，頁1上。
〔註29〕《要錄》，卷二十八，建炎三年冬十月戊戌條，頁11上。
〔註30〕同上註，建炎三年冬十月辛丑條，頁13上。
〔註31〕〈張浚行狀〉上，頁1675。
〔註32〕《要錄》，卷三十一，建炎四年春正月丁巳條，頁4上～5下。

兵退屯涇州，金人亦引兵還河東。〔註33〕二月，張浚聞金兵侵犯東南，高宗下詔親征，乃留劉子羽掌留守事，親自提兵自秦州入衛。三月，張浚至房州，聞金兵退師，留王以寧為京西制置使，以防盜賊桑仲，又以參議官王擇仁知襄陽府，節制京西軍馬，河東制置副使解潛知荊南府，遣馮康國赴行在奏事。高宗令諭張浚屯兵荊南，以為行都聲援。〔註34〕

回到關陝後，張浚得知粘罕益兵二萬，聲言必取環慶路，率諸將極力捍禦，屢挫敵勢，生擒女眞及招降契丹燕人甚眾。〔註35〕當時金兵雖退至江北，但仍徘徊於淮上，侵擾東南，兀朮與撻懶相約俟秋高入犯，張浚惟恐金兵復擾東南，召集諸將共謀牽制之策，幕官多以為不可，諸將亦持保留態度。王彥表示：

> 陝西兵將上下之情皆未相通，若少有不利，則五路俱失，不若且屯利、閬、興、洋，以固根本。若敵人侵犯，則檄諸將帥互為應援以禦敵，若不捷，亦未至為大失也。〔註36〕

都統制曲端分析敵我情勢說：

> 平原廣野，賊便於衝突，而我軍未嘗習戰，且金人新造之勢，難與爭鋒，宜訓兵秣馬，保疆而已，俟十年乃可議戰。〔註37〕

吳玠也指出：

> 高山峻谷，我師便於駐隊，賊雖驍果，甲馬厚重，終不能馳突。吾據嵯峨之險，守關輔之地，虜即大至，決不容爭此土。〔註38〕

張浚皆不聽，劉子羽乃以西行前高宗命張浚「三年而後用師進取」的旨諭力爭，張浚則表示：「吾寧不知此？顧今東南之事急，不得不為是耳」，且「事有不可拘者，假如萬一有前日海道之行，變生不測，吾儕雖欲復歸陝西，號令諸將，其可得乎？」同時高宗也以金人聚兵淮上，命張浚出兵，分道由同州、鄜延以擣敵虛，張浚於是決意出師分撓其勢。〔註39〕罷曲端都統制之職，

〔註33〕《中興小紀》，卷八，建炎四年春正月壬申條，頁3上；亦見《中興聖政》，卷七，建炎四年三月甲辰條，頁5下～6下；《要錄》，卷三十二，建炎四年三月乙巳條，頁1下～2上。
〔註34〕《要錄》，卷三十二，建炎四年三月己酉條，頁3上。
〔註35〕〈張浚行狀〉上，頁1675；又《宋代蜀文輯存》，卷四十五，〈奏陝西勝捷箚子〉，頁4下～5上。
〔註36〕《要錄》，卷二十八，建炎三年冬十月戊戌條，頁11上、下。
〔註37〕《宋史全文》，卷十七，建炎四年八月癸未條，頁1139。
〔註38〕同上註，頁1139～1140。
〔註39〕同註37，頁1140；又建炎四年九月癸亥條，頁1144；張浚，《丁巳瀟湘錄》，

以劉錫代之。六月，兀朮得知張浚在秦州欲舉兵北伐，自六合引兵趨陝西。七月，環慶經略使趙哲派遣統制官呂世存、王俊克復鄜州，其餘州郡大多紛紛迎降。八月，張浚以吳玠收復永興軍，並檄召熙河經略使劉錫、秦鳳經略使孫渥、涇原經略使劉錡領兵來會，合諸路兵四十萬人、馬七萬匹，以劉錫為統帥，向北進發，而親自赴邠州督戰。〔註40〕金軍南來，先陷延安府，執呂世存，繼陷保安軍。九月二十三日，宋、金兩軍會於耀州富平縣，展開激烈的戰鬥。

先是，當宋軍行抵富平時，金兵屯駐於相距八十里處的下邽縣，而金將婁室纔至綏德軍，諸將請乘機進擊，張浚不允，數度與金帥約日會戰，金軍皆不至。二十三日，都統制劉錫召集諸將商議戰略，吳玠言：「兵以利動，今地勢不利，將何以戰，宜徙居高阜，使敵馬衝突，吾足以禦之」；秦鳳路提點刑獄公事郭浩也表示：「未可與敵爭鋒，當分地守之，以待其弊」；其餘將領則一致認為：「我師數倍於敵，又前阻葦澤，敵有騎不得施，何用他徙」，於是宋軍立前都統制曲端旗幟以欺敵。〔註41〕及兩軍接戰，金軍統帥宗輔以婁室為左翼，兀朮為右翼，二路並進。〔註42〕婁室令軍士「輿柴囊土，藉淖平行」〔註43〕，進襲鄉民小寨，趁鄉民奔亂之際，大舉攻擊宋軍。劉錡等率軍迎擊，激戰竟日，未分勝負，金帥兀朮陷入重圍，右翼軍已稍退卻，婁室左翼力戰，軍勢復振，遂進薄環慶軍，主將趙哲擅離所部，牽動全局，將士驚遁，諸路隨之潰散。〔註44〕這便是宋、金戰史上有名的「富平之役」。

富平之役，是宋、金戰爭史上少有的大規模兵團決戰，其戰況也相當慘烈。這一役的成敗，對宋、金雙方都有重大的影響。就金朝而言，自建炎元年至四年先後三次南侵，攻城掠地無數，既未能達成滅宋的目的，同時在主、

見《中興小紀》，卷九，頁4下～5上；《朱文公文集》，卷八十八，〈少傅劉公神道碑〉，頁1565。

〔註40〕 《金史》，卷十九，〈世紀補〉，頁409；又卷七十七，〈宗弼傳〉，頁1753。

〔註41〕 《要錄》，卷三十七，建炎四年九月癸亥條，11下～12上。

〔註42〕 《金史》，卷十九，〈世紀補〉，頁409。按：婁室、兀朮分領兩翼，〈世紀補〉作「婁室為左翼，宗弼為右翼」；婁室傳作「我軍右翼少卻，時胡盞為左翼千戶，摧鋒陷陣，敵遂敗去」（卷八十一，頁1819），故當以宗弼右翼，婁室左翼為是。

〔註43〕 《中興小紀》，卷九，建炎四年九月癸亥條，頁8下。

〔註44〕 《要錄》，卷三十七，建炎四年九月癸亥條，頁12上；亦見《金史》，卷七十二，〈婁室傳〉，頁1652；卷七十七，〈宗弼傳〉，頁1753；卷八十一，〈蒲察胡盞傳〉，頁1819。

客觀形勢與環境的限制下，也無法長期保有淮南的土地。黃天蕩一役，甚至幾乎使數以萬計的南征軍無法北歸。因此富平的勝利，適時地提示了金人在對宋戰略上的新方向——據川陝以窺東南。就宋朝而言，富平一役，不僅損耗了大量的人員與物資，更重要的是葬送了陝西形勢之地，終南宋之世，都無法收回，更遑言藉此形勢之地恢復中原了。然而，誠如清人全祖望所言：「川陝雖挫，而東南遂高枕而無事矣。」〔註45〕此次戰役使金人改變戰略，由攻東南改成打西陲，分散金勢，減輕臨安直接受敵的威脅，使宋廷得以藉機推動安內政策，這對如驚弓之鳥般的高宗而言，其意義已遠超過空言恢復。

富平失利，對宋朝的影響既如此重大，張浚身為川陝的領導人，自然難辭其咎。但是從戰爭背景與經過來看，在高宗歷盡驚險自海上避敵歸來，而金人仍徘徊於淮上、蠢蠢欲動的情況下，張浚得到高宗乘虛攻敵的指示，而力排眾議，出兵牽制，乃是基於減低東南受敵壓力的不得已之舉，未可厚非；再者，戰事爆發前後，宋軍以「數倍于敵」之師，配合「前阻葦澤，敵有騎不得施」的地利，加上糧餉充足，在接戰之際，諸將向前與敵力戰，一度使兀朮身陷重圍，迫使金軍退卻，顯見宋軍亦有可勝之機。若非趙哲擅離部隊，引起諸軍驚恐，未必或敗。清人昭槤據《金史》考證此次戰役，便指出：「極力麾戰……金左（當為「右」）翼遇潭敗績，賴右（當為「左」）翼以遁，其事見金史。後軍中自驚，乃自覆敗，不可掩其功也。」〔註46〕因此，檢討富平戰役的失利，不在於張浚剛愎自用，一意孤行地發動戰爭，〔註47〕而是他識人不明、用人不當所致。類似這種知人不明的缺失，後來也一直困擾著張浚，甚至影響到他在政壇上的成敗，以及後人對他的評價。曲端事件，便是張浚「短於知人」的又一實例。

曲端字正甫，鎮戎軍人，其人警敏知書而長於兵略，自南渡以來屢破金軍，為陝西名將。但是為人剛愎自用，恃才凌物，頗受議論。建炎二年秋，金人二度入侵，西路軍趨陝西，併兵攻鄜延，當時王庶節制陝西六路軍馬，曲端為都統制，二人不諧，王庶多次遣使傳檄督曲端出兵，曲端遷延不前，致失延安，曲端反責王庶延安失守之罪，奪王庶節制使印，收其兵權。〔註48〕

〔註45〕全祖望，《鮚埼亭集外編》（四部叢刊初編本），卷三十七，〈曲端論〉，頁22。

〔註46〕昭槤，《嘯亭雜錄》（筆記小說大觀本），卷二，〈張魏公〉，頁3上。參見劉子健，〈從儒將的概念說到歷史上對南宋初張浚的評論〉，頁487。

〔註47〕楊德泉，〈張浚事迹述評〉，頁571。

〔註48〕《宋史》，卷三六九，〈曲端傳〉，頁11489～11491；卷三七二，〈王庶傳〉，頁

其後，知鳳翔府王璇率軍途經慶陽，曲端召之不應，憤而遣兵邀擊；又義兵統領張宗諤擬計招誘叛賊史斌，曲端卻遣將襲擒史斌，而自將兵襲殺張宗諤。〔註49〕事後朝廷得知曲端在陝行徑，懷疑曲端有背叛之意，乃以御營使司提舉一行事務之職召赴行在，曲端疑懼不行，議者皆喧言曲端謀反。此時適值張浚受命宣撫川陝，急於搜攬豪傑，以曲端在陝西多次與金人對陣，頗具威名，正可以借重其聲威，乃極力為曲端辯明，並承制拜曲端為宣撫處置司都統制。〔註50〕

建炎四年初，金人三度南下，西路軍圍陝州，張浚遣曲端往援，曲端挾怨不救，致李彥仙死難。金人再寇邠州，曲端遣吳玠拒敵，自擁大軍屯於邠州宜祿，吳玠先勝後敗，曲端觀望不救，退屯涇州，且劾吳玠違節制。七月，張浚圖謀北伐，以牽制淮上金軍，召集諸將共議，曲端因彭原店之敗，其氣已沮，故倡守策，聲言須「俟十年，方可議戰」〔註51〕。張浚雖重用曲端，但對其企圖背叛的傳言仍不能釋疑，乃遣本司主管機宜文字張彬前往渭州伺察其意。張彬至渭州，問曲端戰守之道，曲端仍本持重之論說：

> 兵法先較彼己，必先較吾之不可勝與敵之可勝。今敵可勝，只洛索（婁室）孤軍一事，然彼兵伎之習，戰士之銳，分合之熟，無異前日；我不可勝，亦只合五路之兵一事，然將帥移易，士不素練，兵將未嘗相識，所以待敵者，亦未見有大異於前日。萬一輕舉，脫不如意，雖有智者，無以善其後。又自敵人入犯，因糧於我，彼去來自如，而我自救不暇，是以我常為客，彼常為主。今當反之，精練士卒，案兵據險，使我常有不可勝之勢，然後徐議出偏師，俾出有所獲。彼所謂關中陸海者，春不得耕，秋不得穫，則必取糧於河東，是我為主，彼為客，不一、二年必自弊，因而乘之，可一舉滅矣。〔註52〕

張彬據實回報，張浚不以為然，復積前疑，遂罷曲端都統制，階州居住。八月，再責海州團練副使，萬州安置，並將其屬官張中孚、李彥琪等人羈管，

11546。
〔註49〕《宋史》，卷三六九，〈曲端傳〉，頁11491～11492。
〔註50〕《要錄》，卷二十五，建炎三年秋七月庚子條，頁10上、下；又卷二十七，建炎三年閏八月是月條，頁26上。
〔註51〕《朝野雜記》（明抄校聚珍本，台北：文海出版社，民國56年1月初版），甲集，卷十九，〈建炎三大戰〉，頁3上。
〔註52〕《要錄》，卷三十六，建炎四年八月癸未條，頁7下～8上；亦見《宋史》，卷三六九，〈曲端傳〉頁11492。

一時軍情頗不悅。〔註53〕後來富平敗衂，張浚退居興州，回想曲端之言可用，乃於十二月復端左武大夫，興州居住；紹興元年（1131）正月，張浚計畫退至閬州，再復曲端榮州刺史，移居閬州，欲倚為用。不久，張浚以王庶為參議官，顧慮王庶與曲端素不相容，改移端恭州。當時張浚正倚重吳玠，而吳玠、王庶皆與曲端有嫌隙，二人譖端不已，張浚亦畏曲端得眾心而跋扈難制，於是始萌殺端之意，下恭州獄，四月，曲端死於獄中。〔註54〕

　　曲端事件，是張浚經略川陝初期一段頗具爭議性的插曲。《要錄》云：「士大夫莫不惜之，軍民亦悵恨，西人以是亦非浚。然議者謂使端不死，一日得志，逞其廢辱之憾，端一搖足，秦蜀非朝廷所有，雖殺之可也」。〔註55〕從整個經過來看，就曲端而言，其軍事上的功績，固然值得肯定，而反對急切用兵的議論也有所據，但其為人「剛愎自用，輕視其上，勞效未著，動違節制」〔註56〕，張浚殺之雖冤，蓋亦禍由自取。就張浚而言，其初受宣撫之命，急於求才，聞曲端在陝西有威名，不待考其言行，便貿然為其辯誣，授以兵柄，卻又不能無疑，終罷而殺之，對此張浚不能辭其咎。這也顯示張浚急於追求表現，而用人於未明。從另外一個角度看，張浚在處理曲端事件上，雖然不能斷言毫無徇私，但是南渡以來武將跋扈的現象，也對他的態度產生相當的影響。曲端誅死，正是繼苗傅、劉正彥、范瓊等大將之後，張浚抑制跋扈武將作風的再現。

第二節　紹興初年的宋金川陝之爭

　　建炎四年（1130），是宋、金關係發展上的重要轉捩點。金朝三次南侵，皆未達成滅宋的目的，而連年戰伐，人力、物力的耗費，卻早已使金朝感到不勝負荷，勢焰銳削；〔註57〕且自阿骨打興起以來十餘年轉戰南北所征服的

〔註53〕《要錄》，卷三十六，建炎四年八月癸未條，頁7下～8上；亦見《宋史》，卷三六九，〈曲端傳〉頁11492。按，《要錄》記此事於吳玠收復永興軍之日，為追述之語，故曲端罷兵柄當在此之前。據《宋史》，卷二十七，〈高宗本紀〉所載，曲端罷都統制在七月乙巳，階州居住在七月乙丑，責海州團練副使、萬州安置，在八月癸未。

〔註54〕《齊東野語》，卷十五，〈曲壯閔本末〉，頁267～270。

〔註55〕《要錄》，卷四十三，紹興元年夏四月丁亥條，頁15上、下。

〔註56〕《宋史》，卷三六九，〈曲端傳〉，頁11494。

〔註57〕《要錄》，卷四十三，紹興元年是春條：「始金人犯中原，有擄掠，無戰鬥計，其從軍之費，及回日，所獲數倍。自立劉豫之後，南犯淮西，西犯蜀，生還

廣大土地，治理不易，內部整合出現危機，也亟需時間整頓與調適。〔註 58〕
再者，建炎四年南侵退師時，受制於江險，也使金人對渡江伐宋萌生戒懼。
這種種因素，使金朝的南侵政策有了初步的轉變：基於「關疆保境，安民息
兵」〔註 59〕的考慮，金朝放棄了直接而全面的滅宋計畫，一面重拾「以漢制
漢」策略，於四年九月扶植劉豫成立偽齊傀儡政權，使之圖宋，並藉以爲
金、宋間的緩衝；一面鑑於黃天蕩受制的教訓，而在富平大捷的基礎上，改
採控制上流、進圖東南之策，全力進攻川陝。蔡崇禮便指出了金人的這項策
略：

> 金人自靖康以來，無歲無兵，及乘輿南渡，己酉（建炎三年）之冬，
> 直犯江浙，逮其歸師齟齬，謂可以休矣，乃且移兵以擾關陝，乘我
> 富平之敗，遂窺巴蜀……其圖我蓋未忘也。今偵諜所傳，皆言金人
> 併兵以趨川陝，可以知其情矣。蓋以向來江表用兵，非金形勢之便，
> 故二、三歲來，悉力窺蜀，其意以謂蜀若不守，江浙自搖，故必圖
> 之。〔註60〕

由於偽齊的建立及宋廷於兩淮設置鎮撫使，達成阻隔、緩衝的作用，富平之
役以後數年間的宋、金關係，便以川陝的爭奪爲主要焦點。自紹興元年至四
年（1131～1134），宋、金在四川的重要戰事，計有和尚原、饒風關及仙人關
三次戰役，川陝宣撫處置使張浚正是宋方擔任川陝防衛戰的最高負責人。

　　建炎四年九月，宋軍富平敗衂後，張浚命諸將各歸本路，自率所部退保
秦州，陝西人情震恐。金軍自富平歸河東府，曲端心腹張中孚、趙彬叛降，
不久慕容洧又叛附西夏，金乃引兵西進渭州，欲俟機再發。十一月，金人至
德順軍，張浚再移司興州，宣撫司幹辦公事楊晟惇認爲金人「必欲舉川秦，
然後歸國」，建議「不若引兵金、洋一帶，俟敵騎既去，然後收復川陝，事乃
永定」，張浚雖不能用其議，但已有置陝西於度外，全力保衛四川之意，因此
拒絕了興元帥王庶「收熙河、秦鳳之兵扼關隴，以爲後圖」的建議。〔註 61〕
此時，有屬官提議退保夔州，劉子羽立即表示異議，他說：

　　　　者少，而得不償費，人始患之。」頁 9 下。
〔註 58〕參閱陶晉生，《女眞史論》（台北：食貨出版社，民國 70 年 4 月初版），第二
　　　　章：〈兩元政治：1115 至 1150〉，頁 23～36。
〔註 59〕《要錄》，卷一○五，紹興六年九月庚寅條，頁 7 下。
〔註 60〕蔡崇禮，《北海集》（文淵閣四庫全書本），附錄下，〈氏族言行錄〉，頁 6 下～
　　　　7 上。
〔註 61〕《要錄》，卷三十九，建炎四年十一月是月條，頁 10 上、下。

四川全盛，虜欲入寇久矣，直以川口有鐵山、棧道之險，未敢遽窺
耳。今不堅守，縱使深入，而吾乃僻處夔峽，遂與關中聲援不復相
聞，進退失計，悔將何及？今幸虜方肆掠，未逼近郡，宣司但當留
駐興州，外繫關中之望，內安全蜀之心；急遣官屬出關，呼召諸將，
收集散亡，分布險隘，堅壁固壘，觀釁而動，庶幾猶或可以補前愆
而贖後咎，奈何乃爲此言乎？〔註 62〕

幹辦公事謝昇也持相同的看法。張浚採納了二人的意見，命劉子羽出關召集
諸將及散亡將士，得十餘萬人，軍勢復振。〔註 63〕張浚又命吳玠聚兵扼險於
鳳翔之大散關、和尚原，以斷敵來路，關師古等聚熙河兵於岷州大潭，孫渥、
賈世方等聚涇原、鳳翔兵於階、成、鳳三州，以固蜀口，王彥守金州，而以
劉子羽留河池調護諸將。〔註 64〕

　　四年十一月，金軍乘勝進擊，連陷涇、渭、原等州，並追擊吳玠於隴州；
十二月，再下熙州。紹興元年正月，金帥兀朮、阿盧補撫定鞏、洮、河、樂、
西寧、蘭廓、積石等州軍，涇原、熙河兩路遂告全部淪陷。〔註 65〕金軍繼犯
秦州，爲吳玠所敗，遂轉圍環州。三月，敵騎破福津、陷同谷，進逼興州，
張浚不得已再退避閬州，命利路安撫使張深偕劉子羽趨益昌。於是陝西之地
盡失，但餘階、成、岷、鳳、洮五郡，及鳳翔府之和尚原、隴州之方山原而
已。〔註 66〕

　　紹興元年五月，金將沒立與烏魯折合率眾數萬，分道自鳳翔與階、成進
犯和尚原。和尚原是由陝西越過秦嶺進入四川的重要孔道，宋人張燾便曾指
出：「和尚原最爲要衝，自原以南，則入川路散，失此原，是無蜀也。」〔註 67〕
當時吳玠與其弟吳璘領散卒數千人駐紮於原上，遂與敵接戰於北山，山谷路
狹多石，金人捨馬步戰，大敗，移砦於黃牛嶺，值大風雨雹，遂遁去。〔註 68〕
八月，兀朮會諸道兵十餘萬入犯，張浚命吳玠先據鳳翔之和尚原以待敵。兀

〔註 62〕《朱文公文集》，卷八十八，〈少傅劉公神道碑〉，頁 1565。

〔註 63〕《要錄》，卷三十九，建炎四年十一月是月條，頁 10 下～11 上。

〔註 64〕〈張浚行狀〉上，頁 1676。

〔註 65〕《金史》，卷三，〈太宗本紀〉，頁 62～63；亦見卷十九，〈世紀補〉，頁 409。

〔註 66〕《要錄》，卷四十三，紹興元年三月是月條，頁 8 下～9 上。

〔註 67〕《要錄》，卷一三四，紹興十年三月丙戌條，頁 13 上。

〔註 68〕《要錄》，卷四十四，紹興元年五月乙巳條，頁 5 上、下；亦見《會編》，卷
　　　　一四七，紹興元年五月十三日戊申條，頁 4 上、下；《宋史》，卷三六六，〈吳
　　　　玠傳〉，頁 11410。

尤朮自寶雞結連珠營，壘石爲城，夾澗與宋軍對峙。十月，金軍再度進攻和尙原，吳玠率諸將選勁弓強弩，分番迭射，號「駐隊矢」，連發不絕，金軍退卻；吳玠又以奇兵邀擊，斷其糧道，金軍困乏欲遁，玠於神坌設伏，縱兵夜襲，大破金兵，俘馘首領及甲兵甚眾，尤朮爲流矢所傷，僅以身免，遂自河東回燕山。〔註69〕

尤朮自金太宗天會七年（1129）秋離燕山，至九年冬由河東歸燕山，二年內先後歷經四次大戰，雖然勝多敗少，但所付出的代價也相當慘重。《大金國志》評述尤朮這次征戰的經過道：

> 尤朮自天會七年秋離燕山率眾南征，既而回攻陝右以侵劍外，至是歲（天會九年）冬由河東歸燕山。是行也，宋陳思恭戰于姑蘇，韓世忠戰于大江，劉錫戰于富平，吳玠戰于劍外〔按：即和尙原之役〕，凡四戰，惟世忠與錫失利。然南軍亦大戰久之，軍不無損，加之往返萬里，首尾二年，其徒銷折，十存三、四，往往扶昇呻吟而歸。至於尤朮，尚以箭瘡帛縶其臂……尤朮之眾，自是不振。〔註70〕

可見和尙原一戰，對金軍造成了重大的打擊。

金軍在和尙原受到重挫之後，主帥尤朮自歸燕山，粘罕乃以撒離喝爲陝西經略使，屯兵於鳳翔府，與宋軍對峙。金人既必欲得四川而後已，因此雖經和尙原敗衂，仍未放棄奪取四川的意圖，經過一年的調整、部署，撒離喝於紹興二年（1132）冬再次對四川發動攻勢。此時，吳玠戍於河池，王彥屯兵金州，關師古駐紮熙河，劉子羽守興元。張浚並曾於六月約吳玠、王彥與劉子羽會於興元，指示若金人以大軍犯蜀，三帥當相互應援。由於吳璘仍駐兵和尙原，控扼入川衝道，金兵乃避開和尙原正面一線，出奇兵由漢中東方門戶金州一線進攻，撒離喝以叛將李彥琪駐秦州，窺伺仙人關，以牽制吳玠；遣游騎出熙河，以牽制關師古，而自率大軍從商州直擣上津，以趨金州。〔註71〕十二月，金人趨熙、秦一路，爲關師古所敗；犯和尙原的軍隊，因吳璘軍隊

〔註69〕《要錄》，卷四十八，紹興元年冬十月乙亥條，頁7下；《宋會要》，〈兵〉，十四之二十二；亦見《宋史》，卷三六六，〈吳玠傳〉，頁11410；又《金史》，卷七十七，〈宗弼傳〉：「及攻吳玠于和尙原，抵險不可進，乃退軍，伏兵起，且戰且走，行三十里，將至平地，宋軍陣于山口，宗弼大敗，將士多戰沒。」頁1754。

〔註70〕宇文懋昭，《大金國志》（北京：中華書局，1986年7月初版），卷七，頁114。

〔註71〕《宋史》，卷三六六，〈吳玠傳〉，頁11411。

乏糧自潰，而進據和尚原。〔註72〕三年正月，撒離喝自上津進犯金州洵陽。先是，劉子羽聞金兵將至，囑王彥以強弩據險邀擊，而王彥習於以短兵接戰，不以劉子羽之言為意，且金人偽稱將由子午谷取道姜子關進犯漢陰縣，王彥分兵據守。當撒離喝進犯洵陽，王彥急遣漢陰統制官郭進領兵三千往援，二軍遭遇於沙隈，敵捨騎來攻，接戰數十合，郭進力戰敗死，王彥以為金軍欲藉宋軍糧食入蜀，即盡焚儲積，退保石泉縣，金人遂下金、均等州。張浚遣人招王彥清野往會，王彥於是經西鄉趨饒風關。〔註73〕

二月，金軍長驅直逼漢、興，興元帥劉子羽急命統制官田晟守饒風關，馳檄召吳玠入援。吳玠聞訊，領所部數千人兼程赴援，遇敵於饒風關。當時吳玠合洋州義兵不足二萬人，不久王彥自西鄉領八字軍來會，兩軍接戰，金兵披重鎧，登山仰攻，連戰六日不能克，傷亡慘重，適有吳玠軍中小校叛附於金，盡道宋軍虛實，金人於是知得統制官郭仲地方雖險，但兵力寡弱易攻，乃循祖溪嶺繞出關背，以輕兵夜襲，郭仲退走，更以精兵夾擊宋軍，諸軍皆潰。〔註74〕劉子羽盡焚興、洋儲積，退居興州，吳玠退保西縣，王彥收餘兵奔達州。金人入興元，劉子羽焚城再走三泉縣，築潭毒山以自固，不久吳玠及統制官王俊相繼來會，軍勢復振。〔註75〕

饒風關既失，川人震恐，罷張浚之命適至，張浚惟恐動搖民心士氣，祕不宣詔，繼續指揮諸將據守，起復王庶為參謀官，趨興元、巴州一帶，措置梁、洋。王庶至巴州，即散榜招輯軍民。〔註76〕張浚又擬移治潼川，後因劉子羽自言與吳玠據守潭毒山，金人必不敢南下而作罷。〔註77〕金人雖破金、商，因宋軍實行清野策略而無所得，已頗失望，後乘饒風關之捷，轉戰至金牛嶺，不見宋軍，疑有伏兵，又聞王庶已在巴州，而吳玠會諸將欲斷其歸路，撒離喝於中梁山滯留踰月，在野無所掠而糧秣即將耗盡的情形下，乃取道褒

〔註72〕《宋史》，卷二十七，〈高宗本紀〉，頁502。

〔註73〕《要錄》，卷六十二，紹興三年正月乙丑條，頁4下～5上；亦見《會編》，卷一五五，紹興三年正月條，頁4下～5上。

〔註74〕《要錄》，卷六十三，紹興三年二月辛卯條，頁3上～4上；亦見《會編》，卷一五五，紹興三年二月條，頁5上、下。

〔註75〕同上註，建炎三年二月丁酉、己亥條，頁5上～6上；亦見《宋史》，卷三六六，〈吳玠傳〉，頁11411；卷三六八，〈王彥傳〉，頁11454；卷三七〇，〈劉子羽傳〉，頁11506～11507。

〔註76〕同註74，建炎三年二月甲寅條，頁10下。

〔註77〕《要錄》，卷六十四，紹興三年夏四月辛卯條，頁5上；亦見《宋史》，卷三七〇，〈劉子羽傳〉，頁11507。

斜谷引兵還興元。劉子羽與吳玠出兵邀擊於武休關，至褒斜谷，金軍單騎傍谷而進，子羽與玠掩擊其後軍，金軍潰敗。張浚乘勝遣統制官王俊收復洋州及興元府。〔註78〕五月，王彥率兵至漢陰縣，擊退偽齊將領周貴，收復金州，又敗金兵於洵陽，金人乃棄均、房而去。張浚以王彥兼宣撫司參議官，駐兵同州，留統制官格禧領兵三千守金、房。〔註79〕饒風關之役至此完全結束，宋、金的川陝爭奪戰，也暫時告一段落。張浚遂率劉子羽、王庶、劉錫、馮康國、馮楫等赴行在。

　　檢討這次宋、金饒風關之戰，金人本著必取川陝的決心，在戰略及戰術上都經過精心設計。就戰略言，金人懲於和尚原之役受挫的教訓，改採聲東擊西之計，捨棄由和尚原入蜀，而取道饒風關，目的是欲避開吳玠兄弟；就戰術言，金帥撒離喝所率領的軍隊，皆是經過精挑細選、能征善戰的精兵，戰鬥時披著厚重的鎧甲，登山攻險，一人在前，二人殿後，前仆後繼。在如此精心籌劃下，金軍確實一度取得優勢，但是吳玠出乎金人意料之外地由河池急馳而至，與撒離喝對峙於饒風關，造成金軍傷亡慘重，終於在劉子羽的堅壁清野策略和張浚的重新調兵遣將下，鎩羽而歸。就其結果而論，金人「雖入三郡，而得不償失」〔註80〕；宋朝方面，張浚「雖敗衂，卒全蜀」。〔註81〕

　　饒風關戰役，金人名為勝利，實同戰敗，因此在張浚卸下宣撫處置使之職東歸後，於紹興四年二月對川蜀展開第三度的攻擊行動。先是，王似、盧法原受命以宣撫處置使接替張浚，同於閬州置司，而命諸將分守陝蜀之地：吳玠屯仙人關，轄秦、鳳至洋州地分；王彥屯同州，領金、房至巴、達之地；劉錡屯巴西，轄文、龍至威、茂；洮、岷至階、成則由關師古屯武都以控。〔註82〕早在紹興二、三年之交，饒風關戰役前，吳璘駐守於和尚原，兀朮再度引兵來犯，吳玠以和尚原距川蜀地遠，恐糧道不繼，難以持久，命璘棄之，移寨於川口仙人關側的殺金坪。〔註83〕此時，兀朮再度進犯，吳璘移

〔註78〕　《要錄》，卷六十四，紹興三年夏四月辛卯條，頁5上、下；《宋會要》，〈兵〉，十四之二十三；《宋史》，卷三六六，〈吳玠傳〉，頁 11411；卷三七○，〈劉子羽傳〉，頁 11507。

〔註79〕　《宋史》，卷三六八，〈王彥傳〉，頁 11454；亦見《要錄》，卷六十五，紹興三年五月丙子條，頁8上。

〔註80〕　《宋史》，卷三六六，〈吳玠傳〉，頁 11411。

〔註81〕　《宋史》，卷三七○，〈劉子羽傳〉，頁 11507。

〔註82〕　《要錄》，卷七十一，紹興三年是歲條，頁 10 下。

〔註83〕　兀朮二度進犯和尚原事，《金史》，卷三，太宗本紀作「天會十一年十一月丙

書謂吳玠曰：「殺金坪去原尚遠，前陣散漫，宜益治第二隘，示必死戰，則可取勝。」〔註84〕四年正月，金人犯宕昌、臨江砦及花石峽，關師古遺統領官劉紹分兵拒敵敗績，師古降敵。〔註85〕金人轉戰神坌砦，沿北嶺至大散關。二月，兀朮與撒離喝、僞齊將領劉夔率十萬騎，自鐵山鑿崖開道，循秦嶺東下犯仙人關。吳玠以萬人拒敵，吳璘率輕兵由七方關倍道而至，與金兵轉戰七晝夜，始與玠合。〔註86〕吳玠遂率楊政、吳璘、田晟、王喜諸將與兀朮會戰於仙人關，大敗金兵。〔註87〕金人爭奪陝蜀，三敗於仙人關。《要錄》云：「是舉也，敵決意入蜀，自撒離喝以下，皆盡室以來。既不得志，遂還鳳翔，授甲士田，爲久留計，自是不復輕動矣！」〔註88〕

　　富平之役後，金人改變戰略，計畫由長江上游進窺東南，於是傾全力進攻川陝。自紹興元年至四年，先後發動了和尚原、饒風關及仙人關三次戰役，卻遭到宋軍的頑強抵抗。張浚自富平敗衄之後，即積極整頓軍政，重新部署邊防，以吳玠爲宣撫司都統制，率領諸將與金人抗戰。張浚以川陝軍隊獨力捍禦金人，不僅牽住了強大的金軍，在川陝爭奪戰中更連挫強敵，破壞了金人由川陝進圖東南的計畫，使朝廷得以全心全力從事安內的工作。而金人在川陝既不得志，乃再度將目標轉向東南，聯合僞齊發動南侵。

寅，宗弼克和尚原」（頁65）；卷七十七，〈宗弼傳〉云：「攻吳玠于和尚原……宗弼大敗……明年，復攻和尚原，克之。」（頁1754）；卷七十二，〈穀英傳〉云：「宗弼再取和尚原，穀英以本部破宋五萬人，遂奪新叉口，宗弼留兵守之。是夜大雪，道路皆冰，和尚原宋兵勢重，不可徑取，宗弼用穀英策，入自傍近高山，從薄翳薈間，出其不意，遂取和尚原。」（頁1660）；而《宋史》，卷二十七，〈高宗本紀〉云：「紹興二年……是冬，金人犯和尚原，將士乏食自潰，吳璘拔砦棄去」（頁502）；卷三六六，〈吳玠傳〉云：「先是，璘在和尚原，餉饋不繼；玠又謂其地去蜀遠，命璘棄之，經營仙人關右殺金平，創築一壘，移原兵守之。」（頁11411～11412）；同卷，〈吳璘傳〉云：「（紹興）三年……是歲，玠敗於祖溪嶺（饒風關之役），時璘猶在和尚原，玠命璘棄原別營仙人關，以防金人深入。」（頁11414）。按，據上述宋、金正史資料，和尚原棄守當在饒風關戰役前後，當時王庶知興元，王彥、吳玠以餉饋不繼怨庶，張浚以劉子羽代之，故和尚原之失，似爲宋軍自動放棄，而非金史所稱力克。

〔註84〕《要錄》，卷七十三，紹興四年二月辛丑條，頁7下。
〔註85〕《要錄》，卷七十二，紹興四年春正月是月條，頁9下。
〔註86〕《宋史》，卷三六六，〈吳玠傳〉，頁11412；亦見《要錄》，卷七十三，紹興四年二月辛丑條，頁7下～8上。
〔註87〕同上註；亦見《要錄》，卷七十四，紹興四年三月辛亥朔條，頁1上～2上。
〔註88〕《要錄》，卷七十四，紹興四年三月辛亥朔條，頁1下。

第三節　川陝的經營與中輟

　　自建炎三年五月初膺宣撫處置使之命，總領川、陝、京西、湖南北數路軍政，至紹興三年五月罷使職還行在，張浚經略陝蜀，整整四年（1129～1133）。在這四年當中，張浚對外領導諸將展開川陝的保衛戰爭，雖然喪失了陝西大半土地，終於確保四川安全無虞；對內則在「無川陝即無東南」的認知下，積極經理四川和陝南，形成長江上、下游首尾相應的形勢。

　　張浚在川陝期間，配合朝廷政策及針對現實需要，採取了不少改革措施。其推動工作的權力根源，出自於高宗的充分授權。張浚的任命，本有試行藩鎮之意。高宗不僅將包括四川四路在內的全國三分之一土地託付給張浚，更在舊有的宣撫下，加上「處置」二字，許其便宜黜陟，因此宣撫處置使擁有了許多特殊權力，包括：（一）陳乞覃恩；（二）磨勘；（三）奏薦封贈；（四）循資致仕；（五）遺表；（六）補發付身、批書等證明；（七）命官移放；（八）差監司、守倅、將佐等；（九）官員之乞宮祠；（十）辟官屬；（十一）年勞酬賞。〔註89〕同時宣司對六部行移文字可用箚子，六部對宣司則須具申狀。〔註90〕宋制，宣撫使掌「宣布威靈、撫綏邊境及統護將帥、督視軍旅之事」〔註91〕。張浚的宣撫處置使一職，經過高宗刻意的安排，無論在職權上或統攝範圍上，顯然都有了相當的擴充。高宗此舉不僅顯現了川陝邊衛地區的重要性與獨立性，也使得張浚能無所掣肘地貫徹他的意志。

　　就內部的管理而言，張浚經營川陝四年，其中較具體而重要的成效，可約略分為：搜攬人才、振舉軍政、調整行政區域，以及經濟變革等四項。

　　搜攬豪傑，是張浚經略川陝的第一步。奉使之初，張浚便延攬了不少人才，武將如曲端、王彥、劉錡，文臣如馮康國、何洊、甄援等皆在麾下。其中嫻於折衝獻替的劉子羽、熟習軍事的吳玠，以及善治財賦的趙開三人，更是張浚經理陝蜀不可多得的助手：吳玠三敗金人，保全四川；宣撫司財用仰

〔註89〕 以上權限，參較紹興二年十月宣撫處置副使王似奏狀，及紹興四年趙鼎出任都督川、陝、荊、襄諸路軍馬時所進呈的奏狀，歸納而得。見《宋會要》，〈職官〉，四十一之二十八；趙鼎，《忠正德文集》（文淵閣四庫全書本），卷二，〈條具宣撫處置使司畫一利便狀〉，頁19上～27下。參見林天蔚，〈南宋時四川特殊化之分析〉，頁603。

〔註90〕 《朝野雜記》，甲集，卷十一，〈宣撫處置使〉，頁2上；亦見《宋會要》，〈職官〉，四十一之二十七～二十八；《要錄》，卷六十八，紹興三年九月壬子朔條，頁1上。

〔註91〕 《宋史》，卷一六七，〈職官〉，頁3957。

趙開變革榷法，而得以支應；劉子羽則數度獻議，使張浚免於決策錯誤。到川陝之後，張浚又設置學館，接待陝西、河東失職來歸的士人。〔註92〕同時，並透過類試積極拔擢四川人才。當時戰禍連年，道途梗阻，士人無法赴行在參加省試，高宗乃權宜命諸路獨自取士，稱爲「類省試」。〔註93〕紹興元年二月，張浚先以便宜合川陝舉人置司類試；其後，又於帥臣監司內選差有出身人領其事，以杜絕私請。〔註94〕對於類試及格者，張浚皆承制授官，例如紹興二年十二月在成州置院類試，得陝西解發進士周漢等十三人，張浚便承制賜周漢進士，餘人賜同出身有差。〔註95〕

其次，就振舉軍政而言，川陝諸將在富平之役後屢挫金軍，捍衛陝蜀，與張浚積極整頓軍政實有密切關係。陝西軍人素號勁勇，但諸將之間多不能相容，曲端之嫉視李彥仙、吳玠即爲例證。〔註96〕因此張浚在應付金人之餘，也著意於軍政的整頓。富平戰役之後，宣撫司退保閬州，陝南、川北成爲前線，而當時四川禁軍本無將領統隸，張浚乃創爲四將，俾得專意訓練；又鑑於西兵多屯於山前，自利州路以南蕩然無備，乃挑選東兵、廂軍及弓手少壯者，分屯結隊，戍守成都、潼川等路。此外，張浚又招塡弓箭手，增置諸縣弓卒，團結土丁、鄉豪，使保衛鄉里；出金帛搜購西馬，補充戰騎，著有勞績。〔註97〕李流謙在〈分陝志總序〉中，就提及張浚訓練士卒、整飭軍紀的貢獻：

> 自公仗鉞專征，盡獲諸將。前茅始憩，一號令之，旌旗變色。于是紀律之不張，法制之不嚴，器械之蠱敝不飾，事藝之閱習不精，諸

〔註92〕〈張浚行狀〉上，頁 1677。

〔註93〕《要錄》，卷十一，建炎元年十二月丙辰朔條：「先是諸路發解進士，當以春試禮部，會國難不果，上以道梗難來，乃命諸路提刑選官，即轉運司所在州縣類省試，每路選官六員，臨期實封移牒漕臣一員監試，不得干預考校，仍用省額統計，率十有四人而取一人。省試之有類省試，蓋自此始。」頁 1 上、下；亦見《宋會要》，〈選舉〉，四之十七～十八。參見林天蔚，〈南宋時四川特殊化之分析〉，頁 612～613。

〔註94〕《要錄》，卷四十二，紹興元年二月丙申條，頁 12 上；又卷四十五，紹興元年六月甲戌條，頁 2 下～3 上。

〔註95〕《要錄》，卷六十一，紹興二年十二月壬寅條，頁 9 下；亦見《宋會要》，〈選舉〉，二之十五。「周漢」《會要》作「周模」。

〔註96〕陝西將帥不協，亦見《要錄》，卷十五，建炎二年五月甲午條，頁 15 下～16 下。

〔註97〕李流謙，《澹齋集》（文淵閣四庫全書本），卷十四，〈分陝志總序〉，頁 23 下～24 上。

> 屯虛額之不充，疲癃懦怯之未汰，公皆篤意繕治，勵精謹敕。責訓
> 練則程式可稽，課勤惰則刑賞必行……其間伉扈難制，或委甲棄軍，
> 亦隨以剪翦，不復顧惜。拊摩士卒，不啻子姓，藥傷補敗，次第功
> 勞，常若不及，故能以一隅全力抗堂堂大國。〔註98〕

正由於張浚積極整飭軍政，加強了軍隊的戰鬥力，因此在外挫金人的同時，也能有效遏阻覬覦四川富饒的盜賊。〔註99〕

在調整行政區域方面，由於金人竭力進窺陝蜀，原本不具戰略價值的地方，往往變成重鎮要區，面對紛攘的形勢，基於軍事上的考慮，張浚乃因時度宜，對川陝的行政區域重新加以調整：建炎三年十二月，首先廢掉積石軍；〔註100〕四年五月，以京西南路金、房二州「東連襄陽，西控川蜀，道途險阻，最為要衝」，將之割隸利州路；〔註101〕紹興元年四月，鑑於陝西之地大半淪陷，川北受敵壓力增加，再畫利、閬、劍、文、政五州歸利州路，置經略安撫使，以強化其軍事功能。〔註102〕二年底，以歸州隸夔州路。〔註103〕

最後，就經濟方面而言，張浚宣撫川陝，除了戰略考量外，更負有經援東南的任務。〔註104〕四川素有「天府之國」的美譽，物產豐饒，自戰亂以來，少經兵火，因此經濟仍能自給自足。然而，東南幾經金人蹂躪，民生凋敝，賦入已不敷國用；而張浚宣閫關陝後，四川又成為大軍駐紮及後勤支援的大本營。宣撫司既要應付川陝龐大軍費，又得支援政府財用，四川的財賦支配，便成為一項重要課題。張浚為了解決財用問題，乃重用趙開進行經濟改革。趙開認為「蜀之民力盡矣，錙銖不可加，獨榷貨稍存贏餘，而貪猾認為己有，互相隱匿。惟不恤怨詈，斷而敢行，庶可救一時之急」〔註105〕，因

〔註98〕《澹齋集》，卷十四，〈分陝志總序〉，頁23上、下。

〔註99〕《宋史》，卷三六八，〈王彥傳〉：「時中原盜賊蠭起，加以饑饉，無所資食，惟蜀富饒，巨盜往往窺覦。」頁11452。

〔註100〕《宋史》，卷二十五，〈高宗本紀〉，建炎三年十二月乙亥條，頁471。

〔註101〕《宋史》，卷二十六，〈高宗本紀〉，建炎四年五月是月條，頁479；亦見《宋會要》，〈方域〉，五之十八。《會要》作建炎四年十月四日，殆張浚於五月行之，至十月始聞於朝。

〔註102〕《要錄》，卷四十三，紹興元年夏四月丁卯條，頁10上；亦見《宋史》，卷二十六，〈高宗本紀〉，紹興元年夏四月己巳條，頁487。

〔註103〕《宋史》，卷二十七，〈高宗本紀〉，紹興二年十二月甲寅條，頁502。

〔註104〕《要錄》，卷三十五，建炎四年秋七月戊申條：「宣撫處置使張浚獻金一萬兩，以上令張浚措置財用赴行在故也。」頁3上。

〔註105〕《宋史》，卷三七四，〈趙開傳〉，頁11598。

此從改革榷法著手：先大變酒法，將行之已久的公帑賣供給酒的方式，改爲由官府提供釀酒工具、酒具、場地，供民眾自釀，而收取稅錢；繼則於秦州設置錢引務，在興州鼓鑄銅錢，官賣銀絹；最後，改革鹽法，仿大觀年間蔡京所推行的東南、東北鈔鹽條約，設置合同場，徵收稅錢。〔註106〕趙開的經濟改革，在民不加賦的情形下，有效地解決宣撫司龐大的軍費，偶爾也以餘力援助東南。此外，張浚也提供優厚的條件，招募川陜貧民開墾關外戰亂荒廢之地，既可以安定民生，又能就近積儲，減少因運輸困難所造成的軍食不繼問題。〔註107〕

儘管張浚竭智盡忠地經營川陜，但是由於宣撫處置司的組織、權限及統轄範圍過於龐大，因此也頗受到主、客觀因素的限制與牽絆。基本上，宣撫處置司的設置，雖係順應「建立方鎮，以固藩落」的現實需要，卻與宋代強榦弱枝的國策相互違背，以致張浚受命西行之初，便受到部分堅持中央集權國策的朝臣質疑。御史中丞張守認爲東南乃今日根本，張浚不宜西去；〔註108〕中書舍人季陵則直接指出張浚宣撫陝蜀，委任太專，有尾大不掉之虞。他說：

> 張浚在陝右，無敢言者。夫區處軍事，恐失機會，便宜可也，乃若自降詔書，得無竊命之嫌耶？官吏責以辦事，便宜可也，若安置從臣，得無忌器之嫌耶？以至賜姓氏、改寺額，事類此者，無與治亂，待報何損？是張浚在外傷於太專，雖陛下待之不疑，臣恐自陝以西，不知有陛下矣。〔註109〕

參知政事張綯也持相同看法。〔註110〕殿中侍御史趙鼎更告誡張浚幕官馮康國說：「元樞新立大功，出當川陜，半天下之責，自邊事外，悉當奏稟，蓋大臣在外，忌權太重也。」〔註111〕幸賴高宗極力堅持，並盛讚張浚「措置陝西極有條理，薦人用士持心向公」〔註112〕，議論乃暫告平息。雖然如此，朝中仍

〔註106〕《宋史》，卷三七四，〈趙開傳〉，頁 11598；亦見《朝野雜記》，甲集，卷十四，〈蜀鹽〉，頁9上、下；〈四川酒課〉，頁17上、下。參見賈大泉，《宋代四川經濟論述》（成都：四川社會科學院出版社，1985年5月初版），第七、八章。

〔註107〕《澹齋集》，卷十四，〈分陝志總序〉，頁27上、下。

〔註108〕《要錄》，卷二十四，建炎三年六月甲戌條，頁10下。

〔註109〕《要錄》，卷三十四，建炎四年六月戊寅條，頁4下；又卷二十四，建炎三年六月乙亥條，頁13上。

〔註110〕《要錄》，卷二十五，建炎三年秋七月己丑條，頁6下。

〔註111〕同上註，建炎三年秋七月庚子條，頁10下。

〔註112〕《要錄》，卷三十二，建炎四年三月辛酉條，頁6上。

存著強榦弱枝的理想，與安內壤外的現實之間不無矛盾，遂隱然左右了張浚經略川陝的命運。

　　張浚主持川陝軍政的數年間，宣撫處置司陸續發生了一些令朝廷疑慮不安的情事。軍事上，富平敗衂，關陝之地喪失殆盡，致朝廷由關中進復中原的希望落空；而張浚對曲端事件的處理方式，也頗受物議。經濟上，趙開在四川的經濟改革，固然達到了民不加賦而軍用足的成效，但隨著戰爭的曠日持久，榷法弊端漸生，逐漸加重了人民的負擔，尤其是改革前的既得利益者不甘蒙受損失，也形成張浚治理川陝時的一股強大反對壓力；〔註113〕此外，張浚為籌措軍費，便宜印售錢引、綾紙、度牒，越區販賣蜀鹽，違反了朝廷的財政體制，更予人以四川獨立於朝廷之外的感覺。〔註114〕政治上，張浚承制授官、推賞，往往與朝廷正式除授相衝突，人事權旁落，又觸犯了中央集權的禁忌。〔註115〕尤有甚者，在張浚便宜委任的官吏中，有少數不肖之輩，假宣司便宜黜陟之權，跋扈驕恣。例如傅雱受命使湖南，李允文使湖北，二人皆擅用便宜，李甚至在朝廷派高衛代領其職時，拒不受代，並專殺上章彈劾的知岳州袁植。〔註116〕這些情況，構成了宣撫司權重難制的假象，致朝臣有「兩朝廷」之譏，在在對張浚造成不利的影響。〔註117〕

〔註113〕《朝野雜記》，甲集，卷十四，〈蜀鹽〉：「始趙應祥（開）之立榷法也，令商人入錢請引，井戶但如額煮鹽赴官，輸土產稅而已。然鹹脈盈縮不常，久之井戶月額不敷，則官但以虛鈔付之而收其算，引法由是壞。井戶既為商人所要，因增其斤重以予之，每擔有增至百六十斤者。又有逃廢絕沒之井，許人增其額以承認，小民利於得井，每界遞增，鹽課益多，遂不可售，而引息土產之輸無所從出，由是刓緡相尋，公私皆病。」頁9上、下；同卷，〈四川酒課〉：「行之既久，酤賣虧欠，則責入米之家認定月額，不復糶其米而第取其錢，民始以為病。」頁17上。臣僚乞罷榷鹽、榷酤，見《要錄》，卷三十二，建炎四年夏四月辛卯條，頁15上；亦見《宋會要》，〈食貨〉，二十五之三十八。

〔註114〕《宋會要》，〈職官〉，十三之三十二；《要錄》，卷四十六，紹興元年秋七月庚子條，頁2下；卷五十四，紹興二年五月丁亥條，頁15上。

〔註115〕張浚與朝廷除授衝突事例，見於《要錄》者即不少，大臣每以為言。如《要錄》，卷六十五，紹興三年五月辛巳條：「初張浚既受黜陟之命，重者出敕行之，參知政事席益、簽樞密院事徐俯大不平，指以為僭。」頁11上；又卷六十九，紹興三年冬十月壬辰條：「宰相朱勝非言：自置宣撫處置司，凡四川帥臣監司以下堂除部闕及安撫、茶馬等司辟闕，盡以便宜差官，有違舊制。」頁5下。

〔註116〕《要錄》，卷三十七，建炎四年九月庚戌、乙卯條，頁6上、7下；又卷三十九，建炎四年十一月丁未條，頁4下～5上。

〔註117〕《要錄》，卷三十三，建炎四年五月壬子條：「殿中侍御史沈與求言：天子所

　　對於有關宣撫處置司與張浚的種種流言蜚語，高宗初時尚刻意維護，稱讚張浚「一心爲國，極不可得」、「孜孜爲國，無如浚者」，並表示「委之不專，難以責成」；〔註118〕卻也不免有「張浚短於知人，所用多浮薄妄作」和「所用一、二狂生爲累」的評語。〔註119〕到後來，隨著金朝南方政策的轉變，以及僞齊成爲宋、金間的緩衝，宋廷施行宰相范宗尹與呂頤浩所建議「先平內寇，然後可以禦外侮」〔註120〕的政策，將江淮盜賊、土豪、鎮撫使等地方勢力，相繼納入宣撫使的指揮之下，政治情勢丕變，大將專兵、地方權重等違反強榦弱枝國策的現象，成爲南宋政權亟待解決的新課題。而張浚宣撫川陝，權重勢盛，遂再度成爲眾所議論的焦點；加以張浚在關陝，秉公行事，於鄉黨親舊之間，少所假借，士大夫有求於宣司而不能如願者，紛紛發表不利於張浚的言論，倡言「張浚殺曲端、趙哲爲無辜，而任劉子羽、趙開爲非是。」〔註121〕種種不利的傳言，使得朝廷議論再起，高宗對張浚的信任，也逐漸動搖，萌生罷張浚宣撫處置使之意，乃藉口「軍興累年，賦調征役不無騷動，蜀中士民流怨，緩急恐浚失助」〔註122〕，於紹興二年九月另任知興元府王似爲川陝宣撫處置副使，欲藉以取代張浚。〔註123〕張浚得知朝廷以王似爲宣副，上疏論似才識平庸，難當大任，且吳玠、劉子羽功績卓著，不應使王似居其上，並引罪求去。〔註124〕王似與左相呂頤浩有姻親之誼，而右相朱勝非因明受之變一事，對張浚有所誤會，二人遂共同詆毀張浚。不久，張浚便罷宣撫處置使，依舊知樞密院事，召還行在。〔註125〕紹興三年五月饒風關之役後，張浚卸下宣撫處置使職務東歸，結束了他在川陝爲期四年的慘淡經營。

　　然而，這場政治風波並未就此平息。高宗對張浚的信任已經動搖，宰相

　　　　在，謂之朝廷，今號令出於四方者多矣。盡假便宜，即同聖旨，然其大者……
　　　　秦州一朝廷，號令之極，至爲詔矣。」頁6下。
〔註118〕《要錄》，卷三十九，建炎四年十一月壬寅條，頁1上；卷四十三，紹興元年
　　　　三月壬寅條，頁1下；又卷五十三，紹興二年夏四月甲申條，頁6上、下。
〔註119〕《要錄》，卷四十一，紹興元年春正月癸卯條，頁1下；又卷三十九，建炎四
　　　　年十一月壬寅條，頁1上。
〔註120〕《要錄》，卷四十七，紹興元年九月丙辰條，頁8上。
〔註121〕〈張浚行狀〉上，頁1677。
〔註122〕《要錄》，卷五十八，紹興二年九月丙寅條，頁4下。
〔註123〕同上註，紹興二年九月丙戌條，頁11上。
〔註124〕《歷代名臣奏議》，卷二三八，〈論王似充宣撫副使五不可疏〉，頁22上～23
　　　　下。事見《宋史》，卷二十七，〈高宗本紀〉，紹興三年春正月庚辰條，頁503。
〔註125〕〈張浚行狀〉上，頁1677；《要錄》，卷六十一，紹興二年十二月甲辰條。

朱勝非與張浚前嫌未釋，又即將面臨權位與政策的利害衝突，反對勢力乘機
而起，一場針對張浚而發的政治鬥爭正在醞釀。監廣州寘口場鹽稅吳伸指出
當時朝中的政治情勢說：

> 今張浚還朝，不復元樞之位，必正台司之權，在同列必嫉之；或有
> 薦擢，更易差除，在百僚必嫉之。若不群而攻之，排而逐之，則上
> 下俱緩陞遷之階，朋黨不得少固其位……臣竊見里巷交談，人人爲
> 張浚危之，咸曰某黨某人欲有言也。〔註126〕

可見形勢對張浚極爲不利。四年二月，張浚返抵臨安，果然立即遭到侍御史
辛炳、殿中侍御史常同的猛烈抨擊，不久張浚便罷爲資政殿大學士，提舉臨
安洞霄宮，旋詔落職，居住福州。〔註127〕

辛炳、常同彈劾張浚的罪狀，包括：

一、喪師失地，冤殺大將：「舉三十萬之眾，一旦委之敵國，盡失五路，
　　遂使虜騎乘勝長驅，侵犯川蜀」，「以私意作威，如曲端、趙哲之
　　良將，皆不得其死」。

二、任用非人，爲害地方：「以便宜辟置，如李允文、王以寧、傅雱之
　　非其人，爲湖南北之害」。

三、擅用便宜，跋扈不臣：「每多妄作，擅造度牒、鑄印記、肆赦減降、
　　出給封贈、磨勘、綾紙之類，皆有不臣之迹」，「輒立招賢館，有
　　視直龍圖閣之命，以孺人號封參議官之妾」。

四、變革榷法，刮民膏脂：「用趙開營財利，刮膏脂，行榷茶鹽及隔槽
　　酒法，苛細特甚」。

五、遷延不歸，騷擾州郡：「優蹇自若，徘徊鄉里，累月不行，已而盡
　　掠公私之財，選銳兵自衛出蜀，至湖湘間，妄以均給軍須爲名」，
　　「沿路妄有行移，爲此騷擾，徒欲自市求進，不復恤人力之困
　　也」。〔註128〕

二人所言，除部分略近事實外，大抵「吹毛求疵，增其過惡」〔註129〕，其中

〔註126〕《會編》，卷一五七，紹興四年正月二十九日己卯條，頁3上～4下。

〔註127〕《要錄》，卷七十三，紹興四年二月丙午條，頁10上～11下；卷七十四，紹
　　　　興四年三月乙丑、丁卯條，頁4上、下，5上、下。

〔註128〕辛炳、常同彈劾張浚奏章，見《會編》，卷一五七，頁7下～14上；卷一五
　　　　八，頁1上～9下。

〔註129〕《會編》，卷一五七，紹興四年正月二十九日己卯條，吳伸，〈論大臣非辜書〉，

涉及辛炳、常同與張浚的嫌隙。〔註130〕

　　在二人存心打擊的情況下，完全抹煞了張浚經營川陝的功勞，所有作爲都成了跋扈不臣的罪狀，在一面倒的聲討中，惟有吳伸對張浚經略川陝的功過，有較客觀的評價，他說：

> 今五路失利，四川孤危，罪在張浚，夫復何說……（然）金人起兵二十餘載，北滅契丹，南侵中原……張浚以五路散地之兵，當百萬犬羊深入重地之虜，如煅投卵，其不敵明矣，尚能枝梧數年，與之相持。及其退保四川，敵人卒未能盡下，亦張浚之功也。若曰失陝西之地、潰五路之兵爲可罪，則曩者失太原之利，致陷神京，失神京之利，播遷二帝，禍延今日，遂使翠華巡狩於海濱，賊臣割據於中土，用事之臣，比之張浚，罪狀有差，如是，張浚功大罪小又明矣……言張浚之短則易，爲張浚之事則難。若試以言張浚之人而任張浚之責，則敗績尤甚於張浚矣！〔註131〕

檢討張浚經略川陝的得失功過，可從兩方面著眼，就其個人的表現而言，富平之役喪師失地，冤殺曲端，誤用李允文、傅雱，爲害地方，張浚難辭其咎；而發動北伐救東南之急，擢用吳玠、趙開，整頓軍政，變革經濟，保全四川，張浚亦有其功，可謂功過互見。但從整個政治局勢的發展看，誠如明末清初史家王夫之所言：

> 國之一敗而不可支者，唯其孤也。乃其後猶可以支者，則自張浚宣撫川陝而奉便宜之詔始。宋乃西望有可倚之形，且掣肘之防漸疏，則任事之心咸振。張、韓、岳、劉諸將競起，以盪平群盜，收爲部曲，宋乃於是而有兵。〔註132〕

張浚以川陝一隅獨力捍禦金人，維護國家安定，使朝廷得以專心剿平內寇，恢復國力，顯然對整體之大功是遠過個人之小過的。

　　　　頁4下。

〔註130〕辛炳知潭州時，治軍無狀，幾至生變，爲張浚所罷，懷恨於心；而常同在臺中素與辛炳同好惡。見〈張浚行狀〉上，頁1677；亦見《要錄》，卷二十八，建炎三年九月丙辰條，頁3上。又《宋史》，卷三七六，〈常同傳〉，頁11625。

〔註131〕《會編》，卷一五七，吳伸，〈論大臣非韋書〉，頁1上～6上。

〔註132〕《宋論》，卷十，〈高宗〉，頁171。

第三章　出將入相

第一節　紹興初年宋金關係的轉變

　　建炎四年九月僞齊成立，對往後數年的國際局勢造成極大的影響，宋、金關係因此邁入新的階段。就金朝而言，這項「以漢制漢」的安排，實際上是金廷新策略「以和議佐攻戰」的一部分。〔註1〕新的對宋策略，還包括建炎四年十月縱秦檜歸宋，以及自紹興元年起對川陜發動猛烈的攻勢。其具體的設計是：先扶植僞齊政權，作為宋、金間的緩衝勢力，以便對內化解國家內部危機，對外藉僞齊移轉宋廷的注意力，使「以和議佐攻戰」的計畫得以順利進行。第二步是暗中釋放主和的秦檜南歸，傳達講和訊息，並經營議和事宜，使高宗誤信和議有望，而放鬆邊防。〔註2〕最後，傾力進攻川陜，計畫從長江上游進窺東南。

　　這項策略，在執行上確實收到了若干成效：劉豫即位後，首先成立歸受館於宿州，招延南方士大夫及軍民，置榷場以通南北之貨；〔註3〕立陳東、歐

〔註1〕 《大金國志》，卷七，〈太宗紀〉：「大金用兵，惟以和議佐攻戰，以僭逆誘叛黨。」頁113。亦即所謂的「和戰離和之策」，見《宋史》，卷三七九，〈韓肖冑傳〉，頁11691。參見鄧廣銘，〈宋金戰爭中的幾個問題〉，《歷史研究》，1963年十一期，頁25。

〔註2〕 宋人多疑秦檜為金人奸細，但缺乏確切證據。劉子健從分析秦檜親友的出身背景，說明其頗具經營和議的有利條件，或可從旁證明秦檜與金人間仍維持著某種默契。參見〈秦檜的親友〉，收入《兩宋史研究彙編》（台北：聯經出版事業公司，民國76年11月初版），頁143～171。

〔註3〕 《要錄》，卷三十九，建炎四年十一月辛酉條，頁8下。

陽澈廟於歸德，派兵騷擾宋境，多方招誘宋境巨寇、軍帥；紹興二年四月，劉豫更移都汴京。〔註4〕這些舉動，在在威脅到宋朝的正統地位與國防安全，正達到了金人「以漢制漢」的目的。而秦檜南歸後，宣稱「如欲天下無事，須是南自南，北自北」，建議講和，請高宗致書撻懶求通好。〔註5〕高宗自南渡之後，在對金政策上抱持「且守且和」的態度，〔註6〕建炎年間金人意在滅宋，拒絕宋廷請和，高宗只好力求戰守。此刻面對偽齊的新威脅，高宗亟欲對金通好，秦檜適時南歸傳達議和訊息，高宗於是重新燃起講和的希望。秦檜因此連擢高官，自禮部尚書兼侍講遷中大夫，紹興元年二月拜參知政事，八月拜右僕射兼知樞密院事，進而排擠主戰的左相呂頤浩，使其建都督府於鎮江，而獨攬庶政，專主和議。〔註7〕其後，秦檜雖因政爭失利而於二年八月罷相，金人卻又適時地遣宋通問使王倫歸宋，「且道息兵講和之意」〔註8〕，此舉使高宗更加相信和議可成而改變態度，專意與金解仇講和。〔註9〕在宋人謀和的同時，金人乃利用時機執行「以和議佐攻戰」的實際目的，併兵進攻川陝，致有和尚原、饒風關、仙人關三次戰役。高宗自南渡以來即積極尋求講和的可能〔註10〕，這時有此良機，自然不願輕易放過，因此採取低姿態，儘量避免與金人衝突；再加上劉豫的牽制，以及朝廷正採行呂頤浩「先平內寇，然後可以禦外侮」的建議，執行安內工作，使得四川的張浚無法得到朝

〔註4〕 《宋史》，卷四七五，〈劉豫傳〉，頁13795～13796。參見外山軍治，《金朝史研究》（京都大學東洋史研究會，1964年），頁264。

〔註5〕 《要錄》，卷三十九，建炎四年十一月丙午條，頁3下。

〔註6〕 參見徐秉愉，《宋高宗之對金政策──建炎元年至紹興十二年》，第二章，第三節，58～66。

〔註7〕 《宋史》，卷四七三，〈秦檜傳〉，頁11749～11750。

〔註8〕 王繪，《紹興甲寅通和錄》，見《會編》，卷一六一，頁4上、下。按：《要錄》稱王倫係粘罕遣回（卷五十七，紹興二年八月癸卯條，頁7下），《金史・王倫傳》則謂「天會十年，劉豫連歲出師皆無功，撻懶為元帥左監軍，經略南邊，密立和議，乃遣倫歸」（卷七十九，頁1793），陶晉生以為當從金史（見〈完顏昌與金初的對中原政策〉，收入氏著，《邊疆史研集──宋金時期》，台北：台灣商務印書館，民國60年6月初版，頁64），然宋廷幾次遣使交涉的對象皆為粘罕，且據《金史・太宗本紀》，粘罕在紹興二年四月已陞為都元帥，統轄河北、河東南征軍（卷三，頁64），因此王倫之歸或由粘罕授意撻懶為之。

〔註9〕 《宋史》，卷四七三，〈秦檜傳〉：「始，朝廷雖數遣使，但且守且和，而專與金人解仇講和，實自檜始。蓋檜在金庭，首倡和議，故撻懶縱之使歸。」頁13749。

〔註10〕 參見遲景德，〈宋高宗與金講和始末〉，頁256～258。

廷的實質援助，只能獨力對抗金人的入侵。這正是金人利用高宗急於求和的弱點，所採取的「和戰離和」策略。

　　再就宋朝而言，偽齊的成立，使宋廷暫時緩和了與金人的尖銳對峙，獲得喘息的機會，得以處理國內日益嚴重的盜賊與變亂問題。由於北宋末年軍事崩潰、政治瓦解、經濟破產，產生了許多流民、潰軍和叛卒。到南宋初立時，加上金兵南侵、戰區擴大，政府無力維持社會治安，使得這些流民、潰軍和叛卒輾轉流徙，逐漸集結成各據一方的叛亂團體，於是諸路盜賊蠭起，「大者至數萬人，據有州郡，朝廷力不能制；盜賊所不能至者，則以土豪、潰將或攝官守之，皆羈縻而已」。〔註11〕對於這個難題，張浚在西行之前，即已向高宗提出「先安內後攘外」的建議，而李綱的建藩之議，在防金之外，更兼及弭盜。〔註12〕建炎四年，高宗海上避敵歸來後，參知政事范宗尹認爲盜賊「皆烏合之眾，急則併死力以拒官軍，莫若析地以處之，盜有所歸，則可以漸制」，建議說：「今諸郡爲盜賊據者以十數，則藩鎮之勢駸駸成矣，曷若朝廷爲之，使恩有所歸」，「稍復藩鎮之法，裂河南、江北數十州爲之，少與之地，而專付以權，擇人久任，以屏王室」。〔註13〕高宗採納了范宗尹的建議，拜宗尹爲相，在京畿、湖北、淮南、京東、京西等州軍，陸續設置了三十幾個鎮撫使，賦予類似藩鎮的權力，包括：財政方面，諸鎮轄區之內，除茶、鹽之利爲國家財計所繫，收入完全納歸中央，依舊設置提舉官員負責外，其他監司皆罷，所有錢賦除按數繳納上供之費外，其餘聽任鎮帥移用，設鎮之初，並免三年上供；治權方面，鎮帥除知州、通判須擬名具奏，由朝廷審量除授外，其餘州縣官皆可自辟，官吏廉污勤惰，鎮帥有權按察陟黜，所管州軍，並聽節制。更值得注意的是，鎮帥不因召擢而除代，如能捍禦外寇，顯立大功，特許世襲。〔註14〕

　　范宗尹所建議而設立的鎮撫使，結合了防金與弭盜之議，基本上是南渡

〔註11〕《要錄》，卷三十三，建炎四年五月甲辰條，頁1下～2上。參見王世宗，《南宋高宗朝變亂之研究》（國立台灣大學歷史研究所碩士論文，民國77年1月）。

〔註12〕《梁谿集》，卷六十一，〈乞於沿河、沿江、沿淮置帥府、要郡箚子〉：「卒然有盜賊之變，即帥府量事起兵，統率以行。」頁10上。此乃藉藩鎮之力弭盜。

〔註13〕《要錄》，卷三十三，建炎四年五月甲辰條，頁1下～2上。

〔註14〕《會編》，卷一四○，建炎四年五月二十五日條，頁3下～4上。參見黃寬重，〈南宋對地方武力的利用和控制：以鎮撫使爲例〉；寺地遵，〈建炎、紹興年間の政治過程に關する若干考察〉，頁64～65。

以來設立藩鎮呼聲的延續，與張浚宣撫川陝前後呼應，不過由於鎮撫使設置與偽齊成立的時間極爲接近，因此在性質上已有明顯的轉變：一則強烈的「眾建」色彩，顯示朝廷牽就、防範盜賊、土豪等地方勢力，其弭盜的動機已遠大於建藩防金的原意；再則將江北、淮南之地畫爲藩鎮，顯露出朝廷棄淮守江的態度，已不能與張浚由川陝進復中原的目標相提並論。

此外，對於鎮撫使以外的變亂勢力，宋廷則由鎮撫使、諸路安撫使及御前諸將分別派兵敉平。由於劉豫係金人所立，其存在緩和了宋、金間的緊張情勢，使宋廷得以專心進行安內的工作，因此在偽齊成立初期，宋廷總是儘量採取和平姿態，甚至「以大齊名之」，「待以敵國禮，國書稱大齊皇帝」。〔註15〕

然而，宋、金、齊間的和緩關係並未維持太久。在宋、金方面，高宗在對金策略上既持「且守且和」態度，因此在任相時往往和戰二派並用，如呂頤浩、秦檜並相。由於秦檜、王倫相繼歸宋致講和之意，高宗在對金態度上逐漸傾向抑戰主和，先後於紹興二年八月及三年五月派遣潘致堯、韓肖胄出使，與粘罕接觸。〔註16〕當時呂頤浩計畫北伐，高宗以方與金議和，打消出師之議，又禁「邊兵犯齊境」及「諸路招納淮北人及中原軍來歸者」。〔註17〕金都元帥粘罕卻乘機再擬定藉和議吞併淮南的計畫，於三年十二月遣李永壽、王翊隨宋使韓肖胄南來報聘，提出「還偽齊之俘及西北士民之在東南者，且欲畫江以益劉豫」的議和條件。〔註18〕高宗對於這種削土自弱的要求，自然難以接受，因此於四年正月第三度派遣章誼、孫近赴雲中見粘罕，提出「還兩宮及河南地」的相對要求。〔註19〕由於雙方條件差距過大，此次談判遂告失敗。金人見「畫江以益劉豫」的計畫未能得逞，加以川陝爭奪戰屢遭挫敗，乃改變「以和議佐攻戰」的策略，直接與偽齊聯合，圖謀大舉進犯東南。

在宋、齊方面，就宋而言，劉豫以宋臣僭立，受金人之命圖宋，對宋朝

〔註15〕《要錄》，卷四十九，紹興元年十一月辛丑條，頁 5 上；又《金史》，卷七十七，〈劉豫傳〉，頁 1760。

〔註16〕《要錄》，卷五十八，紹興二年八月壬戌條，頁 2 下；又卷六十五，紹興三年五月壬戌條，頁 4 下。

〔註17〕《宋史》，卷二十七，〈高宗本紀〉，紹興三年五月壬戌、乙亥、六月丁亥條，頁 505。

〔註18〕《要錄》，卷七十，紹興三年十一月甲子條，頁 4 下；又卷七十一，紹興三年十二月己酉條，頁 10 上。

〔註19〕《要錄》，卷七十二，紹興四年春正月乙卯條，頁 1 上、下。

的正統地位及國防安全構成嚴重威脅，宋廷與之本勢難兩立，但一則惟恐得罪金人，再則正可藉偽齊的阻隔，全力剿平內寇，因此不得不暫時容忍。然而當宋、金展開和議交涉時，金人要求割讓江北以予劉豫，宋廷便深刻體認到偽齊的存在，乃是宋、金講和的最大障礙，於是態度轉趨強硬。就偽齊而言，宋、金的議和，同樣使偽齊感到不安。劉豫惟恐和議達成，將失去金人的支持，尤其是宋廷要求歸還河南地，更使其生存備受威脅，因此在宋、金交涉期間，便派李成偕金將兀朮率兵奪取襄陽等六州；並與洞庭湖寇楊么互通聲息，圖謀大舉，藉以改變金廷的態度。宋廷亦不甘示弱，立即遣岳飛克復襄陽。〔註 20〕劉豫南寇失利，適值宋、金談判破裂，乃乘機聳惥金人，聯合發動了一次大規模的南侵。

紹興四年七月，偽齊進士羅誘上〈南征議〉，指出偽齊處於宋、金之間的困境說：

> 民心日夜望故主之來，所賴大金恩惠，固無異心。使彼和間稍行，
>
> 將不我援，則豪傑四起，不待趙氏之兵，而齊已誅矣。

接著分析宋、齊形勢，認為「我無四議之惑，彼有六擊之便，是乃萬全之師，取天下如反掌也」，建議即刻舉兵南征。〔註21〕劉豫採納羅誘的建議，一面任命其子劉麟為諸路大總管，總領南征事宜，一面遣使赴金請兵。金主召諸將集議，粘罕及希尹反對用兵，宗輔支持南征，金主遂以宗輔權左副元帥，撻懶為右副元帥，調渤海漢軍五萬以應劉豫。粘罕、希尹因此喪失兵權，金的對宋政策隨之轉變。〔註22〕

在宋廷方面，高宗並不因章誼交涉失敗而放棄求和的努力，復於四年八月派遣魏良臣、王繪出使雲中，並交代二人說：「卿等此行，不須與金人計較言語，卑詞厚禮，朕且不憚，如歲幣、歲貢之類，不須較」〔註 23〕，足見高宗仍對講和懷抱著希望，寧願「卑辭厚禮」，而不欲與金人決裂。然而，所遣使者尚未成行，金、齊聯軍已於九月分步、騎二路南下，騎兵自泗州攻滁州，步兵由楚州趨承州。消息傳來，舉朝震恐，「或勸上他幸，議散百司」，知樞

〔註20〕　《宋史》，卷四七五，〈劉豫傳〉，頁 13797～13798；又卷三六五，〈岳飛傳〉，頁 11381～11382。

〔註21〕　《要錄》，卷七十八，紹興四年秋七月丁丑條，頁 13 下～15 上。

〔註22〕　《要錄》，卷八十，紹興四年九月乙丑條，頁 10 上、下；《大四國志》，卷八，天會十二年秋，頁 128。參見《金朝史研究》，頁 172～174。

〔註23〕　王繪，〈紹興甲寅通和錄〉，見《會編》，卷一六一，頁 6 下。

密院事趙鼎獨持異議，認爲「戰而不捷，去未晚也」。〔註24〕經過數年的抗金剿寇，收編群盜，宋軍在戰力與數量上已非建炎時期可比，高宗在岳飛克復襄陽時，便頗爲自信的說：「倘敵人尙敢南來，朕當親率諸軍迎敵，使之無遺類，即中原可復也，若復遠避爲泛海計，何以立國耶？」〔註25〕因此接納了趙鼎的提議，罷主和的朱勝非，拜趙鼎爲右僕射，下詔親征，聲討劉豫逆罪，命韓世忠自鎮江進駐揚州，張俊率軍援淮東，劉世光移軍建康，並親自由臨安至平江督師。〔註26〕在戰雲密布的時候，趙鼎向高宗建議擢用張浚說：「建炎中，遣張浚出使川陝，國勢百倍於今，張浚有補天浴日之功」，「可當大用，顧今執政無如浚者」。〔註27〕先是，朝廷遣章誼、孫近赴金議和時，張浚雖罷知樞密院事，謫居福州，仍上疏乞斥遠和議說：

> 臣竊觀北虜情狀，專以和議誤我，亦云久矣。彼勢虧則言和，勢盛
> 則復肆……北虜傾我社稷，壞我陵寢，邀我二帝，驅我宗室百官，
> 自謂怨隙至深，其朝夕謀我者，不遺餘力矣。況劉豫介然處於中，
> 其勢不兩立，必求援於虜，借使暫和，心必未已，數年之內，指摘
> 他故，豈無用兵之詞；而我之士卒，多中原之人，謂和議已定，不
> 復進取，將解體思歸矣。〔註28〕

此時高宗思張浚前言，乃復張浚爲資政殿大學士兼侍讀，召還行在。十一月，張浚至平江，即除知樞密院事，專治軍旅。〔註29〕

十月，金、齊東路步軍由楚州犯承州，韓世忠設伏邀擊，重挫敵軍於大儀鎮；繼而世忠部將董旼、解元、成閔又分別擊敗金人於天長縣及承州，金、齊東路軍既接連受挫，遂不復輕動。〔註30〕西路軍連破濠州、光州，於十一月攻陷滁州，劉光世退軍建康，韓世忠退屯鎮江，張俊移軍常州，淮東告急，張浚乃遣岳飛自九江渡江入淮西大張聲勢，以牽制淮東敵軍，又親行

〔註24〕《要錄》，卷八十，紹興四年九月乙丑條，頁11下。
〔註25〕《要錄》，卷七十七，紹興四年六月丙午條，頁11下。
〔註26〕《宋史》，卷二十七，〈高宗本紀〉，頁512。
〔註27〕《要錄》，卷八十，紹興四年九月壬子條，頁3上；卷八十一，紹興四年冬十月癸未條，頁5下。
〔註28〕《會編》，卷一五八，紹興四年三月四日癸未條，頁13上～15上。
〔註29〕《要錄》，卷八十一，紹興四年冬十月癸未條，頁5下；又卷八十二，紹興四年十一月己未條，頁7下。
〔註30〕同上註，紹興四年冬十月戊子、己丑條，頁9上～12上；《會編》，卷一六四，紹興四年十月十三日戊子條，頁6下～7下。

江上視師，宋軍士氣大振。劉光世先遣統制官王德、王師晟敗金人於滁州桑根及壽春府，岳飛部將徐慶、牛皋又捷於廬州，張俊部將張宗顏敗金人於六合。〔註31〕金人南犯既失利，至十二月下旬遭逢大雪，糧道不通，又聞金太宗病危，兀朮等乃乘夜引軍北歸。偽齊劉麟、劉猊得知金人退師，也倉皇遁走。韓世忠、劉光世率軍追擊，俘獲甚眾，劉麟僅以身免。〔註32〕

　　宋軍首次擊退入犯的金、齊聯軍，使高宗對宋軍的禦敵能力倍增信心，表示：

> 敵已退遁，須當漸圖恢復，若止循故轍，爲退避之計，何以立國？
> 祖宗德澤在天下二百年，民心不忘，當乘此大作規模、措置，朕安能鬱鬱久居此乎？〔註33〕

遂在五年二月拜趙鼎爲左僕射，張浚爲右僕射，並兼知樞密院事，都督諸路軍馬。張浚拜相制詞略云：

> 宣威井絡之野，耀武斗樞之庭。出入薦更，險夷一致。望久隆於師尹，名大震於於羌戎。屬胡馬之長驅，挾逆雛之反噬。召從閒燕，付以經綸。秉鉞以麾六師，共推於尚父；運籌而決千里，獨賴於子房。方振旅以時行，彼潛兵而宵遁。風聲鶴唳，遂收不陣之功；羊狠狼貪，迄蹈自焚之禍。茲策勳於舍爵，迺孚號於揚廷。正是魁衡，授之鼎鉉。宅端揆辨章之任，總中樞深密之權。內則統率百寮，以釐常績之熙；外則盡護諸將，以董戎旃之重。〔註34〕

制詞中既將張浚喻爲師尹，媲美尚父，又使張浚專「秉鉞以麾六師」、「盡護諸將，以董戎旃之重」，顯示高宗在態度上已由消極的避敵、求和，轉向積極的恢復進取，因此將軍旅之事專付張浚，欲倚張浚完成中興大業。

　　張浚的拜相，意味著高宗抑戰主和態度的轉變。宋廷執行安內政策的績效，已在這次抗禦金、齊聯軍的行動中得到證明，因此張浚拜相後便積極圖謀恢復。然而，由於朝廷爲因應內亂外患交迫的情勢，必須借重武將內平變亂、外禦強敵，而不得不加以優容，卻形成了大將專兵、地方權重的現象。

〔註31〕 《宋史》，卷二十七，〈高宗本紀〉，頁513～514。

〔註32〕 《要錄》，卷八十三，紹興四年十二月庚子條，頁11下～12下；《大金國志》，卷八，天會十二年秋，頁129～130。

〔註33〕 《要錄》，卷八十四，紹興五年春正月戊申條，頁6上。

〔註34〕 《會編》，卷一六六，紹興五年二月十三日丁亥條，頁14下～15上。亦見徐自明，《宋宰輔編年錄》（北京：中華書局，1986年7月初版），卷十五，紹興五年二月丙戌條，頁1003～1004。

隨著內亂的漸次敉平，偽齊接連受挫，中興規模逐漸確立，朝廷要求中央集權的呼聲轉強，尤其當對武將問題有切身體驗的張浚有意推動北伐時，更不容許因大將違節而妨礙其恢復計畫，因此，收復中原與整頓軍政，乃成為他重掌政權後，內外並進，積極推動的兩大工作。

第二節　收剿湖寇與淮西之役

「先安內後攘外」，是宋廷在紹興初年所採行的政策。經過數年的剿撫兼用，南宋境內的盜賊與變亂勢力，到紹興四、五年時已漸次敉平，使得宋廷在對抗金、齊的形勢上轉趨有利。〔註35〕紹興四年多，宋軍成功地遏阻南犯的金、齊聯軍後，高宗的外交態度明顯轉變：雖然為避免與金決裂，仍繼續遣使通問，卻再度起用張浚經營恢復大業。但是，此時巨寇楊么仍擁眾盤踞洞庭湖，控制長江中游，阻斷東南與川陝、荊襄的交通，不僅妨礙了恢復計畫，更成為宋廷的心腹之患，張浚便指出：「建康東南都會，而洞庭實據上流，今寇日滋，壅遏漕運，格塞形勢，為腹心害，不先去之，無以立國」。〔註36〕因此，收剿湖寇乃成為張浚開都督府後的第一件工作。

楊么係鍾相的餘黨。先是，建炎四年，鼎州人鍾相以左道惑眾叛亂，跨據荊、岳、鼎、澧四州，僭號「楚王」，建元「天戰」，旋即為孔彥舟所破。楊么乃率領餘眾數萬人，佔據洞庭湖，分立柵寨，恃水為固，出沒不常，騷擾湘湖地區。〔註37〕宋廷採取剿滅方式，於紹興二年二月任命李綱為湖廣宣撫使總其事。十二月，李綱合湖北安撫使劉洪道、知鼎州程昌㝢、荊南鎮撫使解潛等四路軍馬展開圍剿，擊破賊將楊欽水寨，殺賊五千餘人，盡焚營寨，奪舟取糧，賊勢暫挫。〔註38〕三年，湖寇聲勢復振，楊么僭號大聖天王，立鍾相之子子儀為太子，分兵寇公安、石首等縣，又與偽齊交結。〔註39〕朝廷

〔註35〕 參見王世宗，《南宋高宗朝變亂之研究》，第二章：〈高宗一朝的變亂集團及情勢分析〉。

〔註36〕 〈張浚行狀〉上，頁1680；《要錄》，卷八十六，紹興五年閏二月辛酉條，頁10上。

〔註37〕 岳珂，《金佗續編》（文淵閣四庫全書本），卷二十五，〈鼎澧逸民敘述楊么事迹一〉，頁1上～5上；參見白鋼、向祥海，《鍾相楊么起義始末》（山西人民出版社，1980年4月初版），第二、三、四章。

〔註38〕 《宋會要》，〈兵〉，十之三十三。

〔註39〕 劉時舉，《續宋中興編年資治通鑑》（東方學會排印本），卷三，頁7下；又《金佗粹編》，卷五，〈行實編年二〉，紹興三年十二月，頁21上、下。

於是再度任命王瓊爲荊南府、潭鼎澧鄂岳等州制置使，負責討賊。〔註 40〕王
瓊派遣統制官石世達赴鼎州協助程昌寓控扼湘江上游，自率所部前趨岳州把
守下游。十月，二路同時進討，石世達與程昌寓所部統制官杜湛合兵攻破賊
將黃誠寨；王瓊則與賊戰於鼎口，官軍失利，王瓊中流矢，遂留統制官崔增、
吳全領水軍駐泊橋口，據守下游，自率神武前軍萬餘人陸行趨鼎州。〔註 41〕
十一月，崔增、吳全進兵，與賊戰於陽武口，官軍大敗，二將皆死。王瓊原
議襲取周倫寨，聞二將死訊，躊躇不敢進，又得江北警報，遂移師鄂州防江。
〔註 42〕四年，王瓊以爲「賊不可討」，乃遣兵踐其禾稼，湖賊報復反擊，於七
月乘大水進攻宋軍社大寨，破之，官軍傷亡慘重，賊焰愈熾。〔註 43〕

　　對於盜賊，高宗本主張剿滅，認爲「招安非良法，命之以官，是誘之使
盜，不若移此以賞捕盜立功之人」〔註 44〕，因此當王瓊乞請金字牌，欲招降
湖寇時，高宗便表示：

　　　近來盜賊踵起，蓋黃潛善等專務招安，而無弭盜之術，高官厚祿，
　　　以待渠魁，是賞盜也。（楊）么跳梁江湖，罪惡貫盈，故命討之，何
　　　招安爲？〔註 45〕

但是，由於征剿累年無功，王瓊督師甚至接連受挫，高宗乃逐漸改變強硬態
度，適張浚自川陝東歸，奏稱：「村民無知，劫於官吏之擾，偷安江湖，非剽
掠無以爲生。其拒王師，實懼大戮，勢不得已，以緩死爾！臣謂宜廓信義以
招之。」〔註 46〕高宗接納張浚的建議，改採剿撫並施的策略，一面命折彥質
等從事招降，一面以岳飛爲湖北路荊襄潭州制置使，取代王瓊，負責收剿湖
寇。〔註 47〕

〔註 40〕《要錄》，卷六十六，紹興三年六月甲午條，頁 5 下～7 下；亦見《宋會要》，
　　　　〈兵〉，十之三十三。
〔註 41〕《中興小紀》，卷十五，紹興三年冬十月己酉條，頁 9 上、下；亦見《要錄》，
　　　　卷六十九，紹興三年冬十月甲辰條，頁 11 下。
〔註 42〕《要錄》，卷七十，紹興三年十一月癸亥、甲子、戊寅條，頁 4 上、4 下～5
　　　　上、9 上；《金佗續編》，卷二十六，〈鼎澧逸民敘述楊么事迹二〉，頁 1 上、2
　　　　下；參見白鋼、向祥海，《鍾相楊么起義始末》，第六章。
〔註 43〕《要錄》，卷七十八，紹興四年秋七月癸丑條，頁 3 下；《金佗續編》，卷二十
　　　　六，〈鼎澧逸民敘述楊么事迹二〉，頁 4 上～5 上。
〔註 44〕《要錄》，卷六十六，紹興三年六月甲午條，引何備：《龜鑑》，頁 7 下。
〔註 45〕同上註。
〔註 46〕《要錄》，卷七十四，紹興四年三月丙辰條，頁 2 上。
〔註 47〕《要錄》，卷七十三，紹興四年二月辛巳朔條，頁 1 上；卷七十九，紹興四年
　　　　八月壬寅條，頁 13 下～14 上。

紹興五年二月，張浚既開都督府，首以湖寇之患爲言，積極展開弭盜工作。張浚對於盜賊問題，一向抱持招撫態度，認爲：

> 盜賊之徒，多河北、京東失業之人，義不歸虜，偷生中國，若欲盡殺之，是必使之盡歸虜人而後已。又御前之師……萬一稍挫銳於盜賊，則王師之勢愈弱，何以捍禦敵人。〔註48〕

早在建炎年間，張浚便曾親自招降盜賊靳賽及薛慶。〔註49〕紹興四年二月，自蜀東歸，途經潭州，也留屬官馮檝爲荊湖撫諭，協助安撫使折彥質措置招安。〔註50〕此時，負責收剿湖寇，依然抱持相同的態度。他向高宗分析賊勢，並報告其收剿計畫說：

> 寇阻重湖，春夏則耕耘，秋冬水落，則收糧于湖寨，載老小于泊中，而盡驅其眾四出爲暴。前日朝廷反謂夏多水潦，屢以冬用師，故寇得併力，而我不得志。今乘其怠，盛夏討之，彼眾既散，一旦合之，固已疲于奔命，又不得守田畝，禾稼踐踏，則秋冬有絕食之憂，黨羽必攜，可招來也。雖已命岳飛往，而兵將未必諭此意，或退兵殺戮，則失勝算，傷國體。〔註51〕

這項計畫中揭舉了三個重點：在時間上，確立乘盛夏農忙的出師時機；在方式上，強調招撫的原則；在策略上，採取且招且捕、恩威並濟的手段。

在確定了討賊計畫後，張浚依舊以岳飛負責平寇事宜，又惟恐諸將違反招撫原則，徒事殺戮，乃奏乞親赴潭州督師。〔註52〕同時，配合招捕策略，命統制官任士安以兵三千屯湘陰，保護湘江糧道；郝晸屯橋口，王俊屯益陽，吳錫屯公安，崔邦弼屯南陽渡，馬津、步諒留潭州，程千秋分撥鼎州官兵於緊要去處屯駐，壓以兵勢，使賊有所懼；又便宜命「荊、潭、鼎、澧、岳州將逐寨先出首人多方存恤，首領申行府授官，餘人給以閒田貸之」，「其招收人，報所屬給種授田，務令安業，候黃誠、楊太、周倫公參了日，當議蠲免

〔註48〕《歷代名臣奏議》，卷三一八，〈論軍行誅賞宜先遣辯士往諭疏〉，頁23上、下。

〔註49〕《要錄》，卷二十，建炎三年二月癸酉條，頁19上；卷二十三，建炎三年五月己丑條，頁5下。

〔註50〕《中興小紀》，卷十六，紹興四年二月乙酉條，頁2下～3上。

〔註51〕〈張浚行狀〉上，頁1680；亦見《要錄》，卷八十六，紹興五年閏二月辛酉條，10上、下。

〔註52〕〈張浚行狀〉上，頁1680；《宋史》，卷二十八，〈高宗本紀〉，紹興五年二月壬辰條，頁518。

租稅，補授官資」，仍給黃榜下任士安等軍及岳、潭、鼎州撫諭，圖藉優厚的條件以招徠湖賊。〔註53〕

　　岳飛既受招撫之命，遵照張浚「禾稼蹂踐，則秋冬有絕食之憂」的提示，採取斷糧困賊的策略，嚴密封鎖洞庭湖區對外交通和貿易，斷絕湖寇的糧食及武器來源，藉以迫使賊眾出降。〔註54〕四月，岳飛至潭州，先遣使持檄往賊寨招降，賊將黃佐受招，岳飛乃以黃佐招誘賊眾，得二千餘人，又命黃佐率眾襲破周倫寨。〔註55〕五月，張浚至潭州督師。先是，賊將黃誠、周倫已有投降之意，朝廷有旨放罪轉官，張浚至醴泉縣，又釋放湖賊數百人，給以文書，宣稱：「今既不得保田畝，秋冬必乏食，且餒死矣，不若早降，即赦爾死」，使之分示諸寨，招誘出降。張浚至潭州，黃誠、周倫乃先請受約束，但二人屢殺招安吏士，猶自疑不安，張浚於是命岳飛分兵屯鼎、澧、益陽，二人大驚，遂定出降之計。〔註56〕同時，岳飛也已在鼎州城外「置寨列艦」，完成部署，準備大舉進討。

　　六月，朝廷將議防秋，召張浚還行在。張浚與岳飛商議進退，岳飛請少留數日，並進「以水寇攻水寇」之策，張浚首肯，岳飛即派黃佐招降賊將楊欽，得賊眾三千餘人，船四百餘艘，遂派楊欽回寨為內應，並調集重兵對湖寨發動全面攻擊，以黃佐、楊欽為前導，先擒殺賊首楊么、鍾子儀，繼破夏誠、劉衡寨。由於張浚與岳飛「且招且捕」策略運用得宜，賊眾早已動搖，聞官軍進討，諸寨紛紛內變，賊將陳瑫、黃誠、周倫等三百餘人皆率所部出降，計招撫丁壯五、六萬人，老弱十餘萬，為患數年的湖寇終告敉平。〔註57〕

　　湖寇既平，東南形勢底定，與川陝血脈相通，中興規模已然確立，高宗在得到張浚捷報後，賜張浚手書說：「上流既定，則川陝、荊襄形勢連接，事力倍增，天其以中興之功付卿乎？」〔註58〕張浚本有恢復中原之志，復得到高宗的鼓勵，於是積極籌劃恢復事宜。

〔註53〕《要錄》，卷八十六，紹興五年閏二月辛酉條，頁10下。
〔註54〕《金佗粹編》，卷十一，〈招楊欽奏〉，頁10上、下；白鋼、向祥海，《鍾相楊么起義始末》，第七章，頁178。
〔註55〕同上註，卷六，〈行實編年三〉，頁11上～12下。
〔註56〕《要錄》，卷八十五，紹興五年二月戊子條，頁10上、下；卷八十九，紹興五年五月甲申條，頁6下。
〔註57〕《金佗粹編》，卷六，〈行實編年三〉，頁13上～16下；參見白鋼、向祥海，《鍾相楊么起義始末》，第七、八章。
〔註58〕〈張浚行狀〉上，頁1680。

　　早在收剿湖寇之時，張浚便利用赴江上督師的機會，命韓世忠進屯楚州，以撼山東；至建康府、太平州視察張俊、劉光世的軍隊；〔註 59〕用知泰州邵彪之議營田，措置軍餉；〔註 60〕又遣何蘇赴金通問示好。〔註 61〕五年六月，張浚既平湖賊，一面命岳飛進屯荊襄，以圖中原，一面往淮上會諸將議防秋，直抵山陽而還，僞齊震動。〔註 62〕

　　張浚還朝後，即議出師北討。十二月，先遣都督府參議軍事劉子羽、主管機宜文字熊彥詩往川陝撫諭，考察邊備虛實。〔註 63〕此時，韓世忠駐軍承、楚，劉光世屯兵太平州，張俊駐守建康府，岳飛在鄂州，朝論或以爲「邊防未備，空闕之處尚多」，頗引以爲憂。張浚則認爲：

> 大軍在前，雖有他歧捷徑，敵人畏我之議其後，不敢踰越而深入，
> 故太原未陷，尼瑪哈之兵不復濟河，亦以此耳。論者多以前後空闊
> 爲疑，曾不議其糧食所自來，師徒所自歸，不然必環數千里之地，
> 盡以兵守之，然後可安乎？〔註 64〕

高宗支持張浚的看法。六年正月，張浚以「敵勢未衰，而劉豫復據中原，爲謀叵測」，奏請親行邊塞，部分諸將，以觀機會，遂張榜聲討劉豫叛逆之罪，親往荊襄、川陝視師，並措置沿江軍事及屯田事宜。〔註 65〕

　　二月，張浚至江上會諸將議事，命韓世忠據承、楚以圖淮陽，劉光世屯合肥以招北軍，張俊練兵建康，進屯盱眙，楊沂中領精兵佐張俊後翼，岳飛進駐襄陽以復河南，完成邊防部署。〔註 66〕張浚在諸將中，特別推重韓世忠與岳飛，有意倚賴二人獨任恢復大業，乃於三月正式任命韓世忠爲京東、淮

〔註 59〕　《要錄》，卷八十六，紹興五年閏二月丙寅條，頁 13 下。

〔註 60〕　《要錄》，卷八十七，紹興五年三月辛丑條，頁 16 下。

〔註 61〕　《宋史》，卷二十八，〈高宗本紀〉，紹興五年五月辛巳條：「張浚奏：使事兵家機權，後將闢地復土，終歸於和，未可遽絕。」頁 520。

〔註 62〕　〈張浚行狀〉上，頁 1680；《要錄》，卷九十四，紹興五年冬十月庚戌條，頁 4 下。

〔註 63〕　《要錄》，卷九十六，紹興五年十二月丙寅條，頁 13 下～14 上。

〔註 64〕　〈張浚行狀〉上，頁 1682；《要錄》，卷九十八，紹興六年春正月丙戌條，頁 8 上。

〔註 65〕　張浚受命視師，見《要錄》，卷九十五，紹興五年十一月丙戌條，頁 7 下；出行在紹興六年正月丙戌，見《要錄》，卷九十七，頁 7 下～8 上。措置屯田，見《宋會要》，〈食貨〉，二之十五。

〔註 66〕　〈張浚行狀〉上，頁 1682；《要錄》，卷九十八，紹興六年二月辛亥條，頁 7 下。

東宣撫處置使，兼節制鎮江府，徙鎮楚州；岳飛爲湖北、京西宣撫副使，徙鎮襄陽；又以楊沂中屯泗州支援世忠。〔註 67〕在張浚積極調兵遣將的同時，諸將亦捷報頻傳：二月，韓世忠敗金人於宿遷，擒其將牙合，進圍淮陽軍，「淮陽民從軍南歸者萬數」；〔註 68〕三月，韓世忠再敗金、齊兵於漣水軍；四月，劉光世襲破僞齊兵於劉龍城，擒其統制華知剛。〔註 69〕張浚見時機逐漸成熟，於是再於六月渡江，撫諭淮上諸軍，命岳飛自九江進屯襄陽，楊沂中進駐泗州，劉光世由當塗趨廬州，與韓世忠、張俊形成犄角之勢。〔註 70〕張浚又以「臨安僻居一隅，內則易生安肆，外則不足以號召遠近，繫中原之心」，力請高宗於秋冬臨幸建康，撫諭三軍，以圖恢復，趙鼎也主張巡幸平江，高宗遂於八月詔諭將士親征。〔註 71〕此時，劉光世又進復壽春，岳飛破僞齊於鎮汝軍、蔡州，收復京西長水縣及虢州。〔註 72〕九月，高宗進幸平江，北伐聲勢大振。

南宋一連串的軍事行動，使僞齊感到極大的威脅，乃向金告急求援，金主召諸將共議，宗磐認爲：

> 先帝所以封豫者，欲豫闢疆保境，我得安民息兵也，今豫進不能取，
>
> 又不能守，兵連禍結，愈無休息，從之則豫受其利，敗則我受其敝。
>
> 況前年因豫乞兵，嘗不利於江上，奈何許之。〔註 73〕

這段話傳達了兩項重要訊息：一是金廷不滿劉豫攻宋累年無功，支持的意願漸減；二是金將對渡江南侵仍有懼意。因此，金主拒絕了劉豫的請求，只派兀朮提兵於黎陽觀釁。劉豫不得已，遂自行出兵，命劉麟、劉猊率領李成、孔彥舟、關師古等將，簽鄉兵三十萬，分三道入寇：劉麟領中路軍，由壽春犯合肥；劉猊率東路軍，從紫荊山出渦口，犯定遠縣，以趨宣、徽；孔彥舟

〔註 67〕《中興聖政》，卷十九，紹興六年三月己巳、乙亥條，頁 9 上、下，11 下～12 上。

〔註 68〕《要錄》，卷九十八，紹興六年二月乙卯、辛酉條，頁 9 上、下，11 上、下。

〔註 69〕《宋史》，卷二十八，〈高宗本紀〉，頁 524～525。劉龍城之役，亦見《會編》，卷一六九，紹興六年四月二十七日甲子條，頁 8 上、下。

〔註 70〕《宋史》，卷二十八，〈高宗本紀〉，頁 525；《要錄》，卷一〇二，紹興六年六月己酉條，頁 4 下。

〔註 71〕〈張浚行狀〉上，頁 1683；《要錄》，卷一〇二，紹興六年六月己酉條，頁 4 下；卷一〇四，紹興六年八月甲辰、戊申條，頁 5 上、下，7 上。

〔註 72〕《會編》，卷一六九，頁 9 上、下；《宋史》，卷二十八，〈高宗本紀〉，頁 526～527。

〔註 73〕《要錄》，卷一〇五，紹興六年九月庚寅條，頁 7 下。

統西路軍,由光州犯六安。〔註74〕劉豫又命鄉兵改著金兵服裝,十百爲群,分散於河南諸州間,企圖以金、齊聯軍的假象,壯大聲勢,恐動宋軍。〔註75〕

此時,張俊駐紮盱眙,楊沂中屯軍泗上,韓世忠在楚州,岳飛扼守鄂州,劉光世遣輕兵進據廬州,而留重兵於當塗,聲勢了不相及,且沿江一帶皆無軍馬,趙鼎頗引以爲憂。〔註76〕張浚研判敵勢,認爲金人已「疲于奔命,決不能悉大眾復來,此必皆豫兵」,乃親赴江上督師。張浚既出視江上,邊報不一,張俊、劉光世皆誇大敵勢,請求增兵,劉光世甚至密奏趙鼎謂廬州難守,請准退保太平州。此舉導致群情洶懼,紛紛要求「移盱眙之屯,退合肥之師,召岳飛盡以兵東下」,甚至有主張回蹕臨安者。張浚不爲所動,馳書告誡張俊、劉光世說:「賊豫之兵以逆犯順,若不盡剿,何以立國,平日亦安用養兵爲?今日之事,有進擊,無退保」。然而,趙鼎與簽書樞密院事折彥質卻頻頻移書促張浚命岳飛速率兵東下,並請高宗令張浚「退師還江南,爲保江之計」,張浚上奏力辯退師非計,他說:

> 俊等渡江,則無江南,而長江之險與敵共矣。淮南之屯,正所以屏蔽大江。向若叛賊得據淮西,因糧就運,以爲家計,江南其可保乎?陛下其能復遣諸將渡江擊賊乎?淮西之寇正當合兵掩擊,令士氣益振,可保必勝,若一有退意,則大事去矣。又岳飛一動,則襄陽有警,復何所制?

吏部侍郎呂祉也支持張浚的看法,力主進取。高宗審度情勢,決定採納張浚的意見,乃命呂祉趕赴廬州督促劉光世進軍。〔註77〕

十月,僞齊入寇之兵進犯淮南。劉猊東路軍爲韓世忠扼於承、楚之間,韓世忠渡淮敗僞齊將領阿里雅,劉猊退還順昌,西趨合肥,欲與劉麟會合。劉麟率中路軍自淮西而渡,進次濠、梁之間,江東宣撫使張俊引兵拒敵,朝廷遂命張俊接防淮西。張浚也派都督府統制官楊沂中引兵至泗州與張俊會合。及楊沂中至濠州,劉光世已自廬州南撤,張浚聞訊,兼程趕至采石,派

〔註74〕《要錄》,卷一〇五,紹興六年九月庚寅條,頁 8 上;亦見《會編》,卷一六九,頁 10 上。

〔註75〕〈張浚行狀〉上,頁 1683;《要錄》(文淵閣四庫全書本),卷一〇六,紹興六年冬十月丁酉條,頁 2 下;《大金國志》,卷九,天會十四年秋,頁 138~139。

〔註76〕《要錄》,卷一〇五,紹興六年九月庚寅條,頁 8 上、下。

〔註77〕〈張浚行狀〉上,頁 1683;《要錄》(文淵閣四庫全書本),卷一〇六,紹興六年冬十月丁酉條,頁 2 下~4 下。

向子諲督劉光世還軍廬州，聲言：「若有一人渡江，即斬以狥」，高宗也委楊沂中以「若不進兵，當行軍法」之權。劉光世不得已，乃駐兵與楊沂中相應，遣統制官王德、酈瓊、趙買臣率兵出擊，敗偽齊將領崔皐、賈潭、王遇等人於安豐，知壽春府孫暉也敗偽齊兵於芍陂水寨。〔註78〕不久，東路劉猊引兵西來，過定遠縣，欲趨宣化，進犯建康，楊沂中先敗劉猊軍前鋒於越家坊，繼而會合張俊所部統制官張宗顔、王偉援軍，大敗劉猊軍於藕塘，劉猊僅以身免。當時劉麟寇廬州，孔彥舟圍光州，聞劉猊敗績，乃匆匆北遁，宋軍追擊至南壽春而還。〔註79〕

　　淮西一役，宋軍將士用命，給予南犯的偽齊軍隊迎頭痛擊，確保了淮南防線，也奠立了中興的形勢。此役勝負的關鍵，在於張浚始終堅持防淮進取的策略，高宗即肯定張浚的功勞說：「破敵之功，盡出右相之力」，因此當張浚建議乘勝移幸建康、進取河南，擒伏劉豫父子時，高宗便「翻然從其計」。〔註80〕相對而言，趙鼎始建移幸平江之議，繼而欲退保江南，後來淮西告捷，又主張回蹕臨安，議論屢變，在進取呼聲高張的情勢下，顯然難以為高宗所接受，趙鼎也因此而不自安，萌生辭相之意。此外，自趙、張並相以來，張浚力主進取，兼負內剿盜寇、外抗強敵的軍事重任，頗見績效，而趙鼎的持重作風則顯得保守，二人門下之士因此互相排擠、攻訐，也使得二人關係日益疏遠。〔註81〕於是，當高宗表示支持張浚的進取策略及罷劉光世兵柄之時，趙鼎力爭無效後，只得求去，形成張浚獨相的局面。

　　張浚獨相之後，更加積極的推動恢復工作。但是北伐工作必須以武力為後盾，而劉光世違節抗命，卻暴露出大將權重難制的問題。自朝廷推行安內策略以來，多賴武將敉平盜賊及變亂，尤其是張、韓、劉、岳四大將。這些武將乘機將招撫的群盜納為私兵，擴充其武力。這種大將專兵的現象，背離

〔註78〕〈張浚行狀〉上，頁1683；《要錄》（文淵閣四庫全書本），卷一○六，紹興六年冬十月丁酉條，頁2下～4下。《會編》，卷一七○，頁4上、下。

〔註79〕〈張浚行狀〉上，頁1684；《要錄》，卷一○六，紹興六年冬十月壬寅、甲辰條，頁6上、下，7上、下；《會編》，卷一七○，頁4下～5上；《大金國志》，卷九，天會十四年秋，頁139。

〔註80〕〈張浚行狀〉上，頁1684～1685；《要錄》，卷一○七，紹興六年十二月戊戌條，頁2上～3上。

〔註81〕黎靖德編，《朱子語類》（台北：華世出版社，1987年台一版），卷一三一，〈中興至今人物上〉，頁3144～3145；《要錄》，卷一○六，紹興六年冬十月癸亥條：「鼎因曰：臣始與張浚如兄弟，近因呂祉輩離間，遂爾睽異。」頁13下。

了強幹弱枝的國策，尤其當劉光世抗命事件發生後，更觸發了朝廷的顧慮，因此張浚在推動北伐的同時，也積極展開收兵權的工作。

第三節　軍政變革與酈瓊兵變

劉光世事件，繼苗、劉之變及范瓊事件之後，再度凸顯了大將權重難制的問題。將權擴張，是南宋初期軍政發展上的重要現象。這雖是時勢使然，卻與宋朝強幹弱枝的基本國策相違背。

朝廷基於安內攘外的需要而優容武將，是形成大將專兵、地方權重的主要原因。汪藻指出這種情形說：

> 今陛下所謂將帥者……不過曰劉光世、韓世忠、張俊、王瓊之徒是
> 也。論其官，則膚節鉞之除，兼兩鎮之重，視執政之班，有韓琦、
> 文彥博所不敢當者，其寵可謂極矣。論其家，則金帛充盈，所衣者
> 錦衣，所食者玉食，奢豪無所不至，雖輿臺廝養，皆得以功賞補官，
> 至一軍之中，使臣反多，卒伍反少，其志可謂驕矣。平時飛揚跋扈，
> 不循朝廷法度，所至焚掠驅擄甚于敵人者，陛下不得而問也；擁重
> 兵，居閒處，邀犒設錫賚者，陛下不得而吝也。〔註82〕

這席話道出了南宋初期武將位高權重、驕恣跋扈兩個基本問題，歸結為將權的不正常擴張。此一時期將權的擴張，實際上包含了軍力的擴充和權力的膨脹兩方面，而其關鍵均在於朝廷採取「先安內後攘外」政策的數年之間。

就軍力的擴充言，建炎年間，金人數度侵擾東南，朝廷忙於避敵，無暇顧及地方事務，加上盜賊肆虐，變亂頻繁，因此這一時期南宋全國近似處於無政府的混亂狀態，姑且稱之為「國力崩解時期」。為了化解內外危機，在建藩的呼籲下，建炎三年五月張浚首先以樞相宣撫川陜，俾穩定西北及長江上游形勢；四年，在「先安內後攘外」的政策下，對外採取彈性外交，對內則於兩淮設置鎮撫使，藉以控制並利用地方武力；又於東南設置安撫大使、制置使、宣撫使等官，以文臣、武將充任，賦予較大的權限，從事敉亂的工作。自建炎末年到紹興四、五年間，南宋國力逐漸恢復，這段期間可稱為「國力重建時期」。然而，當防金、弭盜策略漸收成效之際，張浚卻在地方分權的顧慮下，被解除宣撫使處置使的職權。而兩淮的鎮撫使，一則由於大部分出身

〔註82〕汪藻，《浮溪集》（四部叢刊初編本），卷一，〈奏論諸將無功狀〉，頁11。

背景複雜，難掩土豪、盜賊習性，或相互兼併，或叛降北方；二則以藩鎮處
盜賊，產生中央與地方力量不均衡等問題，引起朝臣的議論，因此淮南「諸
鎮撫使稍因事併廢矣」。〔註83〕此外，朝廷雖以前執政大臣充任地方帥臣，卻
如朱勝非所言：「安撫大使與宣撫使名稱甚重，而無錢無糧無民無兵，其實不
過一小邑」〔註84〕，也難以收敉亂禦敵之功。

　　當前述幾種方式相繼受到主、客觀因素限制而無法有效運作時，惟獨武
將挾著原有的軍事實力，得以內平變亂、外禦強敵。紹興初年，在宋廷的安
內政策下，武將運用剿、撫策略，將降附的群盜納入軍隊，又乘鎮撫使逐漸
併廢之際，將勢力伸入鎮撫使轄區，接收其武力，既壯大了實力，也擴充了
勢力範圍，於是「諸大將之兵浸增，遂各以精銳雄視海內。」〔註85〕宋軍主
力所在的「四鎮」——張俊、韓世忠、劉光世、岳飛，便是藉安內攘外機會
擴充實力的武將群中的佼佼者。建炎三、四年時，四鎮總兵力僅佔全國總兵
數（四川除外）的百分之三十；到紹興二年時，已接近百分之八十；紹興五
年時，更高達百分之九十。〔註86〕同時，由於軍隊長久駐紮在外，朝廷無法
有效控制，遂使軍隊與主將的關係日密而與朝廷關係漸疏，形成「兵隸張俊
者曰張家軍，隸岳飛者曰岳家軍，隸韓世忠者曰韓家軍」〔註87〕的情形，足
見武將軍力擴充所造成的外重內輕現象十分嚴重。

　　再就權力的膨脹言，在「守則無人，奔則無地」〔註88〕的情況下，軍事
實力成為武將政治地位的奠基石。在中央，高宗破例允許統兵官值宿禁中，
又以大將出任樞密使副，於是出現「大臣見陛下有時，而諸將無時」、「進退
人才，諸將或預焉」的現象。〔註89〕在地方，武臣不僅從副貳的地位晉陞擔

〔註83〕　《要錄》，卷三十七，建炎四年九月辛酉條，頁 10 上。參見黃寬重，〈南宋對
　　　　　地方武力的利用和控制：以鎮撫使為例〉。
〔註84〕　《宋宰輔編年錄》，卷十四，建炎四年六月丙戌條，頁 955。
〔註85〕　馬端臨，《文獻通考》（台北：新興書局，民國 52 年 3 月新一版），卷一五四，
　　　　　〈兵考六〉，頁 1343。
〔註86〕　參見石文濟，《南宋中興四鎮》，〈附表十六〉，頁 323；黃寬重，〈酈瓊兵變與
　　　　　南宋初期的政局〉，《中央研究院歷史語言研究所集刊》（以下簡稱《史語所集
　　　　　刊》），第六十本第一分（民國 78 年 3 月），頁 93～121。
〔註87〕　《要錄》，卷一三七，紹興十年秋七月乙卯條，頁 3 下；又《會編》，卷一八
　　　　　○，臣僚〈上皇帝書〉云：「泗州之兵，事無大小，則知有張俊，楚州一軍則
　　　　　知有韓世忠，襄陽一軍則知有岳飛，殿前一司則知有楊沂中，一旦緩急之際，
　　　　　人各為其主。」，頁 5 上。
〔註88〕　《要錄》，卷二十六，建炎三年八月丁卯條，頁 6 上。
〔註89〕　《浮溪集》，卷一，〈行在越州條具時政〉，頁 7。

任擁有實權的主官，如經略使、安撫使、提刑、知州等，甚至出任例由二府大臣充任的宣撫使。隨著地位的提升，配合安內攘外的需要，朝廷往往以便宜之權付大將，於是除了既有的軍權之外，將帥又掌握了轄區內的民政、財政大權。武將權力膨脹的結果，遂「漸成跋扈」、「輕視朝廷」，內則侵預朝權，外則廣植勢力，在在對中央政府構成嚴重的威脅。〔註90〕

此一問題，經過苗、劉之變及范瓊事件後，朝臣已經有所警覺，因此紛紛對日益嚴重的「外重內輕」現象提出警告。紹興元年二月，翰林學士汪藻上御將三說，鄭重強調：

> 自古以兵權屬人，久而未有不為患者。豈不以予之至易，收之至難，不蚤圖之，後悔無及耶……今諸將之驕，密院已不得而制矣，臣恐寇平之後，方有勞聖慮。孔子所謂：吾恐季孫之憂，不在顓臾，而在蕭牆之內也。〔註91〕

紹興二年十月，直龍圖閣胡寅上書論治軍旅說：

> 宿衛單弱，國威銷挫……欲于劉、韓、張、辛四人之兵，有所移易廢置，臣知其不能矣。權既偏重，柄既倒持，彼必謂陛下不能一日而舍之，夷踞桀驁，日以滋起，陛下以孤立之身寄于其上，安能使此四人者常無怨怒相激而不為變乎？劉、苗之亂，率爾而作者，坐此故也。〔註92〕

紹興三年十二月，監廣州寬口場鹽稅吳伸說：

> 今之兵權，委寄太重，且如眾軍相呼，必曰某家某姓之兵。觀其稱呼，自相爾汝，度其權勢，必不統一……今不知有陛下，但知有將師者，無他，良由下權太重，而上威不張也。〔註93〕

知福州張守在紹興五年三月也指出：「今之大將皆握重兵，貴極富溢，前無利

〔註90〕 參見石文濟：《南宋與中興四鎮》，第三章：〈四鎮的行政財政及社會措施〉，頁278～290；第五章，第一節：「四鎮與宋代基本國策的衝突」，頁323～332。虞雲國，〈論宋代第二次削兵權〉，《上海師範大學學報》，1986年三期，頁96～103。

〔註91〕 《浮溪集》，卷一，〈行在越州條具時政〉，頁8～9；亦見《會編》，卷一四五，紹興元年二月二十六日癸巳條，頁1上～8下。

〔註92〕 《斐然集》，卷十六，〈上皇帝萬言書〉，頁11下～12上；亦見《會編》，卷一五二，紹興二年十月六日癸巳條，頁7下～8上。胡寅，《會編》作劉嶸，實誤。

〔註93〕 《會編》，卷一五六，紹興三年十二月十二日壬辰條，頁14上。

祿之望，退無誅罰之憂，故朝廷之勢日削，兵將之權日重」。〔註94〕

　　除了呼籲重視這個問題的嚴重性外，朝臣們也提出多項解決的方案：胡寅主張「集天下勁兵以強御營之勢」〔註95〕，張綱建議「取殿司、馬及步軍兵籍，斟酌多寡，講求補卒之法，以嚴宿衛之列」〔註96〕，以上兩種方案均屬於強化中央以抗衡地方的傳統「強榦弱枝」模式。陳公輔鼓吹對跋扈的武將「加之以威，處之以法」〔註97〕，劉長源請「擇文臣剛方有守、才堪御史者爲軍正，每軍置一員，令專糾諸軍之不法」〔註98〕，韓肖冑則提議設置總帥〔註99〕，這些大抵強調以文制武的舊法，著重權術的運用。汪藻、張守、陳規、王庶、張戒等人，則從「眾建」的構想，先後提出「撫循偏裨，以分其勢」的方案。〔註100〕

　　儘管大臣們提出了各種解決方案，但是在外患內亂踵繼的紹興初年，朝廷仍須倚賴大將穩定局勢，因此削弱大將勢力的「眾建」策略，一時無法推動，而「以文制武」的方式，也難以收效。於是，朝廷只有從加強中央兵力著手，如紹興二年成立御前忠銳軍，直隸中央。〔註101〕然而，中央兵力的增加，卻遠不及大將藉剿亂、禦敵的機會而增兵來得迅速。因此，當局勢逐漸穩定後，如何緩和「外重內輕」的現象，避免「太阿倒持」的情況發生，乃成爲當時最重要的課題之一。

　　早在劉光世事件發生前，張浚已以溫和的手段著手整頓軍政。紹興五年二月張浚復掌軍政後，即針對大將專兵、地方權重的問題，綜合朝臣所提的解決方案，分別從加強中央軍力、強化中央權威及以文制武等方面，進行軍政改革。在加強中央軍力方面，五年十二月，張浚恢復三衙制度，以楊沂中所部隸殿前司，解潛部曲隸馬軍司，統制官顏漸部隸步軍司，江南東路馬步

〔註94〕　張守，《毘陵集》（武英殿聚珍本），卷一，〈應詔論事箚子〉，頁7上、下；亦見《要錄》，卷八十七，紹興五年三月癸卯條，頁25上。

〔註95〕　《斐然集》，卷十六，〈上皇帝萬言書〉，頁12上。

〔註96〕　張綱，《華陽集》（四部叢刊續編本），卷十五，〈論三衙兵少箚子〉，頁3下。

〔註97〕　《要錄》，卷一〇八，紹興七年春正月癸卯朔條，頁2上。

〔註98〕　《要錄》，卷九十五，紹興五年十一月辛未條，頁4上。

〔註99〕　《要錄》，卷八十七，紹興五年三月癸卯條，頁29下～30上。

〔註100〕　《浮溪集》，卷一，〈行在越州條具時政〉，頁9；《毘陵集》，卷一，〈應詔論事箚子〉，頁7下；《要錄》，卷六十四，紹興三年夏四月庚寅條，頁4上；卷一一八，紹興八年三月甲辰條，頁19上；卷一二〇，紹興八年六月乙亥條，10下。參見虞雲國，〈論宋代第二次削兵權〉，頁53。

〔註101〕　參見石文濟，《南宋中興四鎮》，第五章，第一節，頁326～328。

軍副總管劉錡所部親兵、湖北安撫司統制官覃敵見管水軍亦遙隸步軍司；在五軍之外，又置選鋒、護聖二軍，直隸中央；另外，張浚又規定都督府軍馬直隸三衙，並由四川招募少壯赴行在，以充扈衛。〔註102〕在強化中央權威方面，張浚以宰相之尊親自督師收剿湖寇，於五年四月正式罷去名存實亡的鎮撫使〔註103〕，又在短短三年內，六出江淮，措置邊防，整頓軍備〔註104〕；此外，張浚也分派朝臣為轉運使，總領三宣撫司錢糧，既可將財政大權收歸中央，又能藉此控制諸大將。〔註105〕最後，又運用以文制武的策略，先後任命邵溥、席益為四川宣撫副使、安撫制置大使，以牽制吳玠；〔註106〕對於東南三宣撫司，則分別任命文臣，或以都督府屬官兼宣撫司主管機宜文字，或就命宣撫司官屬兼都督府職務，藉以監視諸將。〔註107〕

　　經過幾次視師，張浚在準備畀韓世忠、岳飛以重任的同時，也發現了劉光世驕惰不肅，軍紀渙散。因此早在淮西之役發生違節抗命事件之前，張浚便曾密奏高宗，欲解除劉光世兵權，改由劉子羽率領，後因子羽推辭而作罷。〔註108〕後來淮西之役劉光世不服指揮，張浚深感問題已到刻不容緩的地步，於是改採直接收兵權的方式，於六年十二月以光世驕惰不戰，不可為大將，奏請罷其兵柄。趙鼎持異議，認為「光世將家子，將帥士卒多出其門下，若無故罷之，恐人心不可」〔註109〕，高宗則表示「劉麟敗北，朕不足喜，而諸

〔註102〕《要錄》，卷九十六，紹興五年十二月己亥朔、庚子、辛未、丙子條，頁1上，2上、下，3上，5下；卷一○二，紹興六年六月辛丑條，頁1下；卷一一一，紹興七年五月丙寅條，頁1下。

〔註103〕《要錄》，卷八十八，紹興五年夏四月丁未條，頁4上。參見黃寬重，〈南宋對地方武力的利用和控制：以鎮撫使為例〉。

〔註104〕張浚視師江淮，分別在紹興五年二月壬辰、十一月丙戌、六年二月、六月甲寅、九月庚寅、七年四月壬子，見《宋史》，卷二十八，〈高宗本紀〉，頁518～530。

〔註105〕《要錄》，卷八十六，紹興五年閏二月丙寅條，頁13下；卷九十八，紹興六年二月己未條，頁10下；卷一○一，紹興六年五月己卯條，頁6上。

〔註106〕《要錄》，卷八十七，紹興五年三月壬午條，頁7下；卷九十四，紹興五年冬十月乙卯條，頁6下。

〔註107〕《要錄》，卷八十六，紹興五年閏二月丙寅條，頁13下；卷九十，紹興五年六月乙卯條，頁9上；卷一○三，紹興六年秋七月癸未條，頁5下；卷一○六，紹興六年冬十月丁巳條，頁12上。

〔註108〕《要錄》，卷一○四，紹興六年八月癸卯條：「張浚以淮西宣撫使劉子翼驕惰不肅，密奏請罷之，欲以其軍屬子羽。」頁5上。按《宋史》，卷三七○，〈劉子羽傳〉，劉子翼當為劉光世（頁11508）。

〔註109〕《要錄》，卷一○七，紹興六年十二月戊戌條，頁3上。

將知尊朝廷爲可喜也」〔註110〕，顯然贊成罷劉光世，趙鼎力爭無效，罷相。
於是，言官紛紛對劉光世提出彈劾，謂「光世昨退保當塗，幾誤大事，後雖
有功，可以贖過，不宜仍握兵柄」，又言其「軍律不整，士卒恣橫」；張浚也
從恢復大計上考量，指出劉光世沈酣酒色，不恤國事，「語以恢復，意氣拂然」，
恐有妨礙恢復大業之虞，乞賜罷斥，以儆將帥。〔註111〕在朝臣的交相責難下，
劉光世不得已引疾乞祠，高宗乃於七年三月車駕進抵建康後，改命光世充萬
壽觀使，奉朝請，封榮國公，罷其兵權。〔註112〕

　　劉光世既罷，高宗與張浚一度在處置劉部軍馬的意見上發生歧異。當時，
朝廷擬乘淮西之捷圖謀再舉，進復中原，岳飛適奉詔入朝陛見，乃倡言「劉
豫不足平，要當以十萬眾橫截金境」〔註113〕，高宗壯其言，有意倚岳飛完成
中興大業，遂以飛節制張俊、韓世忠以外的軍隊，並親命劉光世所部王德、
酈瓊諸將「聽飛號令，如朕親行，倘違斯言，邦有常憲」。〔註114〕高宗此一做
法，使岳飛兵力驟增至十餘萬，有違漸收諸將兵權的本旨，因此張浚乃力促
高宗收回成命，將劉部分爲六軍，改隸都督府，遣都督府參謀軍事呂祉赴盧
州節制。〔註115〕岳飛對於高宗的變卦及張浚阻撓其併兵，非常不滿，於是以
與宰相議論不合爲由，要求解官持餘服，並不待高宗同意便將軍隊交由部將
張憲率領，自己回盧山守喪。岳飛此舉迹近跋扈抗上，儼然是另一次劉光世
事件，引起高宗與張浚極度不滿，張浚認爲岳飛「積意專在併兵，奏牘求去，
意在要君」，遂命都督府參議軍事張宗元權湖北、京西宣撫判官，赴鄂州監督
岳軍。〔註116〕張浚在短短兩個月內接連掌握兩支大軍，所採取方法是以文制
武，張宗元監岳飛一軍，由於不久之後岳飛復還而結束監管，呂祉節制劉光
世一軍，則因處置失當釀成一場大變。

　　張浚從岳飛手中取回淮西軍的統轄權，雖然依強幹弱枝的原則納入都督

〔註110〕《要錄》，卷一〇六，紹興六年十一月癸酉條，頁16下。
〔註111〕《要錄》，卷一〇九，紹興七年二月庚申條，頁9上。
〔註112〕同上註；又同卷，紹興七年三月甲申條，頁15下。
〔註113〕同註111，紹興七年三月乙亥條，頁11下。
〔註114〕《金佗續編》，卷二十七，〈黃元振編岳飛事迹〉，頁14上、下；《金佗粹編》，
　　　　卷一，11下～12上。
〔註115〕〈張浚行狀〉下，頁1686；《要錄》，卷一〇九，紹興七年三月甲申條，頁15
　　　　下。
〔註116〕《要錄》，卷一一〇，紹興七年夏四月丁未、庚戌條，頁5上、6上。參見王
　　　　曾瑜，《岳飛新傳》（上海人民出版社，1983年10月初版），第十一章：〈淮
　　　　西兵變〉，頁210～222。

府，隸屬於三衙的中央軍系統，但是如何安撫軍心，使軍隊服從調度，卻是一次重大的考驗。軍紀敗壞，是南宋初期軍政上的另一弊端。在安內政策下，諸將運用剿、撫策略，將大量的盜賊、叛卒納入軍隊，以擴充勢力。相對地，也降低了軍隊的素質，而產生管理上的問題。軍紀的良窳，因大將領導統御的能力而呈現差異，劉光世的左護軍本多降盜，而其「律身不嚴，馭軍無法」，因此在四鎮中軍紀最差。〔註117〕此外，劉光世的幾位部將間也存在著矛盾，酈瓊、靳賽均出身盜賊，酈瓊驍勇善戰，所部人數眾多，頗受劉光世厚待，但馭下甚寬，紀律不嚴；〔註118〕王德威聲素著，軍中號為王夜叉，亦為劉光世倚重的驍將，但王、酈卻素不相容。〔註119〕劉光世罷後，淮西軍驟失統帥，加上王、酈二人不合，「軍中失於撫循」，軍情即時出現浮動的情況，因此亟須設法予以疏導。〔註120〕

呂祉素有平戎之志，屢次上章奏請移蹕江上，經營淮南，圖謀進取，又自謂若能專總一軍，必能生擒劉豫父子，盡復故疆，深受張浚賞識。〔註121〕淮西之役時，呂祉力贊進取，曾受命督促劉光世回軍禦敵，因此紹興七年三月張浚既收劉光世兵柄，便以其軍付呂祉節制，仍以淮西軍統制官王德、酈瓊提舉訓練諸軍。〔註122〕四月，張浚並親赴太平州、淮西視師，撫諭劉部。〔註123〕對於張浚的處置方式，朝臣卻有不同的看法。樞密使秦檜和知樞密院事沈與求職司軍政，卻無指揮實權，見劉光世軍馬撥隸都督府，惟恐張浚聲勢太盛，乃乘張浚在外視師時，以都督府不宜握兵為由，建議設置武帥，統轄劉部，臺諫也附和此說，高宗於是在五月任命王德為都統制。〔註124〕另外，部分朝臣則對於張浚以呂祉節制淮西軍感到憂慮。直秘閣詹至本已懷疑呂祉

〔註117〕 《宋史》，卷三六九，〈劉光世傳〉，頁11484～85。

〔註118〕 《梁谿集》，卷九十九，〈論淮西兵變箚子〉，頁3上。

〔註119〕 《齊東野語》，卷二，〈淮西之變〉，頁24；胡銓，《胡澹庵先生文集》（台北：漢華文化事業股份有限公司，民國59年7月初版），卷二十七，〈貴州防禦使陽曲伯張公墓誌銘〉，頁6下。

〔註120〕 《要錄》，卷一一○，紹興七年夏四月壬子條，頁7下～8上。

〔註121〕 《宋史》，卷三七○，〈呂祉傳〉，頁11509～11510；《要錄》，卷一一一，紹興七年六月戊申條，頁15下。

〔註122〕 《要錄》，卷一○九，紹興七年三月丁亥條，頁16上；《胡澹庵先生文集》，卷二十七，〈貴州防禦使陽曲伯張公墓誌銘〉云：「武僖（劉光世）解兵柄，詔王德、酈瓊各以本軍統制提舉訓練諸軍。」頁6下。

〔註123〕 《要錄》，卷一一○，紹興七年夏四月壬子條，頁6下。

〔註124〕 《要錄》，卷一一一，紹興七年五月乙丑條，頁1上、下。

不能勝任，後來朝廷以王德爲都統制，更擔心酈瓊等將不服，乃致書張浚說：

> 呂尚書之賢，固爲一時選，然於此軍，恩威曲折，卵翼成就，恐不得與前人比。兼此軍今已付王德，德雖有功，而與其下屬酈瓊輩故等夷耳，恐中有不能平者。

建議拔擢爲士卒所親附的部將爲副帥，以通下情。〔註125〕

　　五月，張浚還建康，力陳除王德都統制不便，值劉光世部將張寧至建康面告張浚謂淮西軍情不穩，恐致生變；〔註126〕而高宗又擬於諸軍設置副帥，張浚乃建議以酈瓊爲淮西軍副都統制，以緩和王、酈二人的衝突。〔註127〕不久，呂祉因淮西軍置帥返回建康，酈瓊不甘位居王德之下，二人關係日益惡化，酈瓊與部屬八人向都督府控訴王德的罪狀，要求迴避，都督府判定王德無罪，酈瓊又上訴至御史臺，王德也反擊，具狀控告酈瓊。爲避免二軍衝突擴大，六月，朝廷一面以權主管侍衛馬軍司公事劉錡兼都督府諮議軍事，率所部赴廬州，以資鎮攝；一面召王德領所部回建康，再隸都督府，並命呂祉往廬州撫諭諸軍。〔註128〕對於張浚再度任命呂祉節制淮西軍，張燾、葉夢得感到十分憂慮，認爲呂祉一介書生，不諳軍事，又乏馭將之才，卻付以排解糾紛的任務，此行恐伏下危機。呂祉到廬州，酈瓊再度攻訐王德，呂祉一面好言安撫，一面卻向朝廷密奏罷酈瓊及統制官靳賽兵權，朝廷於是任命張俊接任淮西宣撫使，置司盱眙軍，楊沂中、劉錡分任淮西制置使、副，置司廬州，然後召酈瓊回建康。〔註129〕呂祉爲人剛愎自用，驕倨自處，將士之情無法上達，又信任曾爲劉光世所辱的韓璉，任意更換劉部將領，導致軍情浮動。呂祉惟恐變生不測，又奏請急遣摧鋒軍統制官吳錫率軍先赴廬州，以備緩急，甚至命韓璉親赴建康催吳錫進發，酈瓊得知呂祉奏罷其兵柄，乃與統制官康淵、王師晟、王世忠、張全等謀叛。八月戊辰，酈瓊等人利用謁見呂祉的機會發難，執呂祉及閤門祗候劉光時、前知廬州趙康直、知廬州趙不群，殺死統制官張景、劉永、衡友、都督府同提舉一行事務喬仲福及其子喬嗣古，率

〔註125〕《南軒集》，卷三十九，〈直祕閣詹公墓誌〉，頁9上、下。

〔註126〕《胡澹庵先生文集》，卷二十七，〈貴州防禦使楊曲伯張公墓誌銘〉，頁6下～7上。

〔註127〕《要錄》，卷一一一，紹興七年五月甲申條，頁10上、下。

〔註128〕同上註，紹興七年六月戊戌、戊申條，頁14上、下，15下～16上。

〔註129〕《會編》，卷一七八，頁2下；《要錄》，卷一一三，紹興七年八月乙未條，頁1下～2上。

同所部四萬人及家眷、官吏、百姓近二十萬人渡淮降附劉豫。〔註130〕

從整個事件的發展看，張浚先以呂祉節制淮西軍馬，韓瑾爲宣撫判官，任用非人，致軍情疑慮，後命張俊、楊沂中、劉錡監視淮西軍，召酈瓊、靳賽還行在，處置失當，卒致叛變，張浚確實難辭其咎，但其中亦有可辨之處。劉光世罷兵權之初，張浚本著中央集權、強幹弱枝的原則，力促高宗取消以岳飛節制劉部軍馬的決定，而將劉部分爲六軍，直隸都督府，並採取以文制武的方式命呂祉節制，以王德、酈瓊提舉訓練事宜。這些舉措都是基於強幹弱枝的考量，防止武將擁兵現象重現，用心深遠，處置也堪稱得宜。但是由於秦檜與沈與求顧忌張浚聲勢太盛，以都督府不宜領兵爲由，提議以王德爲淮西都統制，加以高宗又起意於諸軍增置副帥，張浚無法改變既成的事實，爲緩和酈瓊因王德爲帥所產生的不滿情緒，乃以酈瓊爲副都統制，於是原已析爲六軍，納入中央節制的淮西軍，又回復到武將統兵的局面。這時卻爆發酈瓊不甘屈居王德之下，進而交訟於朝的事件，造成淮西軍情不隱，張浚不得不再派文臣前往節制，卻因識人不明，誤用呂祉，非但無法化解危機，反而使情勢更加惡化，酈瓊最後率全軍叛附劉豫。由此觀之，張浚爲北伐大業的精心設計，早已因秦檜與高宗的干預而失卻原來面目。因此，酈瓊的叛變，固然歸咎於張浚與呂祉的處置失當，卻也未能忽略了王、酈二人的衝突，乃是因朝廷的人謀不臧，變更張浚安排所造成。

淮西兵變後，朝野震恐，交相責難張浚，張浚遂於九月罷爲觀文殿大學士，提舉江州太平觀；十月再責授左朝奉大夫，祕書少監，分司南京，永州居住。〔註131〕張浚自五年初拜相迄今，在相位凡三年。任相期間，先平湖寇，繼敗僞齊，又六出視師，整頓軍政，經營恢復，使宋廷展現出前所未有的新氣象。持平論之，自南渡以來，高宗除拜宰相不下十人，卻未有如張浚之成績者。

酈瓊的叛變，使張浚數年努力的成果毀於一旦。這一事件，是朝廷收兵權過程中的一次大挫折，不僅反映出武將抗拒中央集權的態度；同時，四萬士卒隨將領叛去，也暴露出軍隊的私有化性格，此二者正是南宋初期軍政問

〔註130〕《會編》，卷一七八，頁 2 下～5 上；《要錄》，卷一一三，紹興七年八月戊戌、壬寅條，頁 4 上～6 上，7 下～8 上。參見黃寬重，〈酈瓊兵變與南宋初期的政局〉。

〔註131〕〈張浚行狀〉下，頁 1687；《要錄》，卷一一四，紹興七年九月壬申條，頁 8 上、下；卷一一五，紹興七年冬十月戊戌條，頁 3 下～5 下。

題的癥結。經過這次慘痛的教訓，朝廷更深刻體認到收兵權的迫切與重要。不久，金人廢劉豫，宋、金和議再現新機，朝廷鑑於張浚以文制武策略失敗的教訓，乃配合對金議和，改採「拔擢偏裨」的眾建方式，以及任命三大將為宣撫使副的推恩策略，雙管齊下，終於在紹興十二年（1142）宋、金達成和議的同時，順利完成收兵權的工作。〔註132〕

〔註132〕參見黃寬重，〈從害韓到殺岳：南宋收兵權的變奏〉，收入《國際宋史研討會論文集》（台北：中國文化大學出版部，民國 77 年 9 月），頁 517～534；虞雲國，〈論宋代第二次削兵權〉；朱崇業，〈南宋政府的收兵權與對金議和〉，《徐州師範學院學報》，1987 年第一期，頁 89～93；寺地遵，〈南宋政權確立過程研究覺書——宋金和議、兵權回收、經界法の政治史的考察〉，《廣島大學文學部紀要》，四十二卷特輯號（1982 年）。

第四章　壯志未酬

第一節　謫居與復出

　　酈瓊兵變，對張浚而言，是政治生涯中最沈重的打擊。明受勤王，使他迅速竄升爲執政大臣；這次事件，卻使權勢與聲望如日中天的他，幾乎淪入萬劫不復的地步。從紹興七年九月罷相，到隆興元年正月復出執政，張浚去國二十五載（1137～1163），在州郡與貶所度過了漫長而黯淡的歲月。這段期間，他雖然遠離權力核心，但仍以國事爲念，也因此而屢受主政的秦檜所嫉視，時常藉機加以打擊。

　　張浚與秦檜的關係，始於紹興五、六年與趙鼎並相之時。初時二人論天下人才，張浚以秦檜在靖康中建議立趙氏，不畏金人威脅，且「一時仁賢薦檜尤力」，認爲秦檜可與共天下事。趙鼎不以爲然，謂曰：「此人得志，吾輩安所措足邪？」張浚則強調：「且爲國事計，姑置吾人利害。」趙鼎罷相後，張浚遂推薦秦檜爲樞密使。〔註1〕參知政事張守初亦曾向張浚推薦秦檜，後來與秦檜共事，始知其姦，一日謂張浚曰：「守向言秦檜舊有德聲，今與同列，徐考其人，似與昔異，晚節不免有患失心，是將爲天下深憂。」〔註2〕張浚以爲然。因此，當張浚因淮西兵變引咎求罷，高宗向他徵詢繼相人選時，張浚

〔註1〕《朱子語類》，卷一三一，〈中興至今日人物上〉，頁 3144～3145；又《要錄》，卷一○七，紹興六年十二月甲午朔條，頁 1 上、下。

〔註2〕《宋史全文》，卷二十，紹興七年秋七月壬申條，頁 1420；亦見《宋史》，卷三七五，〈張守傳〉，頁 11616～11617。

乃捨秦檜而薦趙鼎繼相。〔註3〕秦檜因此對張浚懷恨於心，在張浚謫居時期時常藉機打擊。趙鼎復相後，高宗曾謂曰：「卿既還相位，現任執政去留惟卿。」趙鼎曰：「秦檜不可令去。」於是，張守、陳與義皆罷去，獨留秦檜。後世論史者不察，多以薦引秦檜致誤國事，非難張浚。〔註4〕

　　罷相之初，張浚謫居永州，政治情勢丕變。張浚主政期間，宋廷的外交政策，在「闢地復土，終歸於和」〔註5〕的意識下，傾向於只言恢復，不提雪恥，因此一面聲討偽齊，一面仍遣使通問。但是，由於酈瓊事件，高宗態度驟然轉變，不復聲言進取，先在趙鼎的提議下回蹕臨安，繼而復以秦檜為相，專意謀和。此時，金廷亦不滿劉豫累年圖宋無功，且發生大將重臣的權力鬥爭，撻懶、宗磐企圖保有地方勢力，遂廢劉豫，議將河南之地歸還南宋。宋、金雙方既有和談之意，幾經交涉，終於在紹興九年（1139）初達成初次和議。〔註6〕正月，宋廷以達成和議大赦，張浚復左宣奉大夫，提舉臨安洞霄宮。張浚見議和赦書，移書參知政事孫近、李光論之，並上疏言和議之非：

> 敵自宣和以來，挾詐反覆，傾我國家，蓋非可結以恩信，事以仁義者。今日事之虛實，姑置未論，借令敵中有故，上下分襟，天屬盡歸，河南遂復，我必德其厚賜，謹守信誓，數年之後，人情益解，士氣漸消，彼或內變既平，指瑕造隙，肆無厭之欲，發難從之請，其將何詞以對？顧事理可憂又有甚於此者，陛下積意兵政，將士漸孚，一旦北面事敵，聽其號令，比肩遣使，接武求盟，大小將帥孰不解體？〔註7〕

二月，張浚復資政殿大學士，充福建路安撫大使兼知福州，又上疏論和議，且進呈〈料敵三策〉：

> 料敵上策，還梓宮、復母后，輿地來歸，不失前約，結歡篤好，以

〔註3〕《要錄》，卷一一三，紹興七年八月甲辰條，頁 8 上；亦見《朱子語類》，卷一三一，〈中興至今日人物上〉，頁 3145～3147。

〔註4〕《要錄》，卷一一五，紹興七年冬十月戊戌條，頁 5 下。參見楊德泉，〈張浚事迹述評〉，頁 582～583。

〔註5〕《宋史》，卷二十八，〈高宗本紀〉，頁 520。

〔註6〕參見徐秉愉，《宋高宗之對金政策──建炎元年至紹興十二年》，第四章，第一節：「紹興八年和議之意義」，頁 132～146；陶晉生，《女真史論》，第二章：〈兩元政治：1115～1150〉，頁 37～38；〈完顏昌與金初的對中原政策〉，頁 33～49。

〔註7〕〈張浚行狀〉下，頁 1687；亦見《要錄》，卷一二五，紹興九年春正月丙戌、庚寅條，頁 2 下，5 下～6 下。

怠我師，遲遲數年，兵無戰意，然後遣一介之使，持意外之詔，假
如變置大臣，更立后妃，將何以塞請？敵出中策，則必重邀求責，
微禮失約爽信，近在期年，中原之地，將有所付，如梁武之立北魏
王顥者，尚庶幾於前。敵出下策，怒而興師，直臨江表，勢似可愕，
而天下之亂，或從此定矣。〔註8〕

此時，張浚因其母思鄉，不欲東去，辭免新命，高宗不允，即自永州赴閩。
八月，張浚聞金遣使以詔諭江南為名，復具奏言：

金以詔諭為名，持廢置與奪之大柄，且其蓄謀起慮，欲以沮人心、
奪士氣，而坐傾吾國，臣之所憂，不但目前也。〔註9〕

張浚在紹興五年曾以宋、金「終歸於和」為言，如今則極力反對和議，前後
似相矛盾，其實不然。張浚在當時著眼於恢復中原，因此強調「使事兵家機
權」，蓋不願與金人決裂，妨礙恢復。而所謂「終歸於和」，從其屢次發表的
言論看，當係指在收復失土、迎還二聖，且宋朝國力足可與金匹敵的前提下，
或許雙方可如宋、遼以平等地位和平相處，而非如眼前的屈己稱臣。

九月，張浚至福建。福建素有健訟難治之稱，張浚「一切諭以義理，飭
守令誠意民事，令鄉里長老知書者，率勸後生及彊悍者，無為鄉黨羞」，又積
極措劃賑濟及招捕盜賊事宜，因此「民皆感仰，每出，觀者至升屋登木如堵
牆」。〈行狀〉記其事云：

公在郡，細大之務，必躬必親，人人感悅，和氣薰然，訟事清簡；
山海之寇，招捕無餘；間引秀士，與之講論，閩人化之。〔註10〕

紹興十年（1140），高宗兩度派遣中使至福建撫問、獎諭張浚，又以明堂恩復
張浚觀文殿大學士。〔註11〕十一年三月，張浚措置得錢六十三萬緡以助國用，
高宗命學士院降詔獎諭，旋詔張浚復特進。〔註12〕

此時，金朝內部權力鬥爭結束，兀朮等強調中央集權的勢力獲勝，敗盟
入侵，再取河南地，且繼續南犯。張浚至福建後，仍不忘恢復，大治海舟千

〔註8〕 〈張浚行狀〉下，頁1688；亦見《要錄》，卷一二六，紹興九年二月己未、壬
戌條，頁4下～5上，6下。

〔註9〕 〈張浚行狀〉下，頁1688。

〔註10〕 〈張浚行狀〉下，頁1688～1689；又《要錄》，卷一三八，紹興十年十一月辛
亥條，頁4上。

〔註11〕 〈張浚行狀〉下，頁1688～1689；亦見《要錄》，卷一三六，紹興十年六月庚
午條，頁13上、下，卷一三八，紹興十年冬十月癸酉條，頁1上。

〔註12〕 《要錄》，卷一三九，紹興十一年三月庚子朔、癸卯條，頁11上。

餘艘，爲直指山東之計，以俟朝命，至是聞淮上有警，乃以防邊之計上奏，
又條劃海道舟舡利害。〔註13〕給事中馮檝、參知政事孫近皆請以張浚都督諸
軍，卻爲秦檜所沮。〔註14〕不久，金人攻勢接連受挫，和議再起，秦檜遣工
部員外郎蓋諒至閩中見張浚，許以樞密使之職，欲使之附和議，張浚則反謂：
「虜不可縱，和不可成」，遂以母老乞祠，秦檜甚爲不悅，乃以張浚爲檢校少
傅、崇信軍節度使，充萬壽觀使，免奉朝請。張浚遂奉母寓居長沙。〔註15〕

　　紹興十二年（1142）十一月，高宗生母韋氏來歸，張浚以赦恩封和國公，
秦檜黨羽御史丞万俟卨劾張浚田宅踰制，高宗遣人按驗，不實，事遂寢。〔註16〕
十六年（1146）七月，張浚以秦檜欺君誤國，上疏論時事云：

> 竊惟當今事勢，譬如養成大疽于頭目心腹之間，不決不止，決遲則
> 禍大而難測，決速則禍輕而易治，惟陛下謀之于心，斷之以獨，謹
> 察情僞，豫備倉卒……庶幾社稷有安全之理。不然，日復一日，後
> 將噬臍，異時以國與敵者，反歸罪正議。〔註17〕

秦檜惡之，使御史中丞何若劾張浚「惟欲四方多事，僥倖再進，包藏禍心」，
乃奪張浚節鉞及職名，依舊特進，提舉江州太平觀，責連州居住。〔註18〕

　　張浚在連州凡四年，紹興二十年（1150）八月移居永州。張浚雖謫居遠
方，秦檜猶懼張浚爲正論不利於己，每使人捃摭張浚罪，欲加陷害。二十五
年（1155），秦檜以親信汪召錫使湖南，張柄知潭州，使之陰圖張浚，且臺諫
每有彈劾，必令及浚，以加重其罪責。〔註19〕時殿中侍御史徐嘉、右正言張
扶搆陷宗室趙令衿與趙鼎之子汾有姦謀，又江西轉運判官張常先治知洪州張
宗元交通張浚事，秦檜乃乘機諷臺官連上劾章，將二案同下大理寺究治，逼

〔註13〕 〈張浚行狀〉下，頁 1689；亦見《要錄》，卷一三六，紹興十年六月庚午條，
　　　　頁 13 上、下。

〔註14〕 《要錄》，卷一三六，紹興十年六月丙午條，頁 3 下；卷一四○，紹興十一年
　　　　夏四月己卯條，頁 2 下。

〔註15〕 〈張浚行狀〉下，頁 1689；亦見《宋史全文》，卷二十一，紹興十一年十一月
　　　　辛酉條，頁 1553。

〔註16〕 《要錄》，卷一四七，紹興十二年十一月己丑朔條，頁 5 下。

〔註17〕 〈張浚行狀〉下，頁 1689～1690；亦見《要錄》，卷一五五；紹興十六年秋七
　　　　月壬申條，頁 10 下～11 上。

〔註18〕 同上註。

〔註19〕 《要錄》，卷一六○，紹興十九年十二月丁丑條，頁 12 下～13 上；卷一六九，
　　　　紹興二十五年秋七月庚申條，頁 4 下；同卷，紹興二十五年八月壬辰，己亥
　　　　條，頁 7 下、9 下。

令趙汾自誣與張浚、李光、胡寅諸人圖謀叛逆，朝野賢士素爲秦檜所惡者五十三人皆繫獄。〔註 20〕幸而秦檜不久病死，諸賢方倖免於難。同年十二月，有旨許張浚任便居住，旋復爲觀文殿大學士，判洪州，張浚適丁母憂，奉母喪歸葬四川。〔註 21〕

秦檜雖死，黨羽仍盤踞朝廷。二十六年（1156）五月，張浚在蜀中，料金人必敗盟，上疏言：

> 今日事勢極矣……臣……以爲自此數年之後，民力益竭，財用益乏，士卒益老，人心益離，忠臣烈將淪亡殆盡，內憂外患相仍而起，陛下將何以爲策……今天下幾何，譬之中人之家，盜據其堂，安居飽食其間，而朝夕陰伺吾隙，一日之間，其舍我乎？〔註 22〕

八月，又以星變上疏論時事。秦檜既死，金廷頗疑前盟不堅，且荊、鄂地區盛傳宋廷將召張浚回朝，疑慮更深。秦檜餘黨宰執沈該、湯思退、臺諫湯鵬舉、凌哲等人乃詆毀張浚，謂其在四川以邪說要譽，動搖遠方，有旨令張浚依舊永州居住，俟服闋取旨。〔註 23〕二十八年（1158）八月服滿，詔落職提舉江州太平興國宮，依舊永州居住。張浚去國二十餘年，恬然自處，四方歸心。〈行狀〉云：

> 公……退然自修若無能者，而天下士無賢不肖，莫不傾心，武夫健將言公者，咨嗟太息，至小兒婦女亦知天下有張都督也。金人憚公尤甚，歲時使至金邦，其主必問公安在。方約和時，誓書有不得輒更易大臣之語，蓋懼公復用云。〔註 24〕

儼然如元豐間居洛之司馬光。

紹興三十一年（1161），金海陵帝完顏亮舉兵入侵。完顏亮自紹興十九年（金熙宗皇統九年，1149）末弒熙宗自立後，即有一統天下的野心，圖謀南犯。二十三年（金海陵帝貞元元年，1153）三月，完顏亮首先遷都燕京，改汴京爲南京，積極經劃，以爲南侵之漸。自二十九年（金正隆四年，1159）起，又大

〔註 20〕〈張浚行狀〉下，頁 1690；《要錄》，卷一六九，紹興二十五年八月辛巳、己亥條，頁 6 上，9 下～10 上；冬十月甲申、辛卯條，頁 14 上～15 上。

〔註 21〕《要錄》，卷一六九，紹興二十五年十二月甲戌朔、丁酉、己亥條，頁 10 上，24 上，25 上。

〔註 22〕〈張浚行狀〉下，頁 1691。

〔註 23〕《要錄》，卷一七二，紹興二十六年三月丙寅條，頁 6 上；卷一七五，紹興二十六年冬十月丁酉條，頁 5 下～7 下。

〔註 24〕〈張浚行狀〉下，頁 1690。

肆興造戰船，訓練水師，簽調蕃漢壯丁，製造軍器，搜括戰馬，籌措軍糧、軍費。三十一年五月，乃遣使至宋廷強索淮、漢之地；六月，再遷都汴京，準備大舉侵宋。在宋朝方面，雖然早在二十六年三月，自北方逃歸的東平進士梁勛就有「金人必舉兵，宜爲之備」的建言，此後出使的朝臣歸國，也都提出相同的報告，但皆爲宰相沈該、湯思退等人所抑，高宗也等閒視之，不事備禦。直到金使前來要求淮、漢之地，且移都汴京，始悟金人決意敗盟，倉皇部署應戰。〔註25〕

　　戰爭既無可避免，主戰勢力乃逐漸抬頭。朝野要求起用張浚重掌戎機的言論相繼出現。殿中侍御史陳俊卿首先上言：

> 張浚忠義，且文武兼資，可付以閫外……雖……其嘗失陝服、散淮師，而許國之心，白首不渝，今杜門念咎，老而練事，非前日張浚也。〔註26〕

接著，太學生程宏圖等上書論國家急務，請「用人望以激忠義之心」，強調「浚尤天下所屬望者，夫豈可以一失而遽棄之」；〔註27〕和州布衣何宋英也上書論金必敗盟，而張浚、劉錡素爲金人所畏服，請委以兵權；〔註28〕朝請郎馮時行也主張起用張浚，以副人望：

> 張浚憂患頓挫更歷，已無年少輕銳之氣，願陛下舍一己之好惡，勉用張浚以副人望，決能使軍民回心，踴躍鼓舞。〔註29〕

在朝野異口同聲的要求下，高宗於三十一年初命張浚湖南路任便居住，十月，復職觀文殿大學士、判潭州。〔註30〕張浚在潭州，聞金人將入犯，上奏言：

> 聞金人兵動，凡爲臣子，孰不痛憤……臣又度今日敵勢決無但已，九月十月之間，必有所向，願陛下與大臣計議，早定必守必戰之策。〔註31〕

〔註25〕參見陶晉生，《金海陵帝的伐宋與采石戰役的考實》（國立台灣大學文史叢刊之五，民國54年6月再版），第二、三章，頁33～71。

〔註26〕《要錄》，卷一八八，紹興三十一年春正月己亥條，頁6上、下。

〔註27〕《要錄》，卷一九〇，紹興三十一年五月戊戌條，頁10下～11上。

〔註28〕同上註，紹興三十一年六月是月條，頁24上。

〔註29〕《要錄》，卷一九二，紹興三十一年八月甲辰條，頁1下。

〔註30〕〈張浚行狀〉下，頁1694；《要錄》，卷一八八，紹興三十一年春正月己亥條，頁6上；卷一九三，紹興三十一年冬十月甲子條，頁23上。

〔註31〕〈張浚行狀〉下，頁1694。

果然，三十一年九月，海陵親率三十二總管、兵六十萬，分四路大舉侵宋。宋廷聞訊，緊急應戰。兩軍接戰時，宋軍在襄漢、川陝二路及海道皆頗有斬獲，惟獨劉錡防守的淮南一線屢遭挫敗，淮南淪陷。消息傳至臨安，高宗驚慌失措，又欲遣散百官，作浮海避敵之計。宰相陳康伯力勸高宗親征，高宗勉強應允，派知樞密院事葉義問督視江淮軍馬。義問不諳軍事，又致瓜洲之敗，義問引兵趨建康。〔註 32〕建康頓時成為宋、金雙方爭戰的焦點，情勢十分危急。高宗在張浚謫居期間，曾有「張浚用兵，不獨朕知，天下知之」及「寧至覆國，不用張浚」之語〔註 33〕，然而值此危急存亡之際，卻仍寄望張浚能發揮力挽狂瀾的作用，扳回頹勢，因此乃於十一月任命張浚判建康府兼行宮留守。〔註 34〕又以李顯忠節制建康府御前諸軍，與張浚配合。不久，海陵謀自采石渡江，為中書舍人虞允文所敗，而金後方的遼陽發生政變，完顏福衍和高忠建諸將擁金世宗即位，海陵無所歸，再謀渡江，亦未果，卒為臣下所弒。

海陵既死，南侵行動遂告失敗，但其敗盟所引起的後果，已在宋、金兩國引起重大的影響。金人這次南侵，非但徒勞無功，反而喪失了淮北的海、泗、唐、鄧諸州，繼位的金世宗為收回失地，派重兵屯於邊境上，因此雙方依然處於尖銳的對峙狀態。在宋廷方面，紹興十二年的和議，宋向金稱臣，朝臣多引以為恥，高宗也未必心甘情願，因此當海陵敗盟南侵失利，朝臣紛紛主張改變對金的臣屬關係。然而，宋廷偃兵息武二十年，老將凋零，戰鬥力已不如紹興初年，因此究竟應採取何種方式改善外交關係，遂在朝中引起一場和戰爭議。而張浚復出之後，旋即接掌軍政，似可看出高宗、孝宗在此一問題上的態度。

第二節　壬午內禪與國是爭議

海陵南侵，不僅引起宋、金二國境內的嚴重動亂，也破壞了兩國間近二十年和平而安定的外交關係，為宋朝打破屈辱的臣屬關係帶來轉機。

〔註 32〕參見陶晉生，《金海陵帝的伐宋與采石戰役的考實》，第四章；華山，〈從采石之戰到隆興和議〉，收入《宋史論集》（濟南：齊魯書社，1982 年 11 月初版），頁 224〜228。

〔註 33〕《要錄》，卷一九三，紹興二十六年閏十月己亥朔條，頁 7 下；卷一三六，紹興十年六月丙午條，頁 3 下。

〔註 34〕《要錄》，卷一九四，紹興三十一年十一月壬申條，頁 3 下。

　　就金朝方面言，海陵好大喜功，爲圖南侵，兩度遷都，大興土木，徵歛
苛急，壯丁民夫簽差不已，長此以往，終於導致民窮財盡；此外，海陵在位
期間採取高壓統治，也引發女眞及其他民族的怨恨，因此當海陵大舉南下伐
宋時，所有問題便都爆發出來：中原盜賊蠭起，契丹人叛變、女眞人歸附金
世宗，海陵也爲臣下所弒。〔註35〕金世宗初即位，便同時面臨內平變亂、鞏
固政權，以及外禦宋軍、確保舊疆兩大挑戰。在這種情況下，世宗權衡輕
重，決定儘快結束戰爭，以專意進行攘內工作，於是在大定元年（紹興三十
一年）十二月，派元帥左監軍高忠建詣宋講和；次年正月，又放散河北、山
東、陝西等路征南步軍。然而，金世宗與宋議和的前提，卻是「歸還正隆所
侵地」〔註36〕，因此在遣使、罷兵的同時，又命左副元帥完顏鷔英措置南邊
及陝西等路事宜，以都元帥奔睹開府山東，經略邊事，欲以武力脅迫宋朝就
範。〔註37〕這種作法，無疑加深了海陵南侵時兩國間的緊張情勢，成爲隆興
北伐的重要背景。

　　對宋朝而言，金人蹂躪淮南，固然使安定的局面遭到嚴重的打擊，高宗
且有浮海避敵的打算。但是，海陵被弒，金國內部紛亂，加以前線宋軍捷報
頻傳，〔註38〕種種令人振奮的消息，卻也使得高宗長期以來委屈求全的態度
爲之一變，有意藉海陵敗盟的機會，調整兩國的君臣關係。因此，當高宗得
知金人遣使講和時，便說：

> 向日講和，本爲梓宮、太后，故雖屈己卑辭，有所不憚。而金國主
> 興無名之師，侵我淮甸，則兩國之盟已絕，今日使者所以惠我國甚
> 寵。然願聞名稱以何爲正，疆土以何爲準，與夫朝見之儀、歲幣之
> 數，所宜先定，不然則不敢受也。〔註39〕

甚至揚言傳檄「諸將迤邐進師會京師，收復故疆，撫定吾人」。〔註40〕朝廷上

〔註35〕參見陶晉生，《金海陵帝的伐宋與采石戰役的考實》，第二章，第四節：「正隆
　　　　末年國內的混亂情況」，頁48～58；王宏志，〈金世宗與隆興和戰〉，收入陳述
　　　　編：《遼金史論集》第二輯（北京：書目文獻出版社，1987年7月初版），頁
　　　　263～265。
〔註36〕《金史》，卷六十一，〈交聘表〉，頁1417。
〔註37〕《金史》，卷六，〈世宗本紀〉，頁124～126。
〔註38〕參見《宋史》，卷三十二，〈高宗本紀〉，頁605～610；《大金國志》，卷十六，
　　　　頁223。
〔註39〕《要錄》，卷一九六，紹興三十二年春正月庚寅條，頁9上。
〔註40〕《要錄》，卷一九五，紹興三十一年十二月甲辰條，頁7上。

下也取得此一共識，惟在執行方式上有若干差異。

　　當時，宋、金講和爭執的焦點主要有三：名分、疆界及歲幣。持彈性改善宋、金關係論者，主張立即接受金世宗講和的提議，遣使斡旋，利用眼前有利的形勢，換取金廷在前述三事上的讓步。持此論者，又有二說：國史院編修官洪邁認「土疆實利，不可與；禮節虛名，不足惜」，主張議和當「先實而後名」；禮部侍郎黃中則反駁說：「名定實隨，百世不易，不可謂虛；土疆得失，一彼一此，不可謂實。」權兵部侍郎陳俊卿贊同黃中的看法，說：「今力未可守，雖得河南，不免謂虛名」，「不若先正名分，名分正則國威張，而歲幣亦可損矣」。〔註41〕而更多執全面改變宋、金關係論者，則主張持重養威，整軍經武，觀釁而動，揮師北伐，將名分、疆土、歲幣三事畢其功於一役。如太常博士林栗說：

> 爲今日之計，宜敕諸將進軍臨之，別遣重兵分出泗、亳、潁、壽，規取汴京，截其歸路，勿與之戰，使之前不得鬥，退無所歸，然後開以生還之路，示以丹青之信，諸軍但許受納降款，若只是通和文字，不得接收。〔註42〕

江南東路轉運判官李若川、柳大節二人也強調「此誠天啓恢復之時，不可失之機會」，並提出建言：

> 一乞少憩將士，以養銳氣；二乞預備錢糧，無致少闕；三乞添造器甲，以備分給中原義兵……四乞敵人欲敦舊好，誘以好言款之；五乞多遣人密結中原義兵，以爲應援；六乞厚賞募人探知敵情，以便進取；七乞召集諸大帥共議軍事，勿致臨時異同。然後諸路並進，非特恢復中原有反掌之易，亦可一舉而空朔庭也。〔註43〕

張浚也針對當前形勢，提出了他的看法。他認爲金國內擾誠爲恢復良機，但是若急於進討，一則由於海陵入侵以來，軍隊疲於奔波，人民困於饋運；再則惟恐金人計窮，悉力抗拒，將徒勞無功。因此，他不排除遣使交涉、兵不

〔註41〕《要錄》，卷一九八，紹興三十二年三月丁未條，頁15上、下。
〔註42〕《要錄》，卷一九五，紹興三十一年十二月甲辰條，頁7上、下。
〔註43〕同上註，紹興三十一年十二月戊申條，頁10下。當時朝中主張全面改變宋、金關係者，除林栗、李若川、柳大節三人外，尚有知建康府張燾、江南東路提舉常平茶鹽洪适、給事中金安節、總領四川財賦王之望諸人。參見《要錄》，卷一九五，紹興三十一年十二月癸卯條，頁6下，卷一九六，紹興三十二年春正月戊子條，頁6上～7上；卷一九八，紹興三十二年閏二月癸巳條，頁8下～10上。

血刃而收復故地的可能，但更強調先「撫養根本」，結納中原豪傑，待國力復甦，然後乘「彼眾既歸，人情莫不樂於休息」的機會，進圖恢復。同時，他又考慮到金人再度南犯的可能性，除了建議朝廷派遣驍將駐守泗州，北通汴京，東通山東，西通陳、蔡，俾與中原豪傑互相呼應，連成聲勢外，更提出了「左牽右引」之策，主張積極經理陝西、河東，措置山東海道，使爲兩翼，以牽制金人。〔註44〕

　　此時，高宗在態度上，一方面認爲「此事終歸於和」，一方面又對收復舊疆懷有期望〔註45〕，因此對於紛紜的朝議，一時取決不下。在這種現實與理想難以兼顧的掙扎下，高宗接連採取了兩項寓意深遠的行動：紹興三十二年（1162）五月，任命張浚專一措置兩淮事務，兼節制江淮軍馬；〔註46〕六月，以「倦勤」爲由，實行內禪，傳位孝宗。〔註47〕孝宗在海陵入犯時，力贊親征，且自請率師爲前驅，顯現出進取的態度；而張浚終生不主和議，「出入將相三十年，素爲士卒所畏愛，皆樂爲用」。〔註48〕高宗此時命張浚復出總理軍政，襄贊孝宗，在「倦勤」之外，殆別有深意。〔註49〕

〔註44〕　參見《歷代名臣奏議》，卷八十八，〈奏恢復事宜疏〉，頁11下～12下；〈論泗州事宜疏〉，14上、下；〈論撫恤恤淮、漢及經理陝西、河東疏〉，頁14下～15上；〈論經理淮甸疏〉，頁15下；又《宋代蜀文輯存》，卷四十一，〈論虜情及短強弩事狀〉，17上、下。

〔註45〕　《要錄》，卷一九六，紹興三十二年春正月壬辰條，頁10上。

〔註46〕　張浚措置兩淮事務的時間，有二種記載：
　　　　（一）紹興三十二年四月：《要錄》載張浚於三十二年四月壬申以判建康府兼此職（卷一九九，頁3上）；《中興小紀》作四月甲申日（卷四十，頁14下）；不著撰人，《中興禦侮錄》（筆記小說大觀本），作四月二十三日（卷下，頁6）；〈張浚行狀〉作四月（卷下，頁1695）。
　　　　（二）紹興三十二年五月：《宋史》，卷三十二，〈高宗本紀〉作月五甲申日（頁610）。今從《宋史》。

〔註47〕　高宗內禪經過，參見《朝野雜記》，乙集，卷一，〈壬午內禪志〉，頁1上～16下。

〔註48〕　《要錄》，卷一九九，紹興三十二年夏四月壬申條，頁3上。

〔註49〕　高宗內禪，正史記載多謂其老病倦勤，但眞正動機則隱晦不明。劉子健根據當時情勢，推測高宗傳位於孝宗，授意北伐；蔣義斌亦持類似看法，認爲高宗欲藉此以張聲勢，迫金讓步，謀求建立宋、金新關係；另外，柳立言檢討高宗退位後，以太上皇身分影響朝廷決策的情形，也可間接證明高宗的意圖。參見《宋史》，卷三十三，〈孝宗本紀〉，頁617；卷一一○，〈高宗內禪〉，頁2642；劉子健，〈從儒將的概念說到歷史上對南宋初張浚的評論〉，頁487；蔣義斌，《史浩研究——兼論南宋孝宗朝政政局及學術》（私立中國文化大學史學研究所碩士論文，民國69年7月），第三章，第三節，頁70～73；劉立言，

　　孝宗即位之後，即拜張浚爲少傅，充江淮宣撫使，進封魏國公，又追復岳飛原官，以禮改葬，顯示他個人在對金問題上的進取態度，〔註 50〕這等於是對紛紜的朝議作了間接性的裁決。因此，朝臣們對於宋、金關係的立場，已較高宗在位時更趨一致、堅決。三十二年九月，一次集合宰執、侍從、臺諫商議應敵對策的廷議中，對於金人恃強要索的名分、疆界、歲幣及歸正人四事，朝臣們幾乎一致傾向反對態度：監察御史張良翰認爲不用舊禮，然後遺民可招；權工部侍郎張闡主張選將練兵，則名分可定，江淮授田，則遺民可招；殿中侍御史張震倡言海州、陝西形勢之地，不可輕棄，受冊禮、絕歸附有十不可。〔註 51〕這些意見大抵反對棄地、納幣、稱臣，主張招納歸正人。然而，面對金人的武力威脅，卻未見朝臣提出具體而有效的因應措施。

　　參知政事史浩也避開了金人以武力脅和的現實問題，祇提出「先爲守備」的原則：

> 陛下即位之初，嘗陳今日禦戎之計，謂藩籬不可不固，扃鑰不可不嚴。藩籬固，則内之政事可修；扃鑰嚴，則外之姦細難入。先爲守備，是乃良規。若夫議戰與議和，則亦在彼不在此，彼戰則戰，彼和則和，和不忘戰，姑爲雪耻之後圖；戰不忘和，乃欲緩師而自治。此度今年之事力，故立一時之權宜，既匪成謀，未爲定論，第當堅壁力禦攻衝，謹俟乘機以圖恢復。〔註 52〕

在這個前提下，史浩反對招納歸正人，他認爲：

> 今陛下外有勁敵，日爲姦謀以撓我，日縱流民以困我，沿邊守臣由之不知，方且日以招徠爲事。自去冬用兵以來，歸正之官已滿五百，皆高官大爵，動欲添差見闕；歸正之民，不知其數，皆竭民膏血，唯恐廩之不至。數年之後，國家之蓄積，竭於此役。東南之士

〈南宋政治初探——高宗陰影下的孝宗〉，《史語所集刊》，第五十七本第三分（民國 75 年 9 月），頁 553～584。

〔註 50〕張浚除少傅、江淮宣撫使，封魏國公，見《宋史》，卷三十三，〈孝宗本紀〉，紹興三十二年秋七月癸卯條，頁 618；亦見《宋會要》，〈職官〉，一之五。《要錄》（卷二○○，頁 13 上）及《宋史全文》（卷二十二，頁 1837～38）皆作紹興三十二年六月是月，今從《宋史本紀》及《宋會要》。岳飛追復原官，見《宋史》，卷三十三，〈孝宗本紀〉，紹興三十二年秋七月戊申條，頁 618。

〔註 51〕《朝野雜記》，甲集，卷二十，〈癸未甲申和戰本末〉，頁 6 上、下。

〔註 52〕史浩，《鄮峰眞隱漫錄》（文淵閣四庫全書本），卷八，〈回奏條具弊事箚子〉，頁 1 上、下。

大夫，久不得調，東南之農民，身口之奉，不得自用，安保其不起
為盜賊而求衣食之資乎？不以此時有以救之，駸駸不已，布滿東
南，蠶食既多，國用益乏，已來者不獲優恤，必有悔心，方來者待
之愈薄，必有怨心。夫剝膚椎髓以奉之，意者望其知恩，而欲其為
我用也，若使怨悔之心生，終亦何所濟！此為國遠慮者，莫不寒
心。〔註53〕

歸納史浩所持的反對理由，主要是強調歸正人南歸，乃金人困宋之計：一則
藉歸正官擾亂宋廷正常的除授、陞遷制度，二則以歸正人銷蝕東南經濟，三
則使歸正人刺探情報，而其最終目的，在破壞南宋社會安定與和諧，從內部
瓦解宋廷抗金的力量。〔註54〕

　　張浚自海陵南犯臨危受命復出禦敵，旋即受高宗託以兩淮、沿江軍事重
任時起，再度激起了恢復中原的雄心壯志；孝宗即位之後，委以江淮宣撫使
之職，更給予他莫大的鼓舞，認為是實現畢生抱負的良機，於是一面倡言進
取，一面積極籌劃恢復事宜。對於和戰問題，張浚原則同意史浩「先為守備」
的看法，卻對其所謂「議戰與議和，在彼不在此」的消極、被動態度不能苟
同，主張加強戰備，以扭轉敵強我弱的形勢，使和戰之權操之在我。他分析
北方情勢後，認為金人「決無歸我河南之意」，建議「密圖大計，以和款之，
使既不遣，和亦虛名」。〔註55〕因此，當紹興三十二年十一月金帥紇石烈志寧
移書張浚要求依皇統舊禮通好時，張浚表示「疆場之一彼一此，兵家之或勝
或負，何常之有，謹遣官僚敬造麾下議之」，而其遣使的用意，卻是欲「舖陳
始末，分別曲直，大要如黷兵廣地，爭城攻戰，在女真有害無利」，「敷敘天
理，明正是非，以感動其情」。〔註56〕這一做法，似乎不切實際，實則正是張
浚的以和款敵之計。

　　在強調以和款敵的同時，張浚也留意到歸正人及戰守問題。在招納歸正
人問題上，他反駁史浩的意見說：

〔註53〕史浩，《鄮峰真隱漫錄》，卷七，〈論歸正人劄子〉，頁9上、下。
〔註54〕參見史浩，〈論歸正人劄子〉、〈第二劄子〉二文，《鄮峰真隱漫錄》，卷七，頁
　　　　8下～12上。
〔註55〕《宋代蜀文輯存》，卷四十一，〈又奏虜情狀〉，頁12上。
〔註56〕《金史》，卷六十一，〈交聘表〉，頁1418～1419；又卷八十七，〈僕散忠義傳〉，
　　　　頁1937～1938。張浚的應對之策，見《宋代蜀文輯存》，卷四十一，〈奏乞遣
　　　　辯士通書虜酋狀〉、〈奏知作書答虜元帥狀〉、〈奏答虜元帥書檢事狀〉、〈進呈
　　　　奏答虜元帥書檢狀〉，頁14上～15上。

昔創業中興之君，圖回天下……考其施設，事非一端。或取之群盜，
或得之降虜，或以夷狄攻夷狄，莫不虛懷大度，仰憑天道，俯順人
心，以成大功……今陛下紹隆祖宗，方務恢復，乃於降者而首疑之，
則左右前後與夫今日軍旅之眾，孰不可疑？而況他日進撫中原，必
先招徠，事乃可濟，若處之失當，反激其怒，他日人自爲敵，未可
易圖，計之出此，豈不誤哉……至於刺客問題，固容有之，不可不
防，亦安可以此因噎廢食也。〔註 57〕

並且指出拒納歸正人有六不可：

此令一下，中原之人以吾有棄絕之意，必盡失其心，一也。人心既
變，爲寇爲讎，內則爲虜用，外則爲我寇，二也。今日處分既出聖
意，將見淮北之人無復渡淮歸我者，人迹既絕，彼之動息，無自而
知，間探之類，孰爲而遣，三也。中原之人，本吾赤子，今陷於虜
三十餘年，日夜望歸，如子之仰父母，今有脫身而來者，父母拒而
棄絕之，不得衣食，天理人情皆所未順，四也。自往歲用兵，大軍
奔馳，疾疫死亡，十之四五，陛下慨念及此，既望諸將各使招募，
若淮北之人不復再渡，所募之卒，何自而充，五也。尋常諸軍，招
江浙一卒之費不下百緡，而其人柔弱，多不堪用，若非取兵淮北，
則軍旅之勢，日以削弱。〔註 58〕

此外，在爭取主動的原則下，張浚也擬定了戰守次序，認爲：「當此財匱兵疲、
民困力弱之際，但當審擇險要，以守爲主」〔註 59〕；目前「軍旅單寡，賞予
闕乏，將帥難得，不可冒昧一戰，以幸其成」〔註 60〕，理當積極部署邊防。
他又以爲「今日之機，其在兩淮，不可不預作措置」〔註 61〕，因此首先駁斥
史浩興築瓜洲采石城以守江的建議，認爲「今臨淮要地俱未措置，高郵、巢
縣家計亦復未立，而乃欲驅兵卒但於江干建築城堡，豈不示虜削弱，失兩淮

〔註 57〕《歷代名臣奏議》，卷八十八，〈論歸正人利害疏〉，頁 12 下～13 上。

〔註 58〕同上註，〈論絕歸正人有六不可疏〉，頁 13 上、下。南宋時代歸正人拒、納的
問題，往往與宋廷和戰政策的轉變，以及朝廷內部的政爭息息相關，參見黃
寬重，〈略論南宋時代的歸正人〉，《宋史研究集》第十四輯（民國 72 年 7 月），
頁 475～518。

〔註 59〕《歷代名臣奏議》，卷二三四，〈又論韋制事宜疏〉，頁 4 下。

〔註 60〕同上註，卷八十八，〈論恢復事宜疏〉，頁 16 下～17 上。

〔註 61〕《永樂大典》（北京：中華書局，1986 年 6 月初），卷三五八六，〈奏屯駐盱眙
壽濠利害狀〉，頁 9 下。

之心，墮將士之氣，或有緩急，誰肯守兩淮者？」〔註62〕主張鞏固泗州城防，派遣大軍分屯淮東之盱眙及淮西之濠、壽，控扼清河、渦河口，其他大軍節次進屯，各立家計；並措置屯田以招徠北人，則東南根本可保無虞。〔註63〕同時，配合淮防，張浚重申其「左牽右引」之策，建議令吳璘固守德順軍，造成聲勢，牽制西北金軍；淮東之兵循海道而出，以搖山東；遣張子蓋駐兵盱眙、楚、泗之間，李顯忠駐兵壽春、花靨之間，蓄銳休兵，靜觀其變，先立於不敗之地，俾「賊虜首尾奔命之不暇，見利則趨，知難則守」，再密結中原忠義，俟機恢復。〔註64〕

從高宗到孝宗，朝臣們反覆辯論對金政策，大致上已達成不稱臣、不割地、不納幣及不還歸正人的共識，但是對於究竟應採取消極的退守保境，抑或是積極的進取恢復策略，卻有不同的意見。高宗在海陵南侵失利後，意欲調整宋、金關係，並希望收復河南地，卻不願任其責，於是實行內禪，將此一艱鉅任務推給孝宗。面對宋、金新形勢，孝宗在態度上傾向用武力以完成「高宗之志」，因此在朝廷的和戰爭議中，支持張浚的主張，遂於隆興元年正月任命張浚為樞密使，都督江淮軍馬，總領軍政，負責恢復事宜。〔註65〕

第三節　隆興和戰

在朝臣們不肯屈服於金人武力脅和，一致主張改善宋、金間的不平等外交關係的情況下，兩國的衝突已無可避免；尤其是孝宗先以少傅、魏國公之位推隆張浚，除江淮宣撫使，繼而改除樞密使、都督江淮軍馬，掌理軍政，益發顯示其進取的決心，因此戰事的爆發只是時間遲早的問題而已。

張浚自復出之後，即已留意國力重建及恢復事宜。一方面針對海陵入侵所造成的社會、經濟上的破壞，採取撫恤措施：奏請蠲減稅課，以裕民力，

〔註62〕〈張浚行狀〉下，頁1697；《要錄》，卷二〇〇，紹興三十二年秋七月癸亥條，頁15下。

〔註63〕《永樂大典》，卷三五八六，〈奏屯駐盱眙壽濠利害狀〉，頁9下。

〔註64〕參見《歷代名臣奏議》，卷八十八，〈論蕭宇等約降及恢復事宜疏〉，頁16上、下；卷二三四，〈論東西牽制事宜疏〉，頁3下；〈又論牽制事宜疏〉，頁4下～5下。

〔註65〕《朱子語類》，卷一三一，〈中興至今人物上〉：「孝宗初，起魏公用事。魏公議論與上意合，故獨付以恢復之任，公亦當之不辭。」頁3150；《宋史》，卷三十三，〈孝宗本紀〉，隆興元年春正月庚子條，頁621。參見柳立言，〈南宋政治初探——高宗陰影下的孝宗〉，頁578。

撥放錢糧，賑濟流民；〔註66〕又設置萬弩營與武騎毅士，以招徠兩淮壯民及北方歸正人，藉以收攬人心，並補充兵源。〔註67〕另一方面，爲防備金人蠢動，配合「左牽右引、東西相應」的策略，於沿江措置戰備，並派人往福建招募海舟，擬由海道窺山東，由清、泗窺淮陽。〔註68〕孝宗也一意配合張浚的行動，先後命李顯忠軍馬及張守忠、李福、閻德統押殿前三司人馬聽張浚節制。〔註69〕

　　紹興三十二年冬，金世宗以僕散忠義及紇石烈志寧爲都、副元帥，經略南邊，欲以武力脅迫宋廷依皇統舊禮講和。〔註70〕張浚研判金人必於來年夏天大舉入犯，乃採取「以攻爲守」的策略，一面派遣大軍屯駐於盧、泗、濠、壽等州及盱眙軍，以保兩淮；一面命張子蓋、吳璘分別由海道及陝西出兵牽制，俟機進取。〔註71〕兩淮的部署發揮了嚇阻作用，河南金軍遂不敢輕動。但是海道進取之策，卻遭到參知政事史浩的阻撓。史浩一向主張力求守備，與張浚議論不同，曾建議築瓜洲城以保江，爲張浚所折，既除執政，遂不斷沮抑張浚的進取牽制計畫：張浚方招徠淮北、山東之人，史浩既不肯應副錢糧，又極力反對招納歸正人；張浚于東海措置舟楫，史浩輒令遣散；張浚命張子蓋、吳璘分東西兩道出兵牽制，史浩卻對子蓋百般刁難，致子蓋憂憤成疾，不數月而歿；又命吳璘棄德順軍，退保四川，使得這項牽制計畫受阻，未克實行。〔註72〕

〔註66〕《宋會要》，〈食貨〉，五十七之二十一；〈崇儒〉，七之六十八；〈食貨〉，六十三之二十。

〔註67〕〈張浚行狀〉下，頁1695～96；《要錄》，卷一九九，紹興三十二年五月癸亥條，頁23下～24上；冬十月丁卯條，頁20上、下。

〔註68〕《要錄》，卷一九八，紹興三十二年閏二月丙戌條，頁6上；又卷一九九，紹興三十二年五月癸亥條，頁24上、下；又《宋會要》，〈食貨〉，五十之十九～二十。

〔註69〕《宋史》，卷三十三，〈孝宗本紀〉，紹興三十二年秋七月壬戌條，頁619；又《宋會要》，〈兵〉，九之十五～十六。

〔註70〕《金史》，卷八十七，〈僕散忠義傳〉：「忠義將行，陛辭，上諭之曰：彼若歸侵疆，貢禮如故，則可罷兵。」頁1937。

〔註71〕《宋史全文》，卷二十三，紹興三十二年是冬條，頁1854；《永樂大典》，卷三五八六，〈奏屯駐盱眙濠壽利害狀〉，頁9下；《宋代蜀文輯存》，卷四十一，〈奏虜人有窺伺淮甸之意狀〉，頁16上、下；卷四十二，〈奏虜情及遣發舟師狀〉，頁7下。

〔註72〕〈張浚行狀〉下，頁1697～1698；《朝野雜記》，甲集，卷二十，〈癸未甲申和戰本末〉，頁7上、下；《宋史》，卷三八二，〈虞允文傳〉，頁11795；《歷代名

　　雖然第一次牽制計畫受阻，張浚仍未放棄由海道進取的策略。隆興元年（1163）初，金將蒲察徒穆及大周仁進屯虹縣，都統蕭琦駐兵靈壁，張浚認為金人南侵大軍聚集於陝西、淮北，秋成之後必大舉進窺淮甸，備禦之道在於「出奇擣虛，乘其不意，使各有懷顧巢穴之心」，主張「淮上大兵當務持重，獨海道之舉，不可不亟為」；〔註73〕又建議屯兵壽春，使金人東西不能兼顧。〔註74〕此時，李顯忠、邵宏淵用契丹歸正人蕭鷓巴之言，獻進圖虹縣及靈壁之策，孝宗下此議於都督府，由張浚負責審議，並諭以「先圖兩城，邊患既紓，弊以次革」。〔註75〕孝宗既「銳意恢復」，乃召張浚赴行在，商定出師渡淮之策，張浚遂變初議，專意籌劃攻取二邑事宜。四月，張浚「合殿前、江淮兵八萬，可用者六萬」，分隸李顯忠、邵宏淵，命宏淵進屯盱眙，顯忠進據定遠。〔註76〕

　　五月，二將渡淮，李顯忠引兵趨靈壁，敗金都統蕭琦，金軍萬五千餘人傷亡殆盡，遂復靈壁；邵宏淵率師攻虹縣不下，顯忠往援，遣靈壁降卒開諭禍福，金將大周仁及蒲察徒穆開城出降，於是二將乘勝趨宿州，大敗金兵，再下宿州。捷報傳至朝廷，孝宗甚為高興，手書謂張浚曰：「近日邊報，中外鼓舞，數十年來無此克捷。」乃下詔親征，命張浚兼都督荊襄軍馬，以李顯忠為淮南、京畿、京東、河北招討使，邵宏淵為副使。張浚渡江視師，「恐盛夏人疲，急召顯忠等還師，而上亦戒諸將以持重」，皆未達。〔註77〕不久，金副元帥紇石烈志寧自睢陽引兵趨宿州。先是，邵宏淵以虹縣之功為李顯忠所奪，顯忠又殺其小校，二人始生嫌隙；繼而下宿州城，邵宏淵欲發倉儲犒士卒，李顯忠吝於勞賞，士卒頗不悅。〔註78〕當此之時，金軍兵臨城下，李顯

　　　　臣奏議》，卷二三四，〈奏虜勢及海道進取等事疏〉，頁3下～4下；〈奏川陝事
　　　　宜疏〉，頁3上。
〔註73〕《歷代名臣奏議》，卷二三四，〈奏虜勢及海道進取等事疏〉，頁3下～4下。
〔註74〕《永樂大典》，卷三五八六〈奏進屯壽春利害狀〉，頁10下～11上。
〔註75〕蕭鷓巴獻謀，見《金史》，卷八十七，〈紇石烈志寧傳〉，頁1931。李顯忠、邵
　　　　宏淵上奏乞引兵進取，見《齊東野語》，卷二，〈符離之師〉，頁27；〈張浚行
　　　　狀〉下，頁1698；又《鄮峰真隱漫錄》，卷六，〈賜兩淮將臣李顯忠、邵宏淵
　　　　條具出師方略詔〉（頁17上）可為旁證。孝宗命張浚審訂北討長策，見《鄮
　　　　峰真隱漫錄》，卷六，〈賜都督張浚審訂北討長策詔〉，頁16下。孝宗「先圖
　　　　兩城」的指示，見《宋史全文》，卷二十四，隆興元年三月是月條，頁5上。
〔註76〕《朝野雜記》，甲集，卷二十，〈癸未甲申和戰本末〉，頁8上。
〔註77〕〈張浚行狀〉下，頁1699。
〔註78〕《宋史》，卷三六七，〈李顯忠傳〉，頁11431～11432。

忠約邵宏淵併力夾攻，宏淵卻按兵不動，且出言搖動軍心，導致諸將相繼逃遁，金軍乘虛來攻，李顯忠獨力拒戰不敵，棄城而走，至符離爲金軍追及，宋軍大潰，金人斬宋軍首級四千餘，獲甲三萬，其他兵仗甚眾，宋軍赴水死者不可勝計，所喪軍資器械殆盡，史稱「符離之潰」。〔註79〕

　　張浚得知兵潰，又傳言邵宏淵已死，頗爲絕望，乃急忙渡淮至泗州，撫定餘眾，上疏待罪，且乞致仕、請通好，孝宗賜張浚書曰：「今日邊事倚卿爲重，卿不可畏人言而懷猶豫。前日舉事之初，朕與卿任之，今日亦須與卿終之。」〔註80〕六月，張浚自泗州還維揚，孝宗下詔罪己，張浚降授特進，仍前樞密使、江淮東西路宣撫使，官屬各奪二官。參贊軍事陳俊卿言：

> 浚果不可用，別屬賢將；若欲責其後效，降官示罰，古法也。今削
> 都督重權，置揚州死地，如有奏請，臺諫沮之，人情解體，尚何後
> 效之圖？議者但知惡浚而欲殺之，不復爲宗社計。願陛下詔戒中外
> 協濟，使浚自效。〔註81〕

孝宗醒悟，乃於八月復張浚都督之職，命措置兩淮防務。符離潰師，著實對張浚造成相當大的打擊，使他一度對恢復之事感到心灰意冷，自言「自夏以來，精神衰耗，心志凋落，益甚於前」〔註82〕，因而有乞致仕、請通好之舉。但是對於孝宗託以江淮守備，張浚仍專意措置：命魏勝守海州，陳敏守泗州，戚方守濠州，郭振守六合，治高郵、巢縣兩城爲大軍家計，修滁州關山以扼敵衝，聚水軍於淮陰，馬軍於壽春。〔註83〕兩淮守備經張浚重新部署，聲勢復振。

　　然而，符離既遭敗衂，朝廷主和勢力再度抬頭，孝宗進取的決心逐漸動搖，雖然仍以張浚措置兩淮防務，阻止金人南下，卻同時召湯思退爲相，主持議和事宜。八月，金帥紇石烈志寧乘勝移書宋廷，提出四項要求：（一）歸還海、泗、唐、鄧四州；（二）歲幣；（三）稱臣；（四）遣返中原歸正人。聲

〔註79〕 《宋史》，卷三六七，〈李顯忠傳〉，頁11431～11432；《金史》，卷八十七，〈紇石烈志寧傳〉，頁1931～1932。參見華山，〈從采石之戰到隆興和戰〉，頁229～231；王志宏，〈金世宗與隆興和議〉，頁266～270。

〔註80〕 《宋史》，卷三十三，〈孝宗本紀〉，隆興元年六月癸亥條，頁623；《朝野雜記》，甲集，卷二十，〈癸未甲申和戰本末〉，頁8下；〈張浚行狀〉下，頁1699。

〔註81〕 《宋史》，卷三八三，〈陳俊卿傳〉，頁11785。

〔註82〕 《宋代蜀文輯存》，卷四十二，〈奏乞令大臣共議回答虜書〉，頁9上。

〔註83〕 〈張浚行狀〉下，頁1699。參見《宋代蜀文輯存》，卷四十一，〈奏郭振屯六合事宜狀〉，頁2上～3上；卷四十五，〈論楚泗等處守禦事宜箚子〉，頁4上、下。

言若不遵行，將俟農隙進兵。〔註 84〕對於金人的主動移書約和，宰執湯思退
為秦檜之黨，主和甚力，而陳康伯、周葵等人認為：「敵意欲和，則我軍民得
以休息，為自治之計，以待中原之變而圖之，是萬全之計也」〔註 85〕，似皆
欲和，獨工部侍郎張闡持異議，力陳六害〔註 86〕。張浚從事勢發展分析金人
的意圖，表示可以遣使隨機觀變，以為後圖，他說：

> 虜人力強則來，力弱則止，初不在和與不和。而以今日事勢論之……
> 僞元帥以書來，必其國中掣肘之事甚多……虜為此策，不為無謀，
> 一以款我使無侵軼之虞，二以彈壓其民使無變亂之志。當為好辭款
> 之，未須指定與決，第令使人隨機酬答，請更歸稟於朝，而益治在
> 我，徐觀其形勢於後日耳。〔註 87〕

湯思退等人急於求和，派遣淮西安撫司幹辦公事盧仲賢詣金營交涉，仲賢臨
行，孝宗戒以勿許四郡，湯思退卻謂許之無傷，盧仲賢至宿州，懾於金人威
勢，凡所求皆應允。十一月，盧仲賢還臨安，奏與金帥畫定四事：（一）欲通
書稱叔姪；（二）欲得唐、鄧、海、泗四州；（三）欲歲幣銀絹之數如舊；（四）
欲歸彼叛臣及歸正人。〔註 88〕

對於盧仲賢的交涉結果，朝廷反應不一，宰執湯思退等人皆表示滿意，
交相稱賀，並立即奏遣王之望、龍大淵使金；侍從、臺諫對所畫定四事則頗
持保留態度。孝宗亦認為條件過於嚴苛，一時斷決不下，湯思退等人為造成
聲勢，乃提議召張浚及侍從、臺諫集議。〔註 89〕當時從官預議者十四人，「主
和者半，可否則半」，獨起居郎胡銓反對和議，他說：

> 昨者京都失守，本於大臣耿南仲主和；二聖劫去，本於宰相何㮚主
> 和；維揚失守，本於宰相汪、黃主和；完顏亮之變，本於權臣主和
> ……前車覆，後車戒。陛下若不深思遠計，力修政事，力修守備，
> 力任將相，力圖恢復，而苟貪目前之安，臣恐後車又將覆矣！議者
> 曰：「姑與之和，而陰為之備，外雖和而內不忘戰」，此從來權臣誤
> 國之言……一溺於和，則將士偷安，將士解體，終身不能自振，尚

〔註 84〕 畢沅，《續資治通鑑》（新校本，台北：世界書局，民國 63 年 1 月再版），卷
一三八，隆興元年八月戊寅條，頁 3674。

〔註 85〕 《續資治通鑑》，卷一三八，隆興元年八月戊寅條，頁 3674。

〔註 86〕 《宋史》，卷三八一，〈張闡傳〉，頁 11747。

〔註 87〕 《宋代蜀文輯存》，卷四十二，〈又回奏虜情及遣使事宜狀〉，頁 3 上、下。

〔註 88〕 《朝野雜記》，甲集，卷二十，〈癸未甲申和戰本末〉，頁 9 上。

〔註 89〕 同上註，頁 9 下～10 上。

又安能戰乎？〔註90〕

同時，湖北、京西制置使虞允文也五次上疏力爭。張浚在揚州，遣子張栻至臨安附奏，力辨和議之失說：

自秦檜主和，陰懷他志，卒成逆亮之禍。檜之大罪未正於朝，致使其黨復出爲患……今內外之議未決，而遣使之詔已下，失中原將士四海傾慕之心，他日誰復爲陛下用命哉？人心既失，如水之覆，難以復收。〔註91〕

並劾盧仲賢辱國無狀，辭甚激烈。

湯思退對於張浚、盧允文、胡銓等主戰派的阻撓和議，甚爲忿怒，竟攻擊張浚等「大言誤國，以邀美名」〔註92〕，高宗也適時出面干涉。二將北伐失利，高宗收還河南地的希望雖然落空，但是對於金人願意將宋、金關係由君臣改爲叔姪，等於承認太上皇爲兄，則甚表滿意，因此不僅力勸孝宗與金人講和，更吩咐張栻轉告張浚說：「今日國家須更量度民力、國力」，「若金未有亂，且務恤民治軍，待時而動可也」。〔註93〕由於高宗的干涉，孝宗最後宣諭：「虜能以太上皇爲兄，朕所喜者。朕意已定，正當因此興起治功。」遂決議遣使。〔註94〕

十二月，張浚至臨安，反覆爲孝宗力陳和議之失，孝宗旋又改變心意，不欲放棄土地，遂派人阻止通問使王之望赴金營，另遣胡昉、楊由義往諭金帥不割四郡之意，並拜張浚爲右僕射，都督江淮軍馬。〔註95〕胡昉至宿州，爲金人所拘留，孝宗聞訊，謂張浚曰：「和議之不成，天也，事當歸一也。」頗有決心一戰之意，張浚乘機表示：「今不幸建康，則宿弊不可革，人心不可

〔註90〕《胡澹庵先生文集》，卷七，〈應詔集議狀〉，頁17下～18下。
〔註91〕《宋代蜀文輯存》，卷四十二，〈力辨和議之失疏〉，頁11上；〈張浚行狀〉下，頁1700～1701。
〔註92〕《朝野雜記》，甲集，卷二十，〈癸未甲申和戰本末〉，頁10下。
〔註93〕羅大經，《鶴林玉露》（北京：中華書局，1983年3月初版），丙編，卷四，〈中興講和〉，頁301～303；《朱子語類》，卷一○三，〈張敬夫〉，頁2609。參見蔣義斌，《史浩研究——兼論南宋孝宗朝政局及學術》，第五章，第三節，頁127～132。
〔註94〕《宋史全文》，卷二十四，隆興元年十一月壬子條，頁1875；《中興禦侮錄》，卷下，頁15下。參見柳立言，〈南宋政治初探——高宗陰影下的孝宗〉，頁578～579。
〔註95〕《宋史全文》，卷二十四，隆興元年十一月是月條，頁1875～1876；《宋史》，卷三十三，〈孝宗本紀〉，頁625；〈張浚行狀〉下，頁1701～1702。

回，王業不可成」，力勸孝宗進幸建康，孝宗意動。〔註96〕主和的湯思退見孝宗變更初議，惟恐和議不成，乃欲藉高宗迫使孝宗接受議和條件，建議孝宗「以宗社大計奏稟上皇而後從事。」孝宗回答：「金無禮如此，卿猶欲言和。今日敵勢非秦檜時比，卿議論秦檜不若。」〔註97〕湯思退見孝宗態度強硬，遂與王之望、尹穡等主和朝臣轉而圖謀排擠張浚。王之望傳驛上奏言：「兵少糧乏，樓櫓器械未備，人言委四萬眾守泗州，非計」〔註98〕，戶部侍郎錢端禮又奏：「兵者凶器，願以符離之潰爲戒，早決國是，爲社稷至計。」〔註99〕孝宗頗感困惑，遂萌生罷兵之意，乃命張浚前往江淮視師，並詔令荊襄、川陝帥臣嚴飭邊備，不得輕動妄舉；三衙戍兵歸司，建康、鎮江大軍更悉歸砦。同時，以錢端禮爲淮東宣諭使，王之望爲淮西宣諭使，名爲撫諭兩淮軍民，實則視察軍務。〔註100〕

當時，張浚受命經理江淮已兩年，總計招徠山東、淮北忠義之士一萬二千餘人，以充實建康、鎮江二軍；萬弩營所招淮南彊壯及江西群盜又萬餘人，由陳敏統率，以守泗州；在海、泗、高郵、巢、和、六合等要地築城，「其可因水爲險處，皆積水爲櫃」；又增置江淮戰艦，諸軍弓矢器械悉備。當時金人正屯重兵十萬於河南，虛張聲勢約日決戰以脅和，得知張浚蒞淮視師後，立即引兵北歸。張浚又與契丹望族蕭琦約爲應援，金人益懼。〔註101〕錢端禮、王之望撫諭兩淮還朝，竟向孝宗報告說：「兩淮名曰備守，守未必備；名曰治兵，兵未必精。」〔註102〕尹穡也彈劾張浚跋扈，耗費國用不貲，奏令張深不受趙廓之代爲拒命，孝宗因此罷江淮都督府。〔註103〕由於恢復大業備受主和派的阻撓，張浚乃上疏求退，遂於隆興二年四月罷相，除少師、保信軍節度使，判福州。張浚力辭，乃改醴泉觀使。〔註104〕張浚雖罷相，猶上疏論尹穡

〔註96〕《金史》，卷六，〈世宗本紀〉，大定四年正月甲辰條，頁133；〈張浚行狀〉下，頁1702～1703。

〔註97〕《朝野雜記》，甲集，卷二十，〈癸未甲申和戰本末〉，頁11上；《宋史》，卷三七一，〈湯思退傳〉，頁11530。

〔註98〕《宋史》，卷三七一，〈湯思退傳〉，頁11530～11531。

〔註99〕《宋史》，卷三八五，〈錢端禮傳〉，頁11829～11830。

〔註100〕《宋史》，卷三十三，〈孝宗本紀〉，頁626。

〔註101〕〈張浚行狀〉下，頁1703～1704。

〔註102〕《宋史》，卷三八五，〈錢端禮傳〉，頁11830。

〔註103〕〈張浚行狀〉下，頁1703～1704。

〔註104〕〈張浚行狀〉下，頁1704；《宋會要》，〈職官〉，七十八之四十八，五十四之十六。

姦邪，必誤國事，並且表示：

> 君臣之義，無所逃于天地之間，況吾荷兩朝厚恩，久尸重任，今雖去國，猶日望上心感悟，苟有所見，安忍不言。上復欲用某，某當即日就道，不敢以老病爲辭。〔註105〕

八月，張浚在餘干病危，告戒二子曰：「吾嘗相國家，不能恢復中原，盡雪祖宗之恥，不欲歸葬先人墓左，即死，葬我衡山足矣」〔註106〕，遂歿，享年六十八歲。

張浚既卒，湯思退專擅國事，急於與金人達成和議，一面派宗正少卿魏杞使金，一面撤除兩淮邊備，罷海、泗、唐、鄧之戍，又暗中通知金人以重兵脅和。十一月，金帥僕散忠義果自清河口渡淮攻楚州，並乘機提出割讓商、秦之地、遣返降俘及歲幣銀、絹各二十萬的要求。兩軍接戰，宋軍失利，楚州守將魏勝戰死，金軍連下盱眙、濠、廬、和、滁等州，情勢危急。孝宗遂罷湯思退，以陳康伯爲相，派王抃赴金軍前交涉，接受四項議和條件：（一）金、宋世爲叔姪之國；（二）疆界恢復紹興原界；（三）改歲貢爲歲幣，銀絹比紹興時各減五萬兩、匹；（四）遣返俘虜，不還叛亡歸正之人。金帥僕散忠義見脅和目的已達成，即同意議和。次年正月，宋遣魏杞持誓書赴金，由金世宗批准，正式達成和議，史稱「隆興和議」。〔註107〕

隆興二年和議的達成，結束了海陵南侵以來宋、金對峙的緊張局面。綜觀此一階段兩國關係的發展，由於海陵敗盟南侵失利，金國內擾，宋廷上下產生改變宋、金不平等外交關係的要求，或主張利用目前有利形勢，透過談判方式，調整紹興和議的內容，或建議俟機進取，將名分、疆界及歲幣三事畢其功於一役。高宗有意藉機改善臣屬地位，並收復舊疆，卻又認爲「此事終歸於和」，在理想與現實無法兼顧的情況下，遂實行內禪，傳位於「銳意恢復」的孝宗，又以主張進取的張浚掌理軍政，襄贊孝宗。高宗這項安排，殆欲倚此二人執行此一艱鉅任務，成則收禪讓之聖名，敗則不必任其咎。

孝宗即位，傾向用武力「成高宗之志」，因此拔擢張浚總領軍政，經營恢

〔註105〕〈張浚行狀〉下，頁 1704。
〔註106〕〈張浚行狀〉下，頁 1705。
〔註107〕《朝野雜記》，甲集，卷二十，〈癸未甲申和戰本末〉，11 下～13 下；《大金國志》，卷十六，225～226；《金史》，卷七，〈紇石烈志寧傳〉，頁 1933；卷九十二，〈徒單克寧傳〉，頁 2045～2046。參見華山，〈從采石之戰到隆興和議〉，頁 232～233；王宏志，〈金世宗與隆興和議〉，頁 272～273。

復大業，然而朝臣對於戰守卻有不同意見，孝宗雖然支持張浚的主張，但是在實際行動中，卻受到反對勢力的牽制、阻撓。朱熹指出當時情況說：「朝廷諸公不能，得公（張浚）用兵，幸其敗，以為口實。」〔註108〕這是張浚未能有成的原因之一。隆興初，金人聚兵於宿州、靈壁、虹縣，孝宗命張浚「先圖兩城」，張浚遂捨棄其一向主張的「左牽右引」東西牽制之策，派李顯忠、邵宏淵出師渡淮，進圖二城。這次北伐，由淮西一線進攻，事實上僅是一次先發制人的牽制行動，一月之內三戰皆捷，建炎以來十四處戰功皆未有如宿州一舉者，胡銓說：「四十年未有此舉。」〔註109〕然而，北伐行動卻旋即遭到挫敗。究其原因，一方面是由於倉卒出師，而張浚又急於成事，未能作周密的考量，以致因李、邵二將不協而造成符離的潰敗；〔註110〕另方面則來自反對派的阻撓，如不肯應副北伐所需錢糧。〔註111〕

　　符離敗衂之後，孝宗進取決心動搖，主和勢力再度抬頭。同時，高宗也以太上皇身分出面干涉。在強大的主和壓力下，張浚終於被迫辭去宰相及都督軍馬的職務，不久便抑鬱而歿。孝宗則在金人武力脅迫下，接受了金人所提的議和條件，達成和議。

〔註108〕《朱子語類》，卷一三一，〈中興至今人物上〉，頁3152。朱熹又曰：「孝宗初，起魏公用事……正如趙元鎮（鼎）相似，那邊一面去督戰，這邊一面令回軍，成甚舉措！」頁3152。

〔註109〕《宋史全文》，卷二十四，隆興元年五月是月條，頁1864。

〔註110〕《齊東野語》，卷二，〈符離之師〉，頁30；《朱子語類》，卷一三一，〈中興至今人物上〉，3152。

〔註111〕同上註，頁29；《永樂大典》，卷三五八六〈奏移屯牽制利害狀〉，頁10上、下。

結 論

　　宋代政治發展，大略言之，有兩個特點：一是外患與國祚相終始，二是維持中央集權、強榦弱枝和重文輕武的基本國策，兩者皆影響宋朝國運至深且鉅。就前者言，自趙宋建國伊始，即不斷遭受外族的威脅，首困於契丹，繼擾於西夏，中絕於女眞，而終亡於蒙古。爲了確保國家安全，維護基本利益，外交遂成爲導引宋代政治運作的一主要前提。終有宋之世，朝野爲尋求最有利的外交地位，不斷掙扎於理想與現實、義理與時勢的矛盾間，因而形成了有宋一代三百二十年的和戰問題。就後者言，宋太祖趙匡胤懲於唐季五代藩鎭割據、武人干政的缺失，建立了中央集權、強榦弱枝的制度，實行崇文抑武的政策，歷世君主秉承祖訓，奉行不渝。然而，「強榦弱枝」政策的實行，配合文治的提倡，固然造就了以士大夫階層爲中堅的文人政府，重文輕武的風氣，以及內重外輕的形勢，卻也相對的削弱了國防基礎。這二項特點交織成一面複雜的網路，幾乎涵蓋了宋代全部的政治問題，並且彼此糾結，相因相成，不僅加深了國家的危機，更導致趙宋的覆亡。

　　自北宋末年到南宋初期政局的發展，便明顯地反映出這二項特點。基本上，北宋的滅亡，除了來自女眞的直接威脅外，長期的積弱，以及北宋末年政治的腐敗，更是不容忽略的內在因素。宋廷實行中央集權，提倡文治科舉，到北宋中葉時，逐漸產生兩項重大的影響：其一，強榦弱枝引發內重外輕之勢，及官僚體系的過度膨脹，加上外患的威脅，造成冗兵、冗官與冗費諸問題，加重了人民的負擔。其間雖有慶曆、熙寧兩次改革，然而非但未能發揮振衰起弊的功效，王安石的變法反而引起政治、社會、經濟的大激盪。其二，經由考試制度，士大夫成爲政治和社會的中堅，加上儒學復興，激起

一股自覺精神，逐漸形成一種議政的風氣，黨爭於是興起。其末流由國是之爭，演成意氣之爭，造成政治不安。到了徽宗時代，蔡京當權，一面假崇寧之名，行個人專權之實，引起嚴重的社會、經濟問題，導致人民流離，盜賊蠭起，變亂叢生；一面大興黨獄，立元祐黨人碑，整肅異己，朝中忠臣賢士排除殆盡，影響所及，終使士風卑下、氣節淪喪，造成朝綱不振的混亂局面。到了徽宗末年，宋室實已岌岌可虞。因此，當金軍南下，政權便土崩瓦解了。從這角度看，北宋的滅亡，強榦弱枝所造成的積弱不振，以及徽宗時代人謀不臧所引起的種種問題，是基本的原因，而金人南侵則發揮了催化的作用。

高宗即位，建立南宋政權，延續了趙氏統緒，也同時承繼了北宋末年所遺留下的種種難題。外交方面，是金人及其傀儡政權南侵的威脅：金人為達成滅宋的目的，先於建炎年間連續發動三次侵略戰爭，帶給宋廷嚴重的打擊；其後又採取「以和議佐攻戰，以僭逆誘叛黨」的策略，扶植劉豫政權牽制東南，縱秦檜、王倫南歸，以和款宋，然後併兵進攻川陝，而有和尚原、饒風關及仙人關三次戰役。在金人的步步進逼下，宋廷處於被動的地位。

內政方面，是中央權威的崩解。北宋覆亡，中央集權制度隨之解體，高宗初立，又忙於避敵，朝政既無法正常運作，中央又無力維持社會治安，全國逐陷入無政府的混亂狀態。其現象之一，是盜賊蠭起、變亂頻仍。兩宋之際的動盪，產生了大量的流民、潰軍和叛卒，他們或淪為盜賊，四處流竄劫掠，或集結成各據一方的叛亂團體，向高宗政權的正統地位提出挑戰。現象之二，是武人地位的提高。重文輕武的傳統，因北宋之亡而發生變化，面對外患內亂的威脅，朝廷必須倚重武將進行安內攘外的工作，因此不得不加以優容，賦予較大的權力，武將權勢地位於是大幅提升。然而，將權擴張的結果，卻產生武將驕恣跋扈、侵奪事權及干預朝政等問題。同時，武將藉抗敵、救亂的機會，大量收編盜賊、叛卒，也形成嚴重的外重內輕現象。這不僅背離了強榦弱枝的國策，文武地位的升降，也引起一向自詡文高於武的文臣的不滿，造成文武關係的惡化。其現象之三，是宦官亂政。宋徽宗寵任宦官，委以軍政大權，童貫促成宋、金海上之盟，卒致「靖康之禍」。高宗即位，宦官又襲前風干政用事。這些都是高宗政權立國的難題。

明受之變的爆變，正是前述各種問題匯集、交互作用的結果。建炎時期，宋廷在新遭劇變之後，外有金人步步侵逼，內則盜賊蜂起肆虐，高宗自顧不

暇，無力改善惡劣的局勢，因此情況一如靖康年間，甚至更爲嚴重。所謂的南宋政權，只是隨著高宗四處避敵的小朝廷而已。此一階段，可稱爲「國力崩解時期」。明受之變後，高宗體認到內部的安定，是外禦強敵、鞏固政權的基石，於是開始配合外在環境的變化，進行階段性的內部整合工作。

　　面對國力崩解而內亂外患交迫的情勢，朝臣自南渡以來即不斷建議設置藩鎮，以肆應內外變局。即欲透過地方分權的方式，改善中央權力無法貫徹的無政府狀態。明受之變後宣撫處置使的設置，是此一構想的首度嘗試。而其付諸全面實施，則是在建炎四年宋、金關係初次轉變之後。金人三次侵宋皆無功而返，在陝西的富平戰役卻獲得勝利，於是改變戰略，將目標轉向川陝，宋廷因而稍獲喘息的機會。高宗自海上避敵歸來後，鑑於兩淮缺乏有力的防禦力量，而盜賊及地方武力各據一方，遂有意將地方武力納入控制，一則弭盜，一則禦金，於是有鎮撫使的設置，賦予類似藩鎮的權力，使之各守其土。同時，在江南地區又有安撫大使、制置大使、宣撫使等官，統轄一路至數路軍政，以文臣或武將擔任，許以便宜行事，目的亦在安定地方。另外，對於威脅政權正統地位及國家安全的叛亂團體，則派兵一一剿滅之。從紹興元年至四、五年，宋廷處於「國力重整」的階段，在「先平內寇，然後可禦外侮」的既定政策下，對內採取「地方分權」的方式，維持中央對特殊地區間接控制的形式；對外則在安內前提下，儘量避免與金、齊衝突，以養精蓄銳。

　　宋廷利用金人進窺川陝的機會，實行安內政策，確實收到了相當成效。盜賊與叛亂勢力相繼敉平，又成功地遏阻金、齊聯軍之南犯，國家趨於安定，國力也逐漸恢復。然而，猜疑的家法，依然深植於高宗及文臣心中。大將專兵與地方分權，違反了中央集權的國策，即使對國家有所助益，高宗與大臣仍無法釋然，因此安內政策初推行時，便備受爭議。爲達成中央集權，張浚被解除宣撫處置使職務，兩淮鎮撫使亦相繼罷廢。紹興五年，中興形勢大體確立，宋廷面臨兩個問題，即重建中央集權與恢復故土。淮西兵變發生前，朝廷採取內外並進的方式，藉北伐行動整頓軍政，加強對擁兵大將的控制，強化中央權威。但當酈瓊叛變後，高宗爲確保權位，堅持維護中央集權、強榦弱枝的傳統，竟不惜放棄收復故疆的機會，對金稱臣，以達成收兵權的目的。到紹興末年，外重內輕現象不復存在，而海陵敗盟南侵，宋廷再度將注意力移轉至外交問題上，企圖改變對金的臣屬關係。然而偃兵息武二十年，

形勢已大異於昔日，遂有符離之敗及隆興和議，而宋室至滅亡為止，終不能擺脫外患的威脅。

在整個南宋初期的政治發展中，不論是安內，抑或是攘外，張浚皆扮演著重要的角色。靖康禍起，二帝蒙塵，高宗在兵馬倥傯之際以別子而承大統，未經正式授受，因此地位頗受質疑，明受之變便意味著對君權的懷疑。張浚於變生之後首倡勤王，擁護高宗，肯定其合法地位，不僅及時維護了君主權威，更使國家免於陷入分裂的局面。當朝臣懾於金人威勢，紛紛主張退保江南之時，獨張浚以恢復為言，挺身獨任川陝之事，負起鞏固西北之責。建炎三年，高宗一度避敵海上，次年返回越州，東南情勢岌岌可危，若非張浚適於此時由陝西出兵牽制，分散女真兵力，則東南形勢難以逆料。雖然富平一役喪師失地，張浚難辭其咎，仍然是於大局有裨益的。紹興初年，金人改變戰略，擬由長江上游進窺東南，對川陝發動三次大規模攻擊，張浚在未得朝廷實質支援的情況下，獨力捍禦，使高宗得以順利進行安內工作，這對中興形勢的奠立，亦有相當的貢獻。

大將專兵、權重跋扈，是南宋初期內政上的一大難題，不少大臣雖對此一現象提出警告，卻無人敢任其事。紹興五年，張浚拜相開都督府，一面積極經營恢復，推動北伐，一面繼制裁苗傅、劉正彥、范瓊之後，再度負起整頓軍政、強化中央權威的工作。在任相的三年間，張浚收剿湖寇，六出江淮視師，大敗偽齊，罷劉光世兵權，使宋廷展現出前所未有的新氣象。其積極任事的態度與表現，南宋初期的諸多宰執大臣實無出其右者。

雖然如此，張浚在其從政生涯中，也不乏可議之處。他一生主張恢復，卻在建炎初年捲入黃潛善、汪伯彥與李綱的政爭中，彈劾主戰的李綱，「以君子而攻君子」，誠為其政治生涯中難以抹滅的瑕疵。宣撫川陝期間，合陝西五路兵四十萬人北伐，卻因督軍失律，趙哲軍前退遁，導致富平敗衂，陝西之地喪失殆盡，以成敗論之，實難辭其咎。又受命宣撫川陝之初，急於求才，見曲端有威名而辟為都統制，卻因議論不合，又忌其得眾心而難制，遂罷而殺之，張浚亦有餘責。紹興七年，張浚罷驕惰不肅的劉光世兵權，將劉部軍馬收歸中央節制，卻誤用呂祉、韓璡，引起王德、酈瓊的衝突，造成淮西軍情不穩，其後又以張俊、楊沂中、劉錡三大將監視淮西軍，召酈瓊回朝，處置失當，終於導致酈瓊的叛變，不僅使朝廷損失四萬軍馬，也造成高宗進取態度的轉變，這是張浚一生最大的缺失。孝宗隆興初年，奉詔督師北伐，敗

於符離，爲其政治生涯再添一憾事。張浚一生志向遠大，卻始終未能建立功業，反而遭遇多次挫折。究其原因，實與其個人能力有關，吳伸認爲其「忠有餘而智不及」〔註1〕，朱熹亦謂其「材力不逮」〔註2〕，這正是張浚壯志未酬的原因所在。

　　綜觀張浚一生的政治活動，可謂瑕瑜互見。然而，評論人物「當統其一生行事而論之，又當究其居心而論之，不得執一節之失計，遂概沒其生平而訾議之。」〔註3〕自北宋中期起，富於自覺精神的士大夫，目睹國家處境艱難，亟思匡救，提倡內尊朝廷，外攘夷狄，「尊王攘夷」乃成爲宋代士大夫政治思想的重要內涵。張浚一生的表現，正可以說是宋代「尊王攘夷」思想的實踐。這是觀察張浚政治行爲的基礎，也是評論其人格操守的基點。朱熹評論張浚，即強調「尊王攘夷」的精神：

> 南渡以來，士大夫往往唱爲和說，其賢者不過爲保守江南之計。夷狄制命，率獸逼人，莫知其爲大變。公獨毅然以虜未滅爲己責，必欲正人心、雪讎恥、復守宇、振遺黎，顚沛百罹，志踰金石。晚復際遇，主義益堅，雖天嗇其功，使公困於讒慝之口，不得卒就其志，然而表著天心，扶持人紀，使天下之人曉然復知中國之所以異於夷狄，人類之所以異禽獸者，而得其秉彝之正，則其功烈之盛豈可勝言哉！〔註4〕

這可以代表南宋理學家對張浚的評論。張浚在南宋時所獲得的肯定，與其認爲因其子張栻爲理學大家而得令譽，毋寧說是因實踐「尊王攘夷」的理想而受推崇。

　　元、明以後，論史者往往對張浚採取嚴厲的批判態度，或評其「量狹而不能下士，智黯而不能知人」，故「三命爲將而三至敗績」〔註5〕；或認爲「宋高（宗）之不能中興者，秦檜爲之首，而張浚爲之從也」〔註6〕；王鳴盛則以

〔註1〕《會編》，卷一五七，吳伸，〈論大臣非辜書〉，頁2上。

〔註2〕《朱子語類》，卷一三一，〈中興至今人物上〉，頁3140、3150。

〔註3〕張宗泰，《魯巖所學集》（民國20年模憲堂刊本），卷三，〈論張魏公〉，頁9上。

〔註4〕〈張浚行狀〉下，頁1705。朱熹雖悔作張浚行狀僅憑張栻片面之詞，但其晚年言論仍推崇張浚甚力。參見《朱子語類》，卷一三一，〈中興至今人物上〉。

〔註5〕鄭賢，《古今人物論》（台北：廣文書局影印明潭陽余彰德刊本，民國63年6月初版），卷三十二，頁19上。

〔註6〕沈德符，《萬曆野獲編》（筆記小說大觀本），卷二，〈議革張浚祠〉，〈補遺〉，頁853。

為張浚一生無功足述，而罪不可勝書。〔註7〕錢士升作《南宋書》，更譏之為「欺世盜名」之輩。〔註8〕他們或僅憑個別事件，或就張浚個人行為進行觀察，不是未能掌握南宋的時代精神，就是忽略了主、客觀形勢的整體發展，因此每以成敗論英雄。張浚身處南宋初期內憂外患交迫之際，積極任事，勇於進取，卻受沮於當時，又蒙誣於後世，誠所謂「任責難而得謗易」也。明人鄭賢便以反駁的態度評論說：

> 以弱宋當強虜，魏公雖三敗績，然亦數大捷。論者只攻其敗而不計其捷，則曹瞞之赤壁，諸葛公之祁山，豈二人之不長於將哉？散而復收，敗而復振，此兵家之常也，安可以一衄而遽棄之？〔註9〕

畢竟南宋初期奮戰匡危的儒將，能列舉者，也只有張浚一人而已。〔註10〕在後世的諸多評論中，清人張宗泰的評語算是較為持平的，他說：

> 張魏公當高孝之期，其排李綱、趙鼎（誤作張鼎），殺曲端，愎諫自用，措置乖方，富平之敗，符離之潰，其喪失不可億計，誠有不能代為解說者。然其念王室之多艱，刻意為國家復仇，不以累挫而敗其氣，不以退廢而回其慮，其肝膽之所激發，殆有質天日而無愧者，且其當時勢危急之秋，忠言讜論，無非為扶持國體起見，固不僅苗、劉之變，慷慨以赴君父之難已也。其才雖疏，其居心未始不可原，蓋瑕瑜互見之人也。〔註11〕

所以從大節論斷，張浚是值得稱許的。

〔註7〕 王鳴盛，《蛾術編》（世楷堂刊本），卷六十，〈張浚〉。
〔註8〕 錢士升，《南宋書》（宋遼金元四朝別史），卷十四，〈張浚傳〉，頁3下。
〔註9〕 《古今人物論》，卷三十二，〈張浚〉，頁18下～19上。
〔註10〕 劉子健，〈從儒將的概念說到歷史上對南宋初張浚的評論〉，頁487。
〔註11〕 《魯巖所學集》，卷三，〈論張魏公〉，頁9下。

史源及參考書目

一、史　源

（一）史　書

1. 不著撰人，《皇宋中興兩朝聖政》六十四卷，宛委別藏影宋鈔本，台北：文海出版社，民國 56 年 1 月初版。

2. 不著撰人，《宋史全文續資治通鑑》三十六卷，元刻本，台北：文海出版社，民國 58 年 5 月初版。

3. 不著撰人，《中興禦侮錄》二卷，筆記小說大觀本。

4. 宇文懋昭，《大金國志》四十卷，北京：中華書局，1986 年 7 月初版。

5. 朱熹、李幼武，《宋名臣言行錄》七十五卷，台北：文海出版社，民國 56 年 1 月初版。

6. 李燾，《續資治通鑑長編》五二〇卷，台北：世界書局，民國 72 年 2 月四版。

7. 李心傳，《建炎以來繫年要錄》二〇〇卷，光緒庚子年廣雅書局刊本，京都：中文出版社，1983 年 3 月。

8. 李心傳，《建炎以來朝野雜記》甲、乙集各二十卷，台北：文海出版社，民國 56 年 1 月初版。

9. 李埴，《皇宋十朝綱要》二十五卷，台北：文海出版社，民國 56 年 1 月初版。

10. 杜大珪編，《名臣碑傳琬琰集》一〇七卷，台北：文海出版社，民國 58 年 5 月初版。

11. 徐自明，《宋宰輔編年錄》二十卷，校補本，北京：中華書局，1986 年 7 月初版。

12. 徐夢莘，《三朝北盟會編》二五〇卷，光緒三十四年許涵度刊本，上海古籍出版社，1987 年 10 月初版。

13. 徐松輯，《宋會要輯稿》八冊，台北：新文豐出版公司，民國 65 年 10 月初版。

14. 馬端臨，《文獻通考》三四八卷，台北：新興書局，民國 52 年 3 月新一版。

15. 脫脫，《宋史》四九六卷，新校本，台北：鼎文書局，民國 72 年 11 月三版。

16. 脫脫，《金史》一三五卷，新校本，台北：鼎文書局，民國 65 年 11 月初版。

17. 黃尚毅等纂，王佐等續修，《綿竹縣志》十八卷，民國 8 年刊本。

18. 熊克，《中興小紀》四十卷，光緒十七年廣雅書局刊本，文海出版社，民國 57 年 1 月初版。

19. 劉時舉，《續宋中興編年資治通鑑》十五卷，東方學會排印本。

20. 姚廣孝等修，《永樂大典》十冊，北京：中華書局，1986 年 6 月初版。

（二）文集、筆記

1. 王之望，《漢濱集》十六卷，湖北先正遺書本。

2. 史浩，《鄮峰真隱漫錄》五十卷，文淵閣四庫全書本。

3. 朱熹，《朱文公文集》一〇〇卷，四部叢書初編本。

4. 呂頤浩，《忠穆集》八卷，文淵閣四庫全書本。

5. 沈與求，《龜谿集》十二卷，四部叢刊續編本。

6. 李流謙，《澹齋集》十八卷，文淵閣四庫全書本。

7. 李綱，《梁谿集》一八〇卷，文淵閣四庫全書本。

8. 汪藻，《浮溪集》三十二卷，四部叢刊初編本。

9. 汪應辰，《文定集》二十四卷，叢書集成本。

10. 周必大，《文忠集》二〇〇卷，文淵閣四庫全書本。

11. 岳珂，《金佗粹編》二十八卷，續編三十卷，文淵閣四庫全書本。

12. 洪适，《盤洲文集》八十卷，四部叢刊初編本。

13. 胡寅，《斐然集》三十卷，文淵閣四庫全書本。

14. 胡銓，《胡澹庵先生文集》三十二卷，清道光刊本，台北：漢華文化事業公司，民國 59 年 7 月初版。

15. 張守，《毘陵集》十六卷，武英殿聚珍本。

16. 張浚，《中興備覽》三卷，涉聞梓舊。

17. 張栻，《南軒集》四十四卷，文淵閣四庫全書本。

18. 張綱，《華陽集》四十卷，四部叢刊續編本。

19. 陸游，《渭南文集》五十卷，四部叢刊初編本。

20. 黃淮等編，《歷代名臣奏議》三五〇卷，明永樂刊本，台北：台灣學生書局，民國 53 年初版。

21. 傅增湘輯，《宋代蜀文輯存》一〇〇卷，台北：新文豐出版公司，民國 63 年 11 月初版。

22. 葉適，《葉適集》四十五卷，台北：河洛圖書出版社，民國 63 年 5 月初版。

23. 楊萬里，《誠齋集》一三三卷，四部叢刊初編本。

24. 楊慎輯，《全蜀藝文志》六十四卷，清嘉慶二年讀月草堂刊本。

25. 綦崇禮，《北海集》四十六卷，文淵閣四庫全書本。

26. 趙鼎，《忠正德文》集十卷，文淵閣四庫全書本。

27. 劉一止，《苕溪集》五十五卷，文淵閣四庫全書本。

28. 薛季宣，《浪語集》三十五卷，文淵閣四庫全書本。

29. 丁傳靖輯，《宋人軼事彙編》二十卷，台北：源流出版社，民國 71 年 9 月初版。

30. 周密，《齊東野語》二十卷，唐宋筆記史料叢刊，北京：中華書局，1983 年 11 月初版。

31. 黎靖德編，《朱子語類》一四〇卷，台北：華世出版社，1987 年 1 月台一版。

32. 羅大經，《鶴林玉露》十八卷，唐宋筆記史料叢刊，北京：中華書局，1983 年 8 月初版。

二、參考書目

（一）專著：明清之部

1. 王士禎，《池北偶談》二十六卷，筆記小說大觀本。

2. 王夫之，《宋論》十五卷，台北：里仁書局，民國 70 年 10 月。

3. 王鳴盛，《蛾術編》八十二卷，世楷堂刊本。

4. 全祖望，《鮚埼亭集》三十八卷，外編五十卷，四部叢刊初編本。

5. 沈德符，《萬曆野獲編》三十卷，補遺四卷，筆記小說大觀本。

6. 昭槤，《嘯亭雜錄》十卷，筆記小說大觀本。

7. 陳邦瞻，《宋史紀事本末》一〇九卷，台北：三民書局，民國 45 年 4 月初版。

8. 畢沅，《續資治通鑑》二二○卷，新校本，台北：世界書局，民國 63 年 1 月再版。

9. 張宗泰，《魯巖所學集》十五卷，民國 20 年模憲堂重刊本。

10. 楊慎，《升庵集》八十一卷，文淵閣四庫全書本。

11. 鄭賢，《古今人物論》三十六卷，明潭陽余彰德刊本，台北：廣文書局，民國 63 年 6 月初版。

12. 錢士升，《南宋書》六十八卷，宋遼金元四朝別史。

13. 錢大昕，《二十二史考異》一○○卷，台北：樂天出版社，民國 60 年 10 月初版。

14. 錢大昕，《十駕齋養新錄》二十卷，台北：台灣商務印書館，民國 67 年。

（二）專著：近代之部

1. 王世宗，《南宋高宗朝變亂之研究》，國立台灣大學歷史研究所碩士論文，民國 77 年 1 月。

2. 王曾瑜，《岳飛新傳》，上海人民出版社，1983 年 10 月初版。

3. 石文濟，《南宋中興四鎮》，私立中國文化學院史學研究所博士論文，民國 63 年 7 月。

4. 白鋼、向祥海，《鍾相楊么起義始末》，山西人民出版社，1980 年 4 月初版。

5. 朱東潤，《陸游傳》，台北：華世出版社，民國 73 年 2 月初版。

6. 吳廷燮，《南宋制撫年表》，二十五史補編，上海：開明書店，民國 25 年 3 月初版。

7. 徐秉愉，《宋高宗之對金政策——建炎元年至紹興十二年》，國立台灣大學歷史研究所碩士論文，民國 73 年 6 月。

8. 陶晉生，《女真史論》，台北：食貨出版社，民國 70 年 4 月初版。

9. 陶晉生，《邊疆史研究集——宋金時期》，台灣商務印書館，民國 60 年 6 月初版。

10. 陶晉生，《金海陵帝的伐宋與采石戰役的考實》，國立台灣大學文史叢刊五，民國 54 年 6 月再版。

11. 陳登原，《國史舊聞》，台北：大通書局，民國 60 年 7 月初版。

12. 陳家秀，《吳氏世襲武將與南宋四川政局》，國立台灣大學歷史研究所碩士論文，民國 71 年 6 月。

13. 黃寬重，《南宋時代抗金的義軍》，台北：聯經出版事業公司，民國 77 年 10 月初版。

14. 華山，《宋史論集》，濟南：齊魯書社，1982 年 11 月初版。

15. 賈大泉，《宋代四川經濟論述》，成都：四川社會科學院出版社，1985 年

5 月初版。

16. 趙效宣，《李綱年譜長編》，香港：新亞研究所，1968 年。

17. 劉子健，《兩宋史研究彙編》，聯經出版事業公司，民國 76 年 11 月初版。

18. 蔣義斌，《史浩研究——兼論南宋孝宗朝的政局與學術》，私立中國文化大學史學研究所碩士論文，民國 69 年 7 月。

19. 日・外山軍治，《金朝史研究》，京都大學東洋史研究叢刊之十三，1964 年。

20. 日・田村實造，《中國征服王朝の研究》，京都大學東洋史研究叢刊十二之二十二，1971 年。

（三）期刊論文

1. 王德毅，〈宋孝宗及其時代〉，《國立編譯館館刊》，二卷一期，民國 62 年 6 月。

2. 王德毅，〈由宋史質談到明朝人的宋史觀〉，《國立台灣大學歷史學報》，四期，民國 66 年 5 月。

3. 王宏志、陳述編，〈金世宗與隆興和戰〉，《遼金史論集》第二輯，北京：書目文獻出版社，1987 年 7 月初版。

4. 朱崇業，〈南宋政府的收兵權及對金議和〉，《徐州師範學院學報》，1987 年一期。

5. 朱偰，〈宋金議和之新分析〉，《東方雜誌》，三十三卷十號，民國 25 年。

6. 李季，〈兩宋乞和的教訓〉，《東方雜誌》，三十八卷九號，民國 30 年 5 月。

7. 林天蔚，〈南宋時四川特殊化之分析〉，《宋史研究集》第十六輯，台北：國立編輯館，民國 75 年 7 月。

8. 林瑞翰，〈南宋之邊防〉，《幼獅學誌》，九卷二期，民國 59 年 6 月。

9. 林瑞翰，〈建炎明州之戰及紹興宋與偽齊之戰〉，《大陸雜誌》，十一卷十二期，民國 44 年。

10. 林瑞翰，〈紹興十二年以前南宋國情之研究〉，《大陸雜誌》，十一卷七、八期，民國 44 年 10、11 月。

11. 金毓黻，〈南宋中興之機運〉，《責善半月刊》，二卷一、二期，民國 30 年 4 月。

12. 柳立言，〈南宋政治初探——高宗陰影下的孝宗〉，《史語所集刊》，第五十七本第三分，民國 75 年 9 月。

13. 徐秉愉，〈由苗劉之變看南宋初期的君權〉，《食貨月刊》，十六卷一、二期合刊，民國 76 年 6 月。

14. 陶晉生，〈金代的政治衝突〉，《史語所集刊》，第四十一本第三分，民國

58 年 9 月。

15. 黃寬重，〈略論南宋時代的歸正人〉，《宋史研究集》第十四輯，民國 72 年 7 月。

16. 黃寬重，〈南宋對地方武力的利用和控制：以鎮撫使爲例〉，《中央研究院第二屆國際漢學會議論文集》，台北：中央研究院，1989 年。

17. 黃寬重，〈酈瓊兵變與南宋初期的政局〉，《史語所集刊》，第六十本第一分，民國 79 年 3 月。

18. 黃寬重，〈從害韓到殺岳：南宋收兵權的變奏〉，《國際宋史研討會論文集》，中國文化大學出版部，民國 77 年 9 月。

19. 楊德泉，〈張浚事迹述評〉，鄧廣銘、酈家駒等編《宋史研究論文集》，河南人民出版社，1984 年 7 月。

20. 葛紹歐，〈北宋對四川的經營〉，《宋史研究集》第十六輯，民國 75 年 7 月。

21. 虞雲國，〈論宋代第二次削兵權〉，《上海師範大學學報》，1986 年三期。

22. 劉子健，〈南宋成立時的幾次危機及其解決〉，《社會科學戰線》，1983 年四期。

23. 劉子健，〈從儒將的概念說到歷史上對南宋初張浚的評論〉，《國史釋論》，台北：華世出版社，民國 77 年 4 月初版。

24. 蔣復璁，〈宋代一個國策的檢討〉，《大陸雜誌》，九卷七期，民國 43 年 10 月。

25. 鄧廣銘，〈宋金戰爭中的幾個問題〉，《歷史研究》，1963 年十一期。

26. 遲景德，〈宋高宗與金講和始末〉，《宋史研究集》第十七輯，台北：民國 77 年 3 月。

27. 蔡哲修，〈明受之變與南宋初期的若干政治問題〉，《大陸雜誌》，七十九卷六期，民國 79 年 6 月。

28. 日·寺地遵，〈建炎、紹興年間の政治過程に關する若干考察──呂頤浩政治の特質と范宗尹藩鎮構想の政治背景〉，《廣島大學文學部紀要》，三十八卷二期，1978 年。

29. 日·寺地遵，〈南宋政權確立過程研究覺書──宋金和議、兵權回收、經界法の政治史的考察〉，《廣島大學文學部紀要》，四十二卷特輯號，1982 年。

30. 日·寺地遵，〈呂頤浩より趙鼎──紹興四年同八年の政治過程〉，《廣島大學文學部紀要》，四十三卷一期，1983 年。

附　錄

附錄一　張浚世系簡表

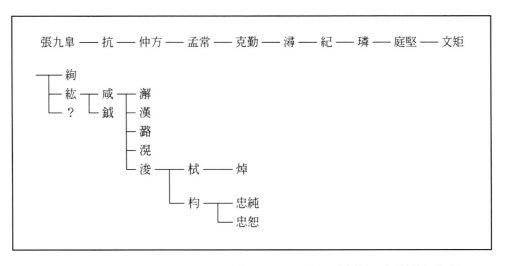

（本表依〈張浚行狀〉、〈奉議郎張君說墓誌銘〉、《宋史‧張浚傳》、〈張栻傳〉作成）

附錄二　張浚大事年表

紀　　年	年齡	張　浚　事　紀	時　　事　　紀
哲宗紹聖四年 （1097）	一	浚生。父咸，母計氏。	
元符元年 （1098）	二		胡寅生。
元符二年 （1099）	三	父咸歿，年五十二。	
元符三年 （1100）	四		一月，哲宗崩，徽宗即位。
徽宗建中 靖國元年 （1101）	五		一月，遼道宗崩，天祚帝即位。是歲，女眞主楊割歿，阿骨打立。
崇寧元年 （1102）	六		胡銓生。
崇寧五年 （1106）	十		史浩生。
大觀四年 （1110）	十　四		虞允文生。
政和元年 （1111）	十　五		童貫使遼還，燕人馬植隨來，進結女眞圖遼之策。
政和二年 （1112）	十　六	入郡學。	王十朋生。
政和三年 （1113）	十　七		陳俊卿生。
政和四年 （1114）	十　八		八月，女眞阿骨打叛遼。
政和五年 （1115）	十　九		一月，阿骨打稱帝，國號金。
政和六年 （1116）	二　十	入太學。	
重和元年 （1118）	二十二	登進士第。除山南府士曹參軍，兼權成固縣事。	馬政、高藥師使金，約夾攻遼。
宣和二年 （1120）	二十四		十一月，睦州青溪方臘以花石綱擾民，聚眾起事，僭立改元。
宣和三年 （1121）	二十五		十二月，金大舉攻遼。
宣和五年 （1123）	二十七		五月，金太祖阿骨打崩，弟吳乞買嗣位，是爲太宗。

宣和七年 （1125）	二十九		一月，金俘遼天祚帝，遼亡。 十二月，金始侵宋，徽宗內禪，皇太子即位，是爲欽宗。
欽宗靖康元年 （1126）	三　十	浚歷遷襄城令、熙河路察訪司幹辦公事、恭州司錄，至是以尚書右丞何㮚薦，除太常寺主簿。	金人入侵，宋廷和戰不定，汴京遂陷，金求割地及歲幣。
高宗建炎元年 （1127）	三十一	二月，金人議立張邦昌，浚避亂於太學中，不書議狀。 五月一日，高宗即位，浚攝太常少卿，導引典禮。十四日，除樞密院編修官。 六月，守尚書虞部員外郎。 七月，除殿中侍御史。 八月，劾李綱，綱罷相。	三月，金人立張邦昌爲帝，國號楚。 四月，金兵退，俘宋徽、欽二帝及六宮皇族北去。 五月，康王趙構即位於應天府，是爲高宗。相李綱。 八月，太學生陳東、歐陽澈以直言被殺。 十二月，金聞廢張邦昌，分三道侵宋。
建炎二年 （1128）	三十二	二月，試侍御史。 六月，浚言進取，宰相黃潛善惡之，遂除集英殿修撰，出知興元府。未行，高宗留爲禮部侍郎。 十二月，兼御營使司參贊軍事，與呂頤浩同教習河朔長兵。	七月，宗澤歿。金人二度侵宋。
建炎三年 （1129）	三十三	二月，同節制平江府、常、秀州、江陰軍馬。 三月十日，因苗、劉叛變，張俊部眾八千至平江，浚諭以決策起兵問罪，約呂頤浩、劉光世，招韓世忠來會。十一日，奏乞睿聖皇帝親總要務。十五日，命辛道宗措置海舶，遣馮轓持書說苗、劉。二十五日，與呂頤浩傳檄中外討苗、劉。二十八日，與頤浩共率勤王軍發平江，次吳江，奏乞建炎皇帝還即尊位。 四月三日，除知樞密院事。 五月，請身任陝蜀之事，遂除宣撫處置使，以川、陝、京西、湖南北路爲所部，許便宜黜陟。 七月十一日，以范瓊跋扈無狀，收下大理獄，分其兵隸神武五軍，二十四日，發行在，赴川陝。 八月，辟曲端爲宣撫處置司都統制。 十月，至興元，奏請早日西幸。辟趙開爲隨軍轉運使。 十一月，至秦州，拔擢吳玠、吳璘兄弟。	三月，苗傅、劉正彥叛變，迫高宗遜位於皇子魏國公旉，請隆祐太后垂簾同聽政，尊高宗睿聖仁孝皇帝，改元明受。 四月一日，高宗復辟。三日，復建炎年號。 是冬，金人三度侵宋，一趨江西，一趨兩浙，高宗入海避敵。
建炎四年 （1130）	三十四	二月，聞上親征，自秦州引兵入援。 四月，言者乞罷蜀権鹽、権酤，浚不爲所變。 七月，罷曲端都統制。 九月，合陝西五路兵與金人戰於富平，敗績。 十月，斬趙哲，退保秦州。 十一月，再退至興州。	二月，鍾相叛亂，據十九縣，僭號楚王，建元天戰。 三月，韓世忠遏金兵於黃天蕩。 九月，金人立劉豫爲帝，國號齊，都北京。 十一月，秦檜自金來歸。朱熹生。

紹興元年 （1131）	三十五	一月，以出使日久，備著忠勞，特遷通奉大夫。 二月，便宜合川陝舉人置司類試。 三月，以富平失律喪師上疏待罪，詔放罪。金人迫興州，浚退保閬州，陝西地盡失，但餘階、成、岷、鳳、洮五州及鳳翔府之和尚原，隴州之方山原。 四月，殺曲端於恭州獄。 八月，娶宇文時中女。	五月，吳玠敗金兵於和尚原。 八月，秦檜拜右相。 九月，呂頤浩復拜左相。 十月，吳玠再大破金兵於和尚原。
紹興二年 （1132）	三十六	一月，加檢校少保、定國軍節度使，賞和尚原之功。 九月，朝廷疑浚，將召歸，以王似爲川陝宣撫處置副使，與浚同治事。 十二月，罷宣撫處置使，依舊知樞密院事，召還行在。	四月，劉豫移都汴京。 八月，秦檜罷相。 九月，朱勝非復拜右相。
紹興三年 （1133）	三十七	一月，論奏王似不可爲宣副，並引罪求罷。 四月，奏王似、盧法原威望素輕，乞命劉子羽、吳玠並爲判官，不報。 五月，發閬州，還行在。 是歲，長子栻生。	是夏，金人犯陝蜀，劉子羽、吳玠、王彥拒於饒風嶺，先勝後敗，尋金人乏糧遁去，諸將追擊大破之。 九月，呂頤浩罷相。
紹興四年 （1134）	三十八	二月，還行在，仍赴樞密院治事。辛炳、常同論浚誤國之罪。 三月，罷爲資政殿大學士，提舉臨安洞霄宮，旋落職奉祠，居住福州。 十月，復爲資政殿學士，提舉萬壽觀兼侍讀。 十一月，入見，復知樞密院事，旋往鎮江視師。	三月，吳玠敗金人於仙人關。 九月，金齊聯軍侵宋。朱勝非罷相，趙鼎相。 十月，韓世忠敗金人於大儀鎮。
紹興五年 （1135）	三十九	二月，除左宣奉大夫，守尙書右僕射，同中書門下平章事，兼知樞密院事，都督諸路軍馬。 閏二月，往江上視師，命韓世忠前屯楚州以撼山東。 四月，視師湖南。 五月，議遣問安使何蘚入雲中。兼提舉詳定一司敕令。 是夏，以岳飛剿平湖寇。 八月，以平寇功遷左金紫光祿大夫，五辭不拜。 十月，引疾乞祠，詔不許，仍趣赴闕。入見，進《中興備覽》四十一篇。 十二月，謀出師，命劉子羽、熊彥詩往川陝撫諭，察邊備虛實。	一月，金太宗崩，熙宗即位。 五月，徽宗崩於金。
紹興六年 （1136）	四十	一月，往荊襄視師。 二月，命韓世忠自承、楚圖淮陽，劉光世屯合肥以招北軍，張俊進屯盱眙，楊沂中爲後翼，岳飛屯襄陽以圖中原。 六月，渡江視師，請高宗幸建康，命劉光世自當塗進屯廬州，與張、韓鼎立，楊沂中進屯泗州。詔加恩封南陽郡開國公，加食邑千戶，實封四百戶。 九月，復往鎮江視師。 十月，僞齊入寇，督諸將禦敵，大捷。 十一月，特遷左光祿大夫，固辭，請回授其兄滉。 十二月，監修國史。	九月，劉豫分三路寇宋。 十月，楊沂中敗僞齊軍於藕塘。

紹興七年 （1137）	四十一	一月五日，以淮西破敵之功遷特進。二十八日，復置樞密使副，浚兼樞密使。 三月，劉光世罷兵柄，浚以其軍隸都督府，命呂祉節制。 四月十九日，岳飛與浚議不合，解官持餘服，命張宗元監其軍。二十一日，往太平州、淮西視師。 九月，以酈瓊叛變，罷爲觀文殿大學士，提舉江州太平興國宮，旋詔落職，依舊宮觀。 十月，責授左朝奉大夫，祕書少監，分司南京，永州居住。	八月，**酈瓊殺呂祉**，以兵四萬人叛附劉豫。 九月，趙鼎復相。 十一月，金人廢劉豫。
紹興八年 （1138）	四十二	居永州。	三月，秦檜復相。 十月，趙鼎罷相。
紹興九年 （1139）	四十三	一月，以議和赦恩復左宣奉大夫，提舉臨安洞霄宮。 二月，復資政殿大學士，充福建路安撫大使兼知福州。	三月，宋金議和，歸還河南地。
紹興十年 （1140）	四十四	六月，上疏條畫海道舟船利害。時浚在福州大治海舟至千艘，爲直指山東之計。 十月，以明堂恩復觀文殿大學士。	五月，金敗盟，復出兵取河南、陝西地。 李綱歿。
紹興十一年 （1141）	四十五	三月，復特進。 十月，秦檜將議和，遣人諷浚附己，不從，遂除檢校少傅、崇信軍節度使，充萬壽觀使，免奉朝請。浚奉母寓居長沙。	四月，罷韓世忠、張俊、岳飛兵柄，以爲樞密使副。 十一月，宋金和議成，以淮爲界，歲幣銀絹各二十五萬，宋帝稱臣。 十二月，岳飛被害於大理寺獄。
紹興十二年 （1142）	四十六	十一月，高宗母韋氏自金南歸，以赦恩封和國公。	八月，徽宗梓宮還臨安。
紹興十四年 （1144）	四十八	居長沙。	四月，秦檜初禁野史。
紹興十六年 （1146）	五　十	七月，因星變論時事，秦檜惡之，遂落節鉞職名，依舊特進，提舉江州太平觀，連州居住。	劉子羽歿。
紹興十七年 （1147）	五十一	居連州。	八月，趙鼎歿。
紹興十九年 （1149）	五十三	居連州。秦檜黨捃摭浚、胡寅、胡寧諸人之罪。	十二月，金完顏亮弒熙宗，自立改元。
紹興二十年 （1150）	五十四	八月，移永州居住。	
紹興二十一年 （1151）	五十五	居永州。	韓世忠歿。
紹興二十三年 （1153）	五十七	居永州。	是春，金海陵帝移都燕京。
紹興二十四年 （1154）	五十八	居永州。	張浚歿。

紹興二十五年 （1155）	五十九	十月，秦檜黨徐嘉、張扶誣浚與李光、胡寅謀逆，議興大獄，時賢五十三人遭繫。檜死得解。 十二月，降授左朝請大夫，提舉臨安洞霄宮，任便居住。二十四日，復觀文殿大學士。旋判洪州。 是多，丁母憂，扶柩歸葬於蜀。	十月，秦檜沒。 李光歿。
紹興二十六年 （1156）	六 十	十月，居蜀，以星變上疏論時事，朝廷以爲要譽，令依舊永州居住，俟服闋取旨。	三月，詔禁妄議邊事。 六月，欽宗崩於金。胡寅歿。
紹興二十八年 （1158）	六十二	八月，服闋，詔落職，提舉江州太平興國宮，依舊永州居住。	
紹興三十一年 （1161）	六十五	一月，詔任便居住。 十月，復觀文殿大學士。 十一月，以海陵南侵，改判建康府兼行宮留守。	六月，金海陵帝由燕京遷都汴京。 九月，金分四道入侵。 十月，完顏褒自立，是爲世宗，改元大定。 十一月，海陵受挫於采石，旋爲部下所弒。
紹興三十二年 （1162）	六十六	五月，詔專一措置兩淮事務，兼節制淮東西、沿江州郡軍馬。 七月，除少傅，充江淮東西路宣撫使，封魏國公。	六月，高宗內禪，孝宗即位。
孝宗隆興元年 （1163）	六十七	一月，除樞密使，都督江淮東西路軍馬。 四月，議出師，遣邵宏淵進屯盱眙，李顯忠進屯定遠。 五月十二日，渡江視師。二十六日，兼都督荊襄軍馬。 六月四日，因符離之敗乞致仕且請通好。十四日，降授特進，依前樞密使，江淮東西路宣撫使。 八月，復都督江淮軍馬。 十二月，除右僕射同中書門下平章事，兼樞密使，仍都督江、淮東西路軍馬。	一月，史浩拜右相。 五月，史浩罷相。李顯忠、邵宏淵復靈壁、虹縣，進復宿州，旋以二將不協，大潰於符離。
隆興二年 （1164）	六十八	三月，視師淮上。 四月，罷右僕射，特授少師保信軍節度使，判福州。 五月，詔爲醴泉觀使。 八月二十八日，歿於餘干。 九月，詔依所乞守少師保信軍節度使致仕，贈太保。	十二月，宋金議和成，金宋爲叔姪之國，歲貢改稱歲幣，銀絹各減五萬，疆界如紹興之舊。
乾道五年 （1169）	卒 後 五 年	二月，贈太師，諡忠獻。	